운명이란 무엇인가

진리의 교과서 5

운명이란 무엇인가

최준권 엮음

실상연구원

| 삶의 지침서 |

스승께서 이같이 말씀하셨다

나는 너희가 자아를 되찾아서 자기에게 봉사하고 자신을 구하고자 하면 삶의 길을 언제든지 제시해 줄 수 있다. 있는 것을 있는 그대로 본 깨달은 자가 사실대로 기술한 책은 최고의 교과서가 될 수가 있다. 이를 중생의 눈높이에 맞춰 정리해 완벽하게 만들 수 있다면 책이 나오는 순간 세상은 달라질 것이다. 이 책을 지침서로 삼아 읽고 배워서 깨닫는다면 자신의 업을 씻고 좋은 세상을 맞이할 수가 있게 된다고 확신한다. 세상일에 눈을 뜨고 밝은 삶을 살아갈 수 있고 삶의 결과를 통해서 자기를 바꿀 수가 있다. 이제 나는 스스로가 깨우치려고 노력하는 사람들을 위해서 삶의 밑거름이 되어 주고자 한다.

책은 기술적으로 논리적이면서 진실이 훼손되지 않게 편집해서 책을 만들었으면 한다. 글을 쓸 수 있는 사람이 있으면 자료를 주어 쓰게 해서 사람들이 가까이 올 수 있게 하는 것이 우리가 해야 할 일이다. 먼 훗날 너희가 세상에 환생했을 때를 위해서 나의 삶과 가르침을 바친다. 이 책은 진실을 밝히고 있으며 밝혀진 진리는 보약과 같아서 책을 읽으면 정신이 밝아지고 생활이 밝아진다. 이 교과서는 진리이기 때문에 세상에 인간이 존재하는 한 영원히 남을 것이다. 의식의 근원은 무엇이며 생명의 모태는 무엇인지 체계적으로 만들면 교과서가 여러 권 만들어질 것이다. 지구에 변화기가 와서 인류가 멸망해도 일부의 사람들이 살아남아서 일정 기간은 문자가 전해지니 이 책이 진짜 경전이 된다.

　나의 가르침은 언제나 자연에서 볼 수 있다. 자연의 가르침은 진리를 말하는 것이며 세상의 일을 밝힐 수 있는 가장 큰 가르침이 될 것이다. 세상에는 삶이 자신에게 어떤 영향을 미치게 되는지 모르고 사는 사람이 많다. 사람이 사는 목적은 자기의 소망을 이루고자 하는 것이다. 그리고 자기 생명 속에 있는 일을 제대로 알고 축복해서 끝없는 생명을 통해서 자신을 살아가게 하는 길이다. 이 길을 얻기 위해서는 모두가 깨달음을 중요하게 생각해야 한다. 이제 열 권 정도의 책을 만들고 책 속에 있는 자연의 가르침을 보면 누구나 쉽게 세상의 일이 어떻게 해서 있게 되는지 알게 될 것이다.

　종교나 대학에서 가르치는 교육을 가지고는 인간의 욕망을 부추기고 사회문제를 만들어 낼 뿐 세상을 위해서 큰 도움이 되지 않는다. 높은 차원에 있는 신(神)은 인간의 세계에 올 수 없으며 차원이 다른 세계끼리는 서로 통하지 않는다. 오직 특별한 자만이 인간의 몸을 받고 태어나서 사람들을 깨우치고 가는 자를 성인이라고 부른다.

　진리의 교과서에서 신이라는 존재를 분명히 밝히는 증거를 제시할 것이다. 나는 나의 의식이 닿는 곳이면 어느 곳이나 범위에 상관없이 모두 알아볼 수 있다. 그래서 신계의 일이나 인간 세상의 일을 지금까지 누구도 알아볼 수 없던 것들을 체계적으로 정리해서 사람들의 삶에 큰 보탬이 될 수 있게 알리려고 노력하고 있다. 이 교과서가 널리 알려져서 나쁜 일들을 단절시키고 사람들의 삶에 큰 보탬이 될 수 있게 해야 하며 다음 세대에는 좋은 세상을 만들 수 있어야 한다. 이를 이끄는 주역이 되는 것이 너희의 사명이다.

| 머리말 |

　스승께서는 인간이 세상에 존재하기 이전의 태초에 뜻이 있었다고 하셨다. 뜻이 뜻을 낳고 또다시 뜻을 낳게 되니 혼돈이 있었으며 혼돈 속에서 기운들이 부딪혀서 완전한 순수한 기운이 만들어졌다. 그 순수한 기운이 곧 법신(法身)이며 조물주이다. 조물주가 미래의 세상을 비추어 보았던 그대로 만물(萬物)이 만들어졌고 만물 속으로 사라진 후 질서가 서게 되었다고 하셨다. 이 인류는 다음 주기의 인류를 위하여 적은 수의 씨앗을 남기고 사라질 것이다. 그리고 다음 주기에 또다시 번식하여 오늘과 같은 문명이 만들어진다. 달걀이 병아리가 되고 병아리는 성장하여 닭이 되고 닭은 또 알을 낳는다. 이 세상은 물레방아처럼 반복해서 돌고 있으며 변화를 통하여 끝없이 윤회(輪廻)하고 있다. 우리는 넓은 시각으로 창조(創造)와 진화(進化)를 관찰하면 동시에 이루어지고 있다는 현상을 볼 수 있다. 만물의 영장인 인간 중에서 수억 겁이 지나면 또다시 청정한 법신인 조물주가 생길 것이다.

　과거 석가모니께서 아무것도 없는 공(空)의 세계를 반야심경에서 설하셨다. 근본 세계에서 물질이 생기고 시간이 지나면 다시 사라졌다가 아무것도 없는 세계를 거쳐 원인이 나타나는 일을 반복하고 있다. 현대 과학의 양자역학에서 물질의 이치를 조금씩 증명하고 있는 것처럼 현상의 세계에서 일어나는 일이다. 과학자들은 양자의 세계를 알기 위하여 수학의 공식으로 문제를 풀 수는 있었다. 그러나 미시세계(微視世界)에서 일어나는 불가사의한 일들을 이해할 수 없다고 단정한다. 왜냐하면 사람의 시각으로는 에너지를 볼 수가 없기 때문이다. 과학의 힘으로 근본 세계를 측정하는 일이 불가능했다. 그러나 깨달은 자는 의식의 눈을 떠서 있는 사실을 있는 그대로 보는 자이다. 눈뜬 자는 물질이 입자와 파동으로 활동하기에 의식으로 에너지의 파동을 감지한다. 동물들은 지진과 같은 자연현상이 일어날 때 본능으로 감지하고 행동하나 사람들은 애착과 욕망 때문에 감지 능력이 없는 것이다.

인간은 인간을 낳고 그들이 모여서 인류(人類)가 되었으며 이들이 모여 사회를 이루면서 질서가 필요해졌다. 질서를 유지하기 위해 사회의 약속이 필요했고 사회법(社會法)이 만들어진다. 국가를 유지하기 위해 법률(法律)도 만들어졌다. 예를 들어 교통질서를 유지하기 위한 교통법은 사람들의 안전과 편리를 위하여 만들어진 것이다. 진리는 사회법처럼 사람들이 인위적으로 만든 것이 아니며 마치 수학 공식처럼 자연(自然)이 만들어 낸 법칙이다. 자연이란 말은 스스로 그러하다는 뜻이다. 자연의 가르침이 곧 진리이며 인위적으로 바꿀 수가 없기에 뜻이 존재하는 한 진리는 변하지 않는다.

내가 몇 년간 곁에서 본 스승의 모습은 마치 자연과 같았다. 바람이 불고 천둥 번개가 치다가도 어느새 바다처럼 고요해지듯이 스승의 의식은 빈 거울이 되어 세상을 비추어 보고 계셨다. 의식이 약한 사람들이 스승의 곁에 오는 것이 무척이나 힘들었던 이유는 태양의 불길이 위험한 것과 같다. 잘못 살아온 나쁜 자기의 성품과 성격과 성질이 모두 타서 죽을 것이 두렵기 때문이다. 스승의 모습은 시시각각으로 변하는 자연처럼 보통 사람들이 가까이하기에는 너무나 두렵고 위험한 존재처럼 보였다. 모습만 보지 말고 말씀의 뜻을 들어야만 자기 자신을 보고 깨달을 수 있다.

어촌에서의 스승의 모습은 어부와 같았으며 잘못된 세상을 보실 때면 건달처럼 행동하기도 했다. 집을 지을 때는 스승을 악덕 건축업자로 여기는 사람도 있었다. 제자에게 깨달음을 주실 때는 잔소리쟁이처럼 보일 때도 있었으나 명망가들 앞에서는 큰 산처럼 위대한 여래(如來)의 모습을 보이셨다. 스승의 의식은 상대방의 모습을 그대로 비추는 거울과 같았다. 그래서 거짓된 자들은 스승의 의식에 비친 자기의 모습을 보고 도망쳤다. 잘못된 의식과 자존심을 가지고는 스승 가까이에 올 수 없었고 그 모습은 사람마다 달리 보였다. 왜냐하면 보는 사람의 마음에 따라 스승이 가지고 있는 일부분의 모습만 보기 때문이다.

성인(聖人)의 가족은 좋은 모습보다는 좋지 않은 모습을 보는 경우가 많았다. 그 예가 소크라테스의 이야기이다. 젊은 사람들과 어울리며 명망 있는 사람들을 찾아 논쟁하려 하고 그들에게 욕이나 먹고 다니는 모습에 그의 아내는 화가 났을 것이다. 석가모니 부처님도 열반하셨을 때 의식이 나쁜 어리석은 제자들은 이제는 잔소리쟁이가 사라졌으니 얼마나 좋은가! 하고 말했다고 한다. 그 말을 듣고 큰 제자들이 충격받아서 이래서는 안 되겠다고 여겨 결집했다. 회의를 거쳐 석가모니의 말씀을 편집해서 글자로 쓰이기 전까지 구전으로 이어오던 것이 지금의 경전이다. 정의로운 사람이었던 예수 역시 마찬가지로 새파랗게 젊은 사람이 당시 명망 있는 종교 지도자들에게 위선자이며 독사의 자식들이라고 욕하며 성전을 뒤집었다. 그들에게 미움받아 종교 재판에서 죽을 수밖에 없었던 이유이다. 그 모습을 본 몇몇 제자들은 몸을 숨겼다고 하는데 지금 성자라고 부르는 사람들의 모습이다.

  스승은 가셨으니 이제 본 모습은 볼 수 없다. 스승께서는 만물의 이치(理致)를 깨달으시고 있는 것을 그대로 보셨고 중생들을 위하여 자연의 가르침을 설(說)하셨다. 26년 전 스승께서는 『자연의 가르침』이라는 잡지를 1년 동안 만들어서 사람들을 깨우쳤었다. 스승께서는 이 세상에 하나밖에 없는 대화록을 만들라고 말씀하셨는데 오랜 시간이 지난 오늘에서야 드디어 빛을 보게 되었다. 이 책은 가르침을 배우는 사람들이 질문하고 스승께서 대답하는 형식의 내용이다. 말씀하신 뜻을 알기 쉽게 『진리의 교과서- 대화록』이라고 명명하셨는데 『진리의 교과서』라는 제목을 달아 단행본으로 세상에 내놓는다. 계속해서 시리즈로 출판하게 될 예정이니 독자들은 이 글을 읽고 깨달음이 있기를 바라는 바이다.

2025년 1월
엮은이 **최 준 권**

내가 몇 년간 곁에서 본 스승의 모습은 마치 자연과 같았다. 바람이 불고 천둥 번개가 치다가도 어느새 바다처럼 고요해지듯이 스승의 의식은 빈 거울이 되어 세상을 비추어 보고 계셨다. 의식이 약한 사람들이 스승의 곁에 오는 것이 무척이나 힘들었던 이유는 태양의 불길이 위험한 것과 같다. 잘못 살아온 나쁜 자기의 성품과 성격과 성질이 모두 타서 죽을 것이 두렵기 때문이다. 스승의 모습은 시시각각으로 변하는 자연처럼 보통 사람들이 가까이하기에는 너무나 두렵고 위험한 존재처럼 보였다. 모습만 보지 말고 말씀의 뜻을 들어야만 자기 자신을 보고 깨달을 수 있다.

운명이란 무엇인가

운명이란 무엇인가

　운명을 구분해 보면, 세상의 운명과 사회의 운명 그리고 가정의 운명이나 자신의 운명이 있다. 운명의 근원은 꼭 같은 방법으로 이루어지며 모든 운명은 자기들 속에 있던 일에 의해서 만들어지게 된다. 과거에 부처께서는 이러한 사실을 보고 세상은 윤회와 인과의 법칙으로 모든 것이 존재한다고 하셨다.
　오늘은 왜 운명이 존재하는지 운명은 어떤 역할을 하게 되는지 운명이 어떻게 지어지는 것인지를 살펴보자!
　세상에 존재하는 모든 것은 자신이 활동하는 속에 자기에게 영향을 끼친 것은 항상 자기에게 남아있게 된다. 이렇게 해서 자기 속에 쌓이고 의식 속에 잠재하게 되는 것을 업이라고 한다. 선한 일을 하면 선업(善業)이 쌓이게 되고, 악한 일을 하면 악업(惡業)이 쌓이게 된다. 그러니 좋은 일 하게 되면 좋은 성질이 쌓여서 있었던 일들이 활동을 통해서 자기에게 좋은 일을 강요하게 된다. 만일 나쁜 일이 있었다면 악업이 되어서 자기에게 나쁜 일을 점점 강요하게 된다.
　중독성이라는 것은 자기에게 있던 일에 의해서 강요받는 것을 말하는데 이 세상에 중독성이 없는 것은 없다. 조금 빨리 반응이 오는 게 아편일 뿐이며 자기가 한 일로 인해서 자기 속에 존재하는 업의 지배를 받게 된다. 사람들이 깨달아서 세상의 일에 눈을 뜨면 업의 지배에서 벗어날 수가 있다. 가난한 자를 누가 깨우쳐서 의식을 바꾸어 놓기 전에는 평생을 가난하게 산다. 그래서 거지는 아무리 돈이 많이 모여도 거지로 살아가게 되는 것이 운명이다.

Q : 운명을 스스로 짓는다면 자기 운명을 어떻게 알 수 있는지요?
스승 : 나는 1984년에 깨달음을 얻고 다음 해가 되어 해탈한 나의 의식으로 세상을 한 번 관조(觀照)해 보았다. 만일에 사람들을 깨우칠 수 있다면 한국 사회가 한 사람의 깨달은 자로 인해서 세계를 지배할 수 있는 엄청난 힘을 갖게 될 수 있었다. 그리고 모든 사람이 행복하고 자유로운 삶을 살 수가 있었다. 그래서 나는 이러한 것을 세상에 알리려고 날마다 잠을 자고 나면 길거리에 나가서 사람들을 찾아다녔다. 처음에 일반 사람들과 만났는데 아무도 내 말에 관심을 기울여주지 않았다. 나만 만나면 전부 피해 버렸기에 이해되지 않았으나 몇 년 후에 나는 비로소 사람들의 운명을 본 후에 그 일을 이해하게 되었다. 사람들은 자기의 운명 때문에 아무도 진리 속에 있는 일을 배우려고 하지 않았다는 사실이다.

Q : 왜 그런 일을 스스로 깨달아서 알아보는 사람이 없습니까?
스승 : 눈이 먼 사람에게 세상에서 가장 큰 진주를 하나 손에 쥐어주면서 보물이라고 말을 해 보아도 그 가치를 느낄 수 없을 것이다. 세상은 하나의 법칙으로 세상의 일들이 존재한다고 설명한다. 그러나 사람들은 진리에 대해서 생소했기 때문에 아무도 이

해하고 받아들일 수가 없었다.

Q : **사람들이 운명을 짊어지고 산다면 운명의 근원은 무엇입니까?**
스승 : 학문을 많이 연구하고 과학세계에 눈을 떴던 사람은 산속에서 태어났더라도 살다 보면 점점 자기가 과거에 했던 일들이 자꾸 자기 속에서 활동하려고 한다. 생명이 부활한 것처럼 과거에 자기 속에서 지어졌던 일들이 살아나서 활동하는 것이 운명의 근원이다.

Q : **버스를 타고 갈 때 아는 학생이 하는 말이, 길가에서 동냥하는 저 사람은 집이 세 채인데도 왜 구걸하고 다니는지 그 이유를 모르겠다고 했는데, 왜 거지로 살아갈까요?**
스승 : 집이 세 채가 아니라 다섯 채가 되어도 그 사람은 운명을 벗어날 수가 없다. 자기 속에 있는 업이 계속 시키니까 거지로 살다 죽는 것이다. 그러니 운명은 자기에 의해서 지어지고 세상에 있는 것들은 모두 자기가 자신을 움직이게 하는 운명을 지니고 있다.

Q : **어떻게 자기 속에 있는 잘못된 운명을 피해서 좋은 운명을 받아들이고 좋은 삶을 살아갈 수 있습니까?**
스승 : 자신이 강인하지 못하면 항상 하는 일이 의타심이 많아서 자주 속게 되고 하는 일마다 집중력이 떨어져서 실패를 많이 한다. 운명을 바꿀 수 있는 유일한 길은 자기를 버리고 성공한 사람이 하는 일을 보고 자기를 바꾸려고 항상 노력해야 한다. 그래서 많은 것을 배우면 새로운 게 자기에게 들어와서 활동하게 된다. 하늘에 있는 천신이라 해도 깨달은 자의 곁에서 듣지 못하면 운명은 절대로 안 바뀌고 같은 일을 반복하게 된다.

Q : 운명은 바꿀 수 없다고 말하는 사주쟁이들을 어떻게 이해해야 하는지요?

스승 : 지금까지 이러한 세계의 일들을 알아볼 수 있는 사람이 없었기에 운명은 바꿀 수 없다고 했으나 운명은 얼마든지 바꿀 수 있다. 여기서 간단한 예를 한 가지 소개하겠다. 회원 한 명이 비닐하우스에서 올해 수박을 재배했는데 돈이 제법 되었다고 한다. 비닐하우스에 수박 모종과 참 박 모종을 심었다고 한다. 그런데 일반 수박은 맛이 없었지만 참 박 모종에다가 접을 붙인 것은 당도가 높고 열매가 많이 열리고 빛깔이 좋고 맛이 좋았다고 했다.

Q : 어떻게 접을 붙여야 좋은 결과가 일어나는 것입니까?

스승 : 참 박의 순을 쳐버리고 발아한 수박의 싹을 참 박의 뿌리에다가 연결하면 생존 활동이 수박보다도 활발하고 강인하다. 참 박의 뿌리가 땅속에 있는 기운을 뽑아서 잎과 열매에 전달하는 활동을 한다. 이제는 오랫동안 농사를 짓던 사람들이 접붙이는 기술이 점차 발달해서 처음에는 큰 나무에만 접을 붙여봤으나 이제는 사과나무에 복숭아 순을 붙이니까 사과나무에서 복숭아도 열렸다. 그렇다면 수박에도 되지 않을까 관찰해서 수박을 가지고 호박에다 붙여 보니까 이런 일이 생겼다는 것이다.

Q : 식물은 접을 붙이겠지만 운명이 안 좋은 사람은 어떻게 접을 붙입니까?

스승 : 좋은 운명을 가진 사람을 가까이하고 따라가면 나쁜 운명이 바뀔 수 있다. 내가 항상 문제를 만들지 않고 살아가니까 너희도 나를 보고 따라오면 내가 가지고 있는 운명을 받아들이게 된다. 세상을 존재하게 하는 모든 운명의 근원이 자기 속에 있었던 일

에 의해서 만들어지게 되는데 사람을 망쳐버리면 세상이 망하는 게 인과의 법칙이다.

Q : 사회의 운명도 인과의 법칙으로 변할 수 있는 것입니까?
스승 : 나는 오랫동안 관심을 가지고 사회가 어떻게 변하는가를 보았더니 의식을 통해서 변한다는 사실을 알았다. 지금 너희는 우리나라가 아무런 문제가 없고 다른 나라들처럼 모든 게 잘되는 줄 알고 있으나 절대 그렇지 않다. 사회 속에 있었던 일들이 자신은 물론이고 사회의 운명까지도 영향을 미치기 때문인데 거짓이 크게 행세하는 곳은 꼭 망하게 되어 있다. 종교가 크게 세력을 갖게 되면 그곳에는 항상 큰 거짓이 존재했다. 역사에서 보면 이스라엘이 망했는데 제사를 지내는 신의 국가였고 하느님을 내세우고 있었지만 민족이 망했다.

Q : 우리 사회는 왜 이런 어려움에 빠지게 되었습니까?
스승 : 우리 사회에 사는 사람들이 있는 일을 있는 그대로 보지 못하고 생각에 의존하기 때문이다. 이전보다 자동차가 도로에 많이 다니고 사람들이 더 좋은 옷을 입고 네온사인도 화려해졌기 때문에 실제로 우리 사회가 어떤 문제를 안고 있는지를 모른다. 상상하면 자꾸 좋아질 것 같지만 세상일에 눈을 뜬 자는 절대로 생각에 의존하는 게 아니고 있는 일에 의존한다. 세상을 법계라고 말하는 것은 법칙으로 끝없는 미래를 존재하게 하고 있기에 운명이나 윤회나 어디든 갖다 붙이면 딱 들어맞게 되어 있다.

Q : 요즘에 사람들이 IMF로 인하여 어려움을 겪고 있는데 이런 일도 사회의 운명이라고 볼 수 있습니까?

스승 : 있는 일을 법칙 속에서 놓고 보면 상상할 수도 없는 두려움을 갖게 되는데 IMF는 이미 오래전에 준비되어 있었고 예견된 일이었다. 잘못된 힘이 존재하는 사회는 원칙이 존재하지 않고 힘이 모든 것을 만드니까 사회가 망하고 자신 속에 있는 잘못된 세력에 의해서 자기도 잘못 살게 된다.

Q : **자기의 업이 의식에 영향을 주어서 생긴 일입니까?**
스승 : 자기가 행동한 일이 의식 속에 쌓여서 변화시킬 수도 있기에 나는 사람들을 잘 믿지 않고 믿으려고 노력할 뿐이다. 내가 가까이 있는 사람들에게 항상 가장 많이 속게 되는데 그들을 돕고 싶지만 잘 이루어지지 않는다. 그것은 서로가 벽을 쌓을 수도 있고 오해를 불러일으킬 수도 있는데 내가 볼 수 있는 세계를 사람들이 볼 수가 없는 일은 얼마든지 존재할 수 있다.

Q : **지금 사회가 어려운 때인데 여래님이 외국에 나가시고 나면 저희가 어떻게 살아야 할까요?**
스승 : 나는 이제 비행기 표가 연기되면 한 주 정도 더 있을 것이고 그렇지 않으면 바로 영국으로 떠난다. 지금 세상은 거짓이 지배하고 있는데 어떻게 거짓된 자들을 깨우칠 것인지 고심하고 있다. 어떻게 하면 있는 일을 밝혀서 세상 사람들의 삶에 도움을 줄 수 있을까 하는 희망 때문에 떠나려고 한다. 내가 이 나라를 위해서는 외국에 가서 한국의 국적을 포기하고 국제적십자 여권으로 바꿔서 세계를 떠돌아다녀야 주변에 있는 사람들도 살릴 수가 있다.

Q : **세상의 명성이 있는 단체는 전부 거짓된 자들이 지배하고 있으니**

여래님의 진실을 받아들일 수 있겠습니까?

스승 : 나로서는 세상의 운명을 바꾸고 개개인의 운명을 바꾸어 주기 위해서는 자신을 외로운 세상에 던지지 않을 수 없다. 너희는 지금까지 함께하면서 소중했던 시간처럼 자신에게 있는 일을 항상 소중하게 생각해야 한다. 있는 일을 어떻게 하면 잘할 것인지를 생각해야 생활도 좋아지고 미래도 좋아진다. 있는 일이 모든 운명의 근원을 만드는 것이니 운명이 나쁜 사람들은 좋은 운명을 가진 자를 따라가고 자기를 변화시키려고 노력해야 한다. 변하지 않으면 자기 속에 있는 업에 의해서 항상 지배받고 운명의 굴레에서 맴돌게 된다.

Q : 보통 사람들이 어느 정도까지 깨달아야 운명의 굴레에서 벗어 날 수 있겠습니까?

스승 : 너희가 최고가 되었다면 변하지 않으려고 노력해야 한다. 아직 너희는 환경의 영향을 많이 받기 때문에 잘못되기는 쉬워도 무지한 생각으로 자기에게 좋은 결과를 있게 하는 일은 매우 어렵다. 그래서 이런 시간을 통해서 끊임없이 공부하고 현실에서 가지고 있는 이상과 꿈을 실천하기 위해서 노력해야 한다. 너희가 가진 이상 속에서 꿈을 좇아 무엇인가 찾으려고 헤매면 평생을 고생할 수밖에 없으니 자기를 버리고 가야 한다. 현실 속에서 너희의 이상을 펼친다면 자기가 원하는 것을 현실에서 얻어내게 된다. 세상에는 시기 질투하는 사람들이 많으니 꼭 다른 사람들과 상의할 필요는 없다.

Q : 여래님의 나그네 시집에도 있는 내용인데 병은 자랑하고 보물은 감추라는 뜻이 질투를 말한 것입니까?

스승 : 보물은 자랑하면 도둑이 들겠지만 병을 자랑하면 지나가는 사람이 안 됐다고 좋은 약방을 가르쳐 주는 사람이 있을 수도 있다. 항상 있는 일을 소중하게 생각함으로써 어려움이 많은 자기를 풍요로운 세계로 인도하게 된다. 내가 결혼식 주례에 가면 하는 말이 있다. 열심히 일하면 돈이 생기게 되고 절약하면 돈이 쌓여서 풍요함을 마음에 갖게 하며 정직하게 살면 항상 떳떳해서 근심 걱정이 없는 삶을 살 수 있다. 근심이나 걱정이 없고 쪼들리지 않고 외롭지 않으면 행복을 얻을 수 있다고 말한다.

Q : 사람들은 행복이 무엇인지 물으면 모른다면서 조금 정겹고 즐거움이 있으면 사는 것이 행복하다고 하거든요?

스승 : 그럼 네가 행복하다면 무엇으로 행복하다고 하는지 물어보아라! 잠시 외로움을 잊고 배고픔을 잊었다면 순간적인 행복감이다. 행복의 조건을 모르면 허무를 가져올 뿐이다. 세상은 법칙으로 모든 것을 지배하니 근면과 검소함과 정직을 통한 생활 속에서 큰 행복이 오는 것이다. 깨달음도 있는 일을 통해서 얻게 되고 영원한 생명의 길도 있는 일에서 시작이 된다.

Q : 사람들은 다정한 사람을 좋은 사람이라고 하는데 만일에 동정심만 존재한다면 세상의 앞날이 어떻게 되겠습니까?

스승 : 남을 동정하는 건 사랑이 아니니까 남에게 정겹게 하고 동정하라고 강요하는 건 옳지 않은 일이다. 사람이 있는 일을 배워서 알게 될 때 깨달음을 얻고 사랑의 실천이 가능하다. 사랑은 남을 축복하는 것인데 정에 의해서 결정되는 걸 정실(情實)이라 하고 그런 세상은 망한다. 잘되는 사람은 공명정대하며 바른 생각과 바른 행동이 좋은 사회를 만드는데 이 나라에는 사랑을 안 가르

치기 때문에 잘못된 운명을 바로 잡을 어떠한 기회조차 없다.

Q : 좋은 운명을 만들기 위하여 어떻게 배워야 합니까?
스승 : 신(神)의 근원은 인간이 죽어서 나온 영혼이 신이다. 신의 미래가 부활하면 인간이 되는 것이니 신의 지배를 받을 게 아니고 좋은 자기를 만드는 것이 좋은 운명이다. 너희는 삶을 신에게 의지하지 말라! 어떤 경우에 신은 교묘하고 형체가 없기 때문에 사람을 얼마든지 농락하고 속일 수 있고 괴롭힐 수가 있다. 나는 그런 일을 너무 많이 보아왔기 때문에 너희는 이것을 잊어서는 안 된다. 건강한 생활과 생각과 활동을 통해서 좋은 삶과 좋은 운명을 만들 수 있다.

Q : 재물을 많이 갖게 되면 좋은 삶을 살 수 있겠습니까?
스승 : 나는 가족들이 어렵게 살 때 비즈니스를 한 적이 있는데 열심히 일만 생각했고 항상 현장에 붙어 있었다. 그 결과 재산을 모을 수 있었고 없던 집이 생기고 생활에 여유가 생겼다. 과연 내가 많은 재물을 갖게 되면 어디에 써야 할 것인지 고민이 되었지만 해답을 찾지 못했다. 집에 찾아올 많은 사람이 나에게 기대려고 한다면 그들의 요구 조건을 들어줄 수도 없고, 그로 인해서 괴로움만 느끼게 될 것이다. 재물을 많이 갖게 되면 결국은 일생을 재물을 지키는 데 허비할 것이고 끝내는 모든 경제 활동을 접을 것이다. 나는 그런 생각이 있어 지금까지 너희를 깨우치고 세상을 밝히는 일에만 전념하고 있다.

Q : 실제로 재산이 너무 많은 것도 정말 고통스러운 일입니까?
스승 : 건강한 삶이 제일 보배로운 것이니 자식이 살아갈 수 있는 길

을 열어주고 모은 돈을 자식에게 물려주겠다고 생각할 필요는 없다. 왜냐하면 자식에게 재물을 물려주면 돈에 애착을 갖게 하고 잘못되게 할 수도 있기 때문이다. 자식이 살아갈 수 있도록 교육하거나 장사하는 법이나 기술을 갖게 해서 그 일과 기술을 통해서 일생을 살아갈 수 있도록 해주면 부모로서 자식에 대한 모든 도리는 끝난 것이다.

Q : 부모가 당장 도와주지 않으면 처음에는 막막할 것 같은데요?
스승 : 너희는 이러한 많은 일들을 두고 어떻게 생각하고 보는가 하는 차이점에서 삶이 달라질 수가 있다. 나는 지금까지 상당히 힘든 현실에서 지쳐 살아왔으나 지금부터라도 내가 가지고 있는 능력을 세상에 주고 갈 생각이다. 너희도 나를 보고 용기를 갖고 하루의 삶이라도 항상 자기에게 충실히 살아달라고 부탁하겠다. 항상 어려운 사람들을 만났을 때 밥 한 그릇이라도 대접하고 위로가 아니라 너희의 경험을 말하고 깨우쳐주는 것이 좋다. 너희에게 이 시간을 함께한 보람과 축복을 주도록 노력하겠다.

Q : 힘들게 사는 사람들을 어떻게 깨우치는 것이 좋겠습니까?
스승 : 가난한 사람은 부자가 되기 위해서 열심히 일하는 것이니 너희가 배운 대로 근면과 검소와 정직한 생활을 알려주면 된다. 나도 화전민 아들로 태어나서 일찍 부모를 여의고 이만큼 살기 위해서 많은 일을 해야 했다. 너희가 하는 일 속에 행복한 가정과 미래가 존재하기에 나는 항상 일의 소중함을 가르치는 것이다.

Q : 운명은 한번 자기가 한 일은 계속해서 같은 일을 자기에게 시키기 때문에 업을 두려워해야 하는 것입니까?

스승 : 너희가 용기를 가지고 일하면 어떠한 일도 해낼 수가 있다. 그러나 좌절하고 항상 남을 원망만 하고 있는 일과 있는 일의 중요성을 외면하고 해결하려는 의지를 갖지 못한다면 항상 가난하고 힘들고 고통스러운 삶들을 살게 된다. 이 시간 내가 한 말들에 대해서 이해가 되지 않는 부분은 질문을 받고 대답하겠다. 사실 원고를 써서 말하는 게 아니고 내가 방에 누워 있다가 운명이라는 세계를 보고 너희를 깨우치는 것이다. 같은 말을 계속 반복하는 것은 선생이 수학의 숫자를 가르치는 식으로 하기 때문이다.

Q : 좋은 교육은 어떤 것이며 좋은 말은 무엇입니까?
스승 : 있는 일을 알 수 있도록 설명해서 밝히는 것은 좋은 말이고 좋은 교육이며, 자기도 모르는 말을 하는 것은 나쁜 말이다. 책을 쓴 저자도 모르는 일을 그 책을 보고 정리해 와서 방송에서 말한다 해서 거짓이 사실이 될 수는 없다. 있는 일을 숨기고 있는 일이 밝혀지지 않고 드러나지 않은 거짓이 나쁜 말이다. 모르는 말 속에 거짓이 있으며, 있는 일을 밝히는 좋은 가르침은 끝없이 세상을 통해서 전해질 것이다.

Q : 오랫동안 인간이 살아오는 동안에 항상 존재해 오고 있던 말 중의 하나가 운명인데, 왜 사람들은 누구도 바꿀 수 없고 피할 수 없는 것이라고 생각하는 걸까요?
스승 : 운명이 어떻게 지어지고 있으며 왜 사람들은 한번 자기 속에 존재하는 운명을 영원히 지고 살아야 하는지 확인해 보아라! 계속 같은 말을 많이 해왔지만 자기 속에 있던 일은 계속 자기 속에서 쉽게 사라지지 않는다고 했다. 이 말은 우리가 볼 수 있는

것이나 볼 수 없는 모든 것은 한번 세상에 태어나면 계속 활동을 통해서 존재한다는 의미다. 어떤 일도 있게 되면 그 일은 하나의 인연을 통해서 태어나고 알게 모르게 세상에서 존재하게 된다. 운명의 근원은 자기 속에 있던 일들이 쌓여서 계속 자기 속에서 활동하기 때문에 같은 일을 계속 만들어 내려고 한다.

Q : 사람들이 제각기 성격과 성질이 다르고 보고 듣고 말하는 것이 다른데 자기 속에 무엇이 틀리기 때문입니까?

스승 : 자기 속에 있는 것들의 작용으로 있는 일을 보아야 한다. 있는 일을 듣고 이해하게 되고 자기 속에 있는 걸 계속 말하게 된다. 여기서 지적한다면 어떤 사람이 실수하는데 관찰하면 계속 같은 실수가 반복되어서 나오고 있는 것은 자기 속에 실수를 유발하는 근원적인 일이 있기 때문이다. 이런 일을 두고 지금까지 세상에서 누구도 이 운명은 바꿀 수 없다고 말해 왔고 사람들은 그런 줄 알고 살았으나 운명은 얼마든지 바꿀 수가 있다.

Q : 예를 들면서 가르쳐 주시면 저희가 쉽게 이해가 되겠는데요?

스승 : 빨간 물감에다가 흰색을 계속 집어넣으면 분홍으로 변하고 분홍에서 연분홍으로 변한다. 그러니까 세상일에 대한 깨달음이 있다면 자꾸 있는 일을 배워서 자기의식 속에 계속 집어넣으면 된다. 그러면 자기에게 실수를 계속 유발하던 일들이 붉은색에서 분홍색으로 변하고 분홍이 연분홍으로 변하듯이 운명도 이와 유사하게 변하게 된다.

Q : 깨달음을 받아들이지 못하면 운명은 영원히 자기 속에서 계속 같은 것을 반복하고 같은 행동이 나오게 하는 것입니까?

스승 : 이것은 자기가 하고 싶어서 하는 게 아니라 자기 속에 있는 업이 그러한 일들을 만들어 내게 된다. 깨달음이 없으면 자기의 나쁜 습성을 계속 반복하게 되고 무지로 인해서 새로운 것들을 계속 받아들이면 운명은 더욱 어두워질 수밖에 없다. 운명을 바꿀 수 있다는 말은 새로운 삶을 맞이하는 과정에서 깨달은 일들이 자기 속에 들어와서 활동한다. 그러니까 운명은 인연에 의해서 좋은 쪽으로 변화할 수도 있고 나쁜 쪽으로 변화할 수도 있다는 것이다.

Q : 한번 지워진 운명은 나고 늙고 병들고 죽게 되는 일까지 관계하는 것입니까?

스승 : 운명은 심지어 윤회 속에 있는 일까지도 영향을 미치게 된다. 윤회가 무엇인지 모르는 사람들은 반문할 것인데 자신의 활동으로 삶을 마치고 죽으면 다시 태어날 수 있는 것같이 자기 속에 있는 업도 계속 활동을 통해서 존재한다.

Q : 이러한 운명은 어떤 개개인에게만 존재하는 것입니까?

스승 : 있는 일은 어떤 개인에게도 영향을 미칠 수 있지만 사회에도 영향을 미칠 수도 있다. 인간의 세계에서 있게 되는 일은 자기의 운명을 짓게도 되고 사회의 운명을 만들기도 한다. 우리 사회의 미래를 알아보는 일은 그렇게 어려운 것이 아니다. 개인의 운명이 어떠한 공식에 의해서 변화할 수 있다면 그러한 공식에 의해서 사회도 국가 자체도 변화할 수가 있다.

Q : 한 사회나 개인의 운명을 역사에서 볼 수가 있습니까?

스승 : 흥미로운 일은 조선이라는 나라에서는 일본을 수백 년 동안

미개한 자들이 사는 나라라고 말했다. 그것은 어떤 문자나 학문의 가르침이 없다는 의미를 두고 하는 말이다. 그 말은 한국 사람들이 세상을 좁은 시각으로 보고 모르기에 말한 것이다. 일본이라는 나라에서는 일본 사회에 존재하는 가르침이 있었고 우리가 배운 유교나 다른 종교의 가르침보다 나쁘지 않았다. 일본과 한국 사회를 비교하면 지금까지 일본 사회의 국력이 한국 사회를 앞질러 갈 수 있었던 이유는 사회의 가르침 때문이었다.

Q : 한국 사람들이 일본을 미개인이라고 말했듯이 특별한 가르침이 많지 않았잖아요?

스승 : 일본 역사를 살펴보면 4백여 년 전 도요토미 히데요시라는 한 인물이 태어났고 그에 의해서 일본이 통일되자 제도들이 생기게 되었다. 그것은 일본에도 신이 있으니까 외국의 신은 필요가 없다고 해서 기독교나 다른 종교를 받아들이는 걸 거부해 왔다. 그들은 알다시피 임진왜란 때 한국에 와서 군대가 철수하면서 철을 잘 다루는 기술자나 농사 기술이 뛰어난 사람들을 전부 다 배에다 싣고 데려갔다. 특히 도자기 굽는 도공들을 일본에 데려갔는데 일본의 전통과 접목하면서 그 유명한 도자기 가문을 이루어 왔다는 것은 요즘 신문이나 이야기를 통해서 알려진 사실들이다. 그들은 4백 년 전부터 현실에 대한 중요성을 사람들에게 일깨워 주었고 제도적으로 사람들에게 가르쳐서 현실에 뛰어난 사람들이 된 것이다.

Q : 우리는 그 시대에 유교와 불교를 받아들여서 배웠잖습니까?

스승 : 조선에는 그때 유교에서 배운 것은 사람을 일깨워 주는 것이 아니고 어떤 문제와 답을 만들어 놓고 과정에 있는 일을 빼버린

가르침이었다. 이 속에서 어떻게 운명이 만들어졌는지를 보면 현실에 눈먼 자들이 이상적인 사상을 도입해서 가르쳤다는 것을 알 수 있다. 그러니 사람들은 배우면 배울수록 현실에 눈이 멀어졌고 눈뜬장님이 되었다. 이러한 일에 대한 근거는 많이 찾아볼 수가 있는데 선비들이 땟거리가 없고 배가 고픈데도 책만 읽고 있었다는 이야기는 현실을 무시하고 이상 속에 살았다는 증거이다.

Q : 실제 지금까지 4백 년 동안 일본 사람들이 한국 사람보다도 현실적으로 생활에 현명한 사람들이었다고 볼 수 있습니까?

스승 : 일본 사람들은 현실적이었고 한국 사람은 반대로 이상적인 일에 머리가 발달하게 되었다. 그럼으로써 한국 사회에서는 많은 어두운 일들이 있었고 반면 일본은 다른 선진 사회를 보면서 문물을 받아들였다. 현실적인 가르침으로 세계 속에 뛰어난 사회를 만들고 있었다. 여기서 확인하고 가야 하는 건 오늘날 우리 사회가 불안하다는 것은 누구도 부인할 수 없는 사실인데도 아무도 이 불안한 사회를 위해서 대책을 세우지 않고 있다는 점이다. 왜냐하면 우리의 사고(思考)가 현실 앞에서 대답을 얻으려 하는 게 아니고 이상주의자 앞에서 대답을 얻으려 하기 때문이다.

Q : 정치인이 점을 치러 점쟁이 집에 다녔다는 이야기는 웃고 넘길 일이 아닌 것 같은데요?

스승 : 윤회도 하지 못한 신(神)한테 물어서 모든 길흉화복을 얻으려 하는데 결정은 신이 하는 게 아니고 있는 일이 길흉화복을 만들어 내는 원인이다. 왜냐하면 어떤 일을 하는 과정에서 좋은 판단이나 좋은 가르침이 존재하게 되면 거기에서 좋은 결실이 존재한다. 모르는 일을 하면 실패가 많고 아는 일을 하면 성공하는

예가 많다.

Q : 우리 사회에는 이런 일들이 제대로 이루어지지 않았다고 볼 수 있습니까?

스승 : 그것은 5백 년 동안 전해오던 유교의 영향을 우리 모두의 의식 속에 갖고 있기 때문이다. 모든 것을 원인도 모르고 그 과정에 있던 일도 모르고 결과를 얻으려고만 했다. 어리석은 사고의 집단 때문에 결국 우리 사회가 오늘날 불안한 사회와 내일을 예측할 수 없는 운명을 짊어지게 되었다. 이러한 운명은 문제가 풀리기 전에는 절대 변하지 않는다.

Q : 우리나라가 유교 영향을 우리 모두의 의식 속에 갖고 있기 때문이라면 선진국 사람들의 의식은 어떤지요?

스승 : 그러면 우리 사회에서 지금까지 어떤 일들이 있었는지, 예를 들어 외국 사람들이 가지고 있는 사고와 한번 비교해 보자. 어느 모임의 회원인 영국의 폴이라는 사람의 이야기를 들은 적이 있는가 모르겠다. 폴의 동생이 지금 18세인데, 이 동생이라는 아이가 어머니 밑에서 살고 있으면서 자기는 대학에 갈 것이라 주장하니까 어머니가 불평하였다는 것이다. 대학은 왜 꼭 가야 하느냐? 부모와 자식 간에 이러한 갈등이 지금 벌어지고 있다고 했다. 그런데 우리나라는 자식을 키우고 있는 부모들 심정의 99%가 어떻게 자식을 좋은 대학에 보낼까 고민이 많다. 대학에 안 가겠다고 하면 대학에 안 가면 어떻게 하나? 대학 안 나오면 장래를 망치는 것처럼 부모가 안달이 나서 자식을 대학 좀 가게 해달라고 절에 가서 빌고 바위 밑에 가서 빌고 교회에 가서 기도하고 소란이 이만저만이 아니다. 그들이 잘 살아서가 아니고 파

출부를 하면서도 자식만은 대학을 꼭 마쳐야 한다고 생각하는 것이 선진국 부모와 우리나라 부모의 차이이다.

Q : 우리나라에서 대학에 가는 것이 안 좋은 것입니까?
스승 : 내가 말하는 것은 대학을 보내는 게 안 좋다고 말하는 게 아니다. 과연 대학에 가서 무엇을 배우며 자식이 대학을 통해서 무엇을 얻어서 자기 앞날에 밑거름이 되는지를 알아야 한다는 것이다. 이런 것을 알아보지 않은 상태에서 무조건 대학 졸업장만을 탐내는 것은 매우 부끄러운 일이라는 점이다. 그런데 세계에서 인구 비례에 비해서 대학도 제일 많고 대학에 들어가기 위해서 가장 많이 노력해야 하는 나라가 세계에서 한국이 1위라고 한다. 대학을 잘못 나오면 오히려 사람을 무능하게 만든다는 사실을 모르고 있다.

Q : 대학에서 공학을 배워서 현실의 일과 접목을 시킨다면 사실 도움이 되잖을까요?
스승 : 그렇지만 대학의 많은 학과가 이상에 뿌리를 두고 가르치고 있다고 한다. 어떤 대학에는 무당 굿하는 걸 배우는 애들이 있다는데 무당 굿하는 걸 배워서 무당이 되겠다는 거냐? 내가 이 말을 하는 것은 한 번 받아들인 것은 자기 속에서 계속 잠재하며 활동하기 때문이다. 좋은 것을 받아들이게 되었을 때는 자기 속에서 좋은 활동이 끊임없이 일어나서 좋은 일들을 자기 속에서 계속 보게 한다. 하지만 나쁜 것을 받아들이게 되면 계속해서 자기 속에서 보게 하고 나쁜 일이 일어나게 한다는 것이다.

Q : 우리에게 어떤 교육이 필요하고 무엇을 배워야겠습니까?

스승 : 자기의식 속에 받아들인 것이 운명의 근원이니까 있는 일을 바로 가르치고 바로 배우는 것이 학문(學問)이다. 어떤 전문인이 가지고 있는 기능을 이어받는 게 전문인 교육이다. 어떤 도공이 도자기를 멋있고 우아하게 만들어 내는데 과연 그 기능이 어디에서 나타나는지를 전수하는 게 배움이다. 금속을 다루는 사람들이 어떤 과정에서 튼튼하고 실용적인 좋은 금속을 만드는 기능을 배우고 얻어 오는 게 배움이다. 그런데 실제로 한국에서는 어떤 기능인을 확보하지 못한 상태에서 대학을 많이 세우고 대학의 위상을 높이기 위해서 입시제도라는 벽을 만들어 놓았다. 그런 교육을 받은 사람들은 남을 도울 수 있는 게 아니라 자기 하나도 다스리기가 힘이 들어서 그냥 별것도 아닌 일에 신경질을 낸다. 한국의 교육은 충분한 기능에 대한 이해와 연구나 탐구가 뒤따르는 게 아니라 문제와 답을 그냥 외우는 것이다. 어떤 일을 이해하지 못하는 속에서 수수께끼를 많이 안다고 해서 유능한 지도자가 절대 될 수가 없다.

Q : 많이 배운 사람이 유능하지 않다면 어떤 사람이 유능한 지도자입니까?

스승 : 거짓말을 하지 않고 일을 잘하는 사람이 훌륭한 지도자이다. 한국의 공직사회에 있는 지도자들이 거짓말 안 하고 일 잘하는 사람이 전부 그 자리에 있다고 나는 믿지 않는다. 그렇다면 우리 사회는 사회를 이끌어 갈 만한 인재의 양성에 실패했다는 점이다. 인재의 발굴과 사회 역할에 실패함으로 해서 오늘과 같은 현상들이 존재하게 되었다. 많은 졸업장과 높은 학위와 학문을 가진 사람이 좋은 선생이 아니라 좋은 기능을 가진 사람이 좋은 선생이라는 사실을 깨달아야 한다.

Q : 좋은 기술은 자기에게 도움이 되겠지만 암기로 배운 지식은 삶에 아무런 도움이 되지 않는다는 겁니까?

스승 : 알지도 못하고 모르는 말은 자기에게도 아무 도움이 안 되고 남에게도 도움이 되지 않는다. 금강산 봉우리가 몇 개인지 안다 해서 우리 삶에 이익이 되겠으며 사회에 이익이 돌아오겠느냐? 낙동강의 길이가 얼마이고 어디서 출발하는지 그리고 이순신 장군이 왜적을 어디에서 크게 물리친 곳인지도 역사에서 배워야 한다. 하지만 이런 것은 예습 과정에 있어야 할 과목인데 반대로 주요 과목에서 가르쳐야 할 진실이 빠졌다는 것이다.

Q : 어떤 선생이 좋은 선생이며 어떤 스승이 참된 스승인지를 알 수 없잖습니까.

스승 : 우리 사회에 좋은 스승은 좋은 기능을 가진 자이며 현실을 잘 이해하는 사람이다. 이런 좋은 스승이 지금 어디에서도 대접받지 못하고 있기에 우리 사회가 안전하지 못하다. 이 불안전한 일들이 쉽게 해소될 수 없는 이유가 잘못된 교육정책과 행정과 언론이 우리의 의식을 점점 어둡게 만들고 있다. 어두운 의식을 가지고 있는 사람들의 실수로 우리 사회가 잘못되어 간다. 국가가 잘못되어 가고 있기 때문이라는 이런 사실은 누구도 부정할 수 없다.

Q : 우리 사회에 이런 잘못되어 가는 일이 어떻게 풀리겠습니까?

스승 : 믿음이 모든 것을 해결하는 것이 아니며 깨달음이 없는 믿음이 무슨 소용이 있겠느냐? 바위덩이가 금이 될 것이라고 아무리 믿어도 금이 될 수 있는 요소를 갖고 있지 않고 그 속에 금맥이 있지 않다면 금이 바위에서 나올 수가 없다. 신뢰하고 믿는 것은

중요한 과정이지만 믿음만으로 이루어지는 것이 아니다. 있는 일을 잘 알고, 있는 일을 잘하게 될 때 비로소 우리 사회는 희망이 넘치게 되고 그 희망은 국가를 부흥하게 할 수 있다.

Q : 우리가 어떻게 잘 살 수 있고 운명을 변하게 할 수 있겠습니까?
스승 : 현재 국가의 운명이 변하니까 따라서 개인의 운명이 시시각각으로 변하고 있다. 내가 저지른 일도 있는 일이기도 하지만 나에게 생기게 되는 일도 있는 일이다. 내가 원하지 않는 일도 살아가다 보면 활동하던 것의 인연에 의해서 자신에게 생기게 된다. 중요한 문제는 국가의 운명은 개개인의 정신 속에 있다. 그러니 있는 일을 이해하지 못하고 제대로 받아들이지 않으면 자기 스스로 되는 일이 아무것도 없다.

Q : 개인의 운명이 사회의 어떤 제도나 환경에 의해서 변화할 수가 있다면 있는 일에 대한 이해가 무엇보다도 급선무이겠네요?
스승 : 일본에서는 14대손까지 도자기를 굽는 후손이 생겼으며 조선에서 건너간 사람들이라 한다. 어떤 검사가 자기 아버지가 운영하는 국수가게를 이어가기 위해서 검사직을 사퇴했다는 보도가 난 적도 있다. 그러한 정신을 가진 사람들이 있기에 사회가 유지되고 가게가 잘 유지된다. 그처럼 사회에 믿음이 존재하니 국수장사가 잘되니까 관직을 사퇴하고 가게 주인이 되는 것이다. 어떤 학부를 거치고 시험을 쳐서 들어가는 자리라면 누구든지 할 수 있다. 그러나 좋은 음식을 만들고 좋은 그릇과 생활용품을 만드는 것은 아무나 할 수 있는 일이 아니며 기능을 가진 자만이 할 수 있는 일이다. 이러한 일들이 일본 사회에 존재했기 때문에 오늘날 일본이라는 사회가 한국 사회와 다른 모습을 보여주고

있는 것이다. 영국 사회도 그런 부모가 있기에 사회가 존재하고 사회에 정의가 있기에 그들은 당연히 국가가 잘못할 때 모든 국민이 일어나서 따진다.

Q : 현재 우리 사회에는 선진 외국처럼 못하고 있는 것이 정의(正義)가 없기 때문이라고 보십니까?
스승 : 우리 사회에는 많은 일들이 존재하고 있으나 어떤 힘센 자가 잘못했을 때 가까운 사람이 충고하지 않고 누구나 실수할 수 있다고 위로나 하려 한다. 누구도 진실을 따지는 사람이 없으니 위계질서가 무너지고 외국인들이 지적한 것처럼 관료들의 행패가 무서워졌다. 이런 일은 우리 사회에 존재하는 잘못된 가르침에 의해서 원인이 된 것들이어서 참된 교육이 필요하다. 있는 일을 바로 아는 게 우리를 잘살게 하고 사회를 복되게 하며 국가를 빛내는 일이다. 요즘 국민의 가장 친한 벗이 텔레비전인데 방송에서는 사회나 국가의 운명에 대하여 사회에 있었던 일에 대해서는 진실을 말하려 하지 않는다.

Q : 방송에서 진실을 말하지 않는 이유가 있다고 보시는지요?
스승 : 결국 잘못된 기득권을 살리기 위해서 선량한 사람들의 운명이 점점 어둠의 구렁텅이로 빠지고 있다는 사실은 누구도 부인할 수 없다. 이런 문제를 해결하기 위해서는 국민이 현명한 사람이 되는 길뿐이다. 현명한 사람이 되는 것은 말했듯이 모든 가르침이 진실해야 하고 어떤 인연이 존재해서 이해를 우리에게 주는지 밝혀야 한다. 아직 이런 가르침이 사회에 존재한 적이 없고 언제쯤이나 사람들의 기호에 맞는 일이 될 것인지 기약도 할 수가 없다. 있는 일은 계속해서 사회에 영향을 미치게 되는데 아무

리 부정하고 현실에 눈을 감는다 해도 있는 일은 절대 없어지지 않고 반복되고 있다.

Q : **지금이 1997년인데 우리 사회가 아주 위험한 것입니까?**
스승 : 솔직히 말해서 식량이 수입이 안 되는 상태에서 23%의 자급자족의 생산 능력으로는 사람들이 먹고사는 것이 불가능한 일이다. 이런 점을 항상 잊지 말고 어떤 일을 할 때 과연 이런 일들이 결과가 자신들에게 오는지를 생각하고 좀 더 앞날을 보고 살아야 한다. 자기가 있는 일을 알면 운명이 필요 없고 있는 일을 아는 그대로 하면 된다. 자기의 운명을 버리고 좋은 사람의 운명을 따라가면 자기 속에 있는 나쁜 운명들은 소멸하고 자꾸 좋은 운명이 자기에게 돌아오게 되는 것이다.

Q : **인간사회가 어떻게 법을 사용해야 정의로운 일이 되는 것입니까?**
스승 : 법은 진실을 밝히고 진리를 밝히는 일을 하는 것이다. 그런데 진리를 모르는 통치자는 통치수단으로 사용할 것이니 법만 있으면 무엇이든지 행사할 수 있다. 그런 세계에서는 능력이 없는 자들이 권력에 붙어서 크게 득세하게 되어서 세상이 망해버린다. 우리는 이런 일을 소홀히 들어서는 안 된다. 인간사회를 존속하기 위해서 가장 필요한 것은 정의인데 중요한 것이 빠져버리면 아무것도 이루어질 수가 없다. 자동차를 움직일 때 동력을 전달하는 장치를 빼버리면 자동차는 있어도 움직이는 구실은 할 수 없다. 정의는 국가사회에 큰 힘을 만들고 원동력이 되는 근본이다. 정의를 잊어버리고 산다면 우리 자신이 옳게 살겠다는 모든 희망을 포기해야 한다.

Q : 정의가 없는 사회에서 교육이 제대로 될 수가 있겠습니까?

스승 : 있는 일을 제대로 이해하지 못하는 상태에서 대학 졸업장을 받고 학위를 많이 받았다 해도 있는 일을 하나도 모르는데 어디에 써먹을 수가 있겠느냐? 만일에 정의를 하나의 빛에 비유한다면 정의가 실종되면 빛이 어둠이 된다. 어둠 속에서는 아무것도 볼 수 없으니 하나의 꿈속의 일들을 항상 간직하게 된다.

Q : 한국의 교육은 세계에서 양적으로 가장 팽창한 나라이고 인재를 가장 많이 배출하고 있지 않습니까?

스승 : 한국은 교육을 통해서 졸업장을 많이 주었고 학생을 많이 유치하는 데에는 성공했다. 그런데 과연 그렇게 많은 학생을 유치해서 그들에게 졸업장을 주는 과정에서 가르친 게 무엇인지를 알아야 한다. 있는 일을 보지 못한 사람에게 어떻게 있는 일을 맡길 수 있느냐 하는 것이다. 사람들은 양심을 버렸으니 정의가 밥 먹여주고 진리가 밥 먹여주느냐는 말을 종종 듣게 된다.

Q : 어두운 곳에서 있는 일을 모른다면 어떻게 우리가 올바른 삶을 자신에게서 기대할 수가 있겠습니까?

스승 : 오늘날 방송을 보면 계속 도덕과 양심을 주장하고 있으나 그러한 가르침으로 정의를 실현하는 일은 불가능하다. 정의가 실종된 사회에서 도대체 양심을 아는 자가 어디에 있고, 도덕을 아는 자가 있는지 묻고 싶다. 도덕을 가르치지 않았는데 어떻게 알 수 있겠느냐? 사람들이 서양철학과 동양철학이 다른 줄 알고 있는데 제대로 철학을 아는 사람에게 배운 적이 없기 때문이며 도덕 또한 같다. 도덕이 무언지 배우지를 못한 사람들에게 어떻게 도덕을 요구할 수가 있겠는가! 서양 사람은 최고의 가르침을 사

랑이라고 가르치고 있다. 한국이나 중국에서는 사랑을 도덕이라는 용어로 가르치고 있다. 그런데 서양 사람이 사랑이라고 말하고 동양 사람이 도덕이라고 말하는 것은 그 세계가 가지고 있는 사회 환경이나 가르침 때문이다.

Q : 사랑과 도덕이라는 용어가 같은 뜻이 있는 것입니까?
스승 : 도덕(道德)을 쉽게 이해하려면 한문에 덕이 무엇인지 알아야 한다. 덕이란 올바른 행동을 통해서 인간의 길을 만들고 인간사회에 큰 가르침을 남긴다면 축복이다. 사랑의 정의도 축복이고 도덕의 정의도 축복인데 차별이 있다면 용어가 달랐다. 정의가 존재하지 않는 사회에서는 도덕이 상실되는 것도 언제나 있던 일이다. 그러니 정의가 없는데 어떻게 있는 일을 바로 알 수 있으며 있는 일을 알지 못하는데 어떻게 있는 일을 올바로 해낼 수가 있겠는가! 그래서 인간사회에서는 정의는 삶을 올바르게 살아가는 사람들의 희망이다. 법이 하나도 없어도 정의가 있다면 그 사회에는 모든 사람이 경우를 중요시하기에 사기 협잡과 부정부패가 일어나지 않는다. 그러나 아무리 많은 법이 있어도 정의가 없다면 그 사회는 부정부패와 탐관오리들이 득세해서 사기와 거짓이 판을 치게 된다.

Q : 사회에서 정의를 보기가 어려우면 옳은 사람이 큰일을 할 수 없겠지요?
스승 : 그릇된 자들의 생각이 세상을 망쳐버리는 예는 과거나 현재와 미래의 어떤 사회에서도 쉽게 볼 수가 있다. 우리 사회의 가장 큰 불행은 사람들이 아직도 정의에 대한 충분한 이해가 없었다는 점이다. 너희는 정의의 역할에 대해서 들었으니 정의가 인

간 사회에서 얼마나 소중한 자리를 차지하고 있는지를 조금은 이해하게 되었을 것이다. 정의의 실종으로 인해서 우리는 사람들을 신뢰할 수 없었고 온갖 거짓에 속아 왔다. 세상은 있는 뜻으로 존재하게 되고 변화하게 되며 새로운 일들이 생겨나는데 만일 우리가 있는 문제를 모르면 해답도 모르게 된다.

Q : 오늘날 우리 사회에서 개혁해야 한다고 말들을 많이 듣는데 어떻게 좋은 결과를 얻게 됩니까?

스승 : 오늘날 아무리 사법부와 행정부를 개혁해도 정의가 없다면 새로운 부패를 만들고 부정을 일으키게 되고 탐관오리를 만들게 된다. 사기와 협잡을 불러들이게 되고 거짓에 모든 것을 내어주게 된다. 어두움 속에 빠진 사회는 정의가 없이는 아무것도 이루어질 수 없다는 것을 기억해야 한다. 아무리 큰 상을 만들어 놓고 기도하고 공을 들인다 해도 바탕에서는 좋은 열매를 만들어 주지 않는다. 좋은 열매는 땅에 거름을 집어넣고 적기에 김을 매어주고 그 주변의 환경을 좋게 만들어 주어야 좋은 열매를 맺을 수가 있다.

Q : 어떤 의식 행사나 기도를 통해서는 절대적으로 결과를 얻을 수 없는 것입니까?

스승 : 너희가 가장 중요하게 생각해야 하는 깨달음이 없다면 이 땅에 다시는 정의가 없게 된다. 우리가 있는 일을 바로 이해하고 알 때 중요한 문제들을 찾게 되고 해결할 수 있다. 해결할 수 있는 능력은 문제로부터 시작하는 것이고 모든 결과는 원인에서 만들어진다.

Q : 원인과 결과를 볼 수 있는 참다운 교육은 어떤 것입니까?

스승 : 세상은 뜻 하나로 끝없는 인류가 존재해 왔고 인간의 세계를 존재하게 했다. 좋은 가르침은 문제를 사람들 속에 전달하는 것이 아니다. 문제를 충분히 이해하고 문제 속에 있는 일을 볼 수 있는 깨달음을 주는 게 참다운 교육이다. 그러니 이런 교육을 위해서 어두운 세상에서 거짓에서 벗어나서 산다는 일은 누구에게나 쉽지 않은 일이다. 이 자리에서 한 말에 대해서 이해가 되지 않는 부분에 관하여 무엇이든 질문하라!

Q : 대학이나 어떤 기관에서는 자기 자신을 좋게 하려고 배우는데 저희가 살아있는 동안에 무엇을 배워야 하는지 말씀해 주십시오?

스승 : 깨달음을 얻기 위해서 너희가 보고 배워야 할 일은 사랑인데 사랑을 배우기 위해서는 정의(正義)를 알아야 한다. 있는 일을 모르고 남을 사랑한다는 것은 남이 나를 속여 주기를 기다리는 것과 같은 현상을 불러오게 된다. 현실 속에 있는 일을 알 때 우리는 있는 일을 축복할 수가 있다.

Q : 깨달음을 얻기 전에 알아야 할 가장 큰 공부가 사랑이라는 것입니까?

스승 : 세상에서 사랑을 아는 사람이 없기에 너희는 이 말 하나만 오늘 들어도 큰 공부가 될 것이다. 사랑은 축복하는 것이며 축복하므로 자신이 축복받게 된다. 땅을 축복하면 땅은 우리에게 좋은 열매를 주듯이 좋은 마음을 갖는 것은 자신을 좋게 만드는 길이다. 그러나 좋은 마음을 갖고 있고 좋은 일을 하고 싶더라도 좋은 결과를 만들지 못한다면 그 일은 짝사랑이 되고 만다. 아무리 좋은 일을 한다고 하더라도 정확한 일을 모를 때 그 일에 속게 된다는 것이다.

Q : 인간이 모를 때 어떠한 나쁜 행동도 할 수 있는데 사고(思考)를 어떻게 이해하면 되겠습니까?

스승 : 사고라는 것은 생각을 통해 판단하는 것이다. 거짓말도 계속 들으면 거짓에 중독이 되어서 거짓이 진실처럼 느껴질 때가 있다. 문제 속에 해답이 있기에 그럴 때 사람들은 항상 오판하게 되니 항상 확인해야 한다.

Q : 선생님은 항상 확인해야 한다고 하시지만 저희가 문제를 모르는데 모르는 말은 오히려 사회에 문제를 만드는 일이잖습니까?

스승 : 한 사람을 깨우쳐 놓으면 그는 또 다른 사람을 깨우치게 되니 있는 일을 바로 가르치면 있는 일이 세상을 축복하는 길이다. 모든 길흉화복의 길이 있는 일 속에 있다. 그러니 어떤 일을 어떻게 하느냐에 따라서 모든 결과는 다르게 나타나게 되어 있는 것을 보게 될 것이다.

Q : 있는 일 자체가 정의(正義)에 입각해 있는 일인지 위배 되는지 판단하는 지혜를 얻는 게 어렵다고 생각하는데요?

스승 : 있는 일 자체가 천태만상이지만 항상 어떤 일에 대해서 정의를 내릴 때 기준이 필요하다고 말했다. 어떤 질문을 하게 될 때 세상일 속에 놓고 기준을 정해야 한다. 정의(正義)라는 말은 있는 일을 밝히는 것이고 정의는 하나의 빛과 같은 것이다. 정의가 없는 사회에서 통치자의 힘은 절대의 신에 버금간다. 그래서 부정이 있게 되고 부정으로 정의는 상실되어 모든 사람이 실의에 빠지게 되는데 인간을 경시함으로 국가는 멸망하더라도 통치자는 살만 찌게 된다.

Q : 정의로운 사회로 바꾸기 위해서는 지혜 있는 자의 말을 받아들이고 도우면 되겠네요?

스승 : 이 나라를 구원하고자 하는 사람들이 많아질 때 쉽게 정의가 이루어져 국가의 운명을 바꿀 수 있다. 사람들은 지혜가 없이 생각에 의존하고 있으니 언제든지 잘못된 판단을 가질 수 있다. 인간사회가 많은 문제를 가지고 있는 것은 사람들의 잘못된 생각으로 만들어진 것들이지만 있는 일을 바로 배우는 것은 올바른 교육을 받아들이는 것이다.

Q : 저는 운명을 생각할 때 소크라테스를 떠올리게 되는데요. 왜 4대 성인이라고 하는지 알고 싶고 그의 가르침과 무엇을 하려고 했는지에 대해서 말씀해 주십시오.

스승 : 소크라테스가 4대 성인이 된 것은 그의 가르침 때문이다. 그의 가르침은 인간을 깨우치기 위해서 있는 일을 밝히려 했다는 사실이다. 있는 일이 드러나면 사람들은 옳고 그름을 알게 되고 나쁜 일을 배격하게 되며 좋은 쪽을 선택하게 된다. 소크라테스는 이러한 행동과 사상 때문에 4대 성인 중에 한 사람이 된 것이고, 이런 사상과 사고 때문에 독약을 마시고 죽었다. 그런데 후세에 그가 무죄라는 걸 사람들은 다 알게 되었다. 사람들은 자신이 원하는 것과 일치하지 않는다고 소크라테스에게 사형을 선고하고 집행하도록 투표했다. 그러나 시간이 지나자 사람들은 비로소 소크라테스가 위대한 스승이라는 것을 알게 되었다. 내가 지금 하는 이 말도 바로 있는 일을 알도록 가르치고 너희를 깨우치는 것이다.

Q : 당시 소크라테스는 독약을 마시고 죽었는데 그가 사는 방법이 세

가지가 있었다는데요. 제가 궁금한 게 보석금을 낸다든지 다른 나라로 망명을 간다든지 가르침을 하지 않겠다는 각서를 쓰면 되는데 소크라테스가 독약을 마신 것이 정의였을까요?

스승 : 소크라테스는 좋은 근본을 가지고 태어났다. 그러니 좋은 일이 자기 속에 활동하게 된다면 세 가지 중에 하나도 받아들일 수가 없다. 첫째로 다른 나라에 가면 말도 통하지 않는 곳에서 진실을 말하고 살 수가 있겠느냐? 두 번째로 진실한 자가 진실을 밝히지 못하고 살아야 한다면 그것은 삶의 가치가 없는 것이다. 세 번째로 보석금을 주고 나와야 한다면 자기가 잘못했다는 걸 인정하는 꼴이 된다. 소크라테스의 입장에서는 세 가지 제안을 하나도 받아들일 수 없었기에 그런 선택을 내린 것이라고 볼 수가 있다.

Q : 소크라테스의 죽음의 경우는 정의가 아니라 잘못된 판결로 나온 것이 아닌가요?

스승 : 정의라는 것은 잘못된 판결에서 나타나는 것이 아니고 정의(正義)에 대한 정의(定義)는 있는 일의 진실을 밝히는 것이다. 진실을 밝히는 일이 정의에 대한 정의이며 옳고 그름을 정확하게 밝히는 것이 정의로운 행동이다. 옳지 못한 일을 퇴치하는 운동이 정의로운 운동이라고 말할 수가 있으니까 너희가 책을 읽고 어떤 생각으로 문제를 이해하려고 한다면 많은 착오가 있게 된다.

Q : 가난한 집 아들들이 성공을 많이 하고 부잣집 아들들이 실패를 많이 하는 이유가 각각 다른 것이 왜 그렇습니까?

스승 : 내가 항상 사람들에게 하는 말 중에서 강조하고 싶은 말은 생각을 많이 하는 사람들이 위험하다. 그러니 어떤 일을 할 때는

잔머리를 굴리지 말고 그냥 열심히 일하라는 것이다. 확인해 본 결과 잔머리를 잘 쓰는 사람은 결국 많이 망했다. 가난한 집 애들은 밑천도 없고 누가 뒤에서 돌봐줄 사람도 없고 하니 열심히 일해서 일의 소득이 나타나게 된다. 하지만 부잣집 아이들이나 고생을 안 해 본 아이들은 열심히 일하는 게 아니고 열심히 머리를 굴린다. 어리석게 남의 말을 잘 듣고 남에게 의지하니 계속 우환이 생겨서 어렵게 살더라는 것이다. 열심히 일하는 사람보다도 잔머리를 굴리는 사람이 항상 실패를 많이 했다는 게 매우 중요한 일이다. 못사는 사람은 스스로 좋은 인연을 얻을 수가 없었기에 복 있는 사람을 만나면 복을 얻게 된다. 사람의 얼굴을 보면 의식이 나타나는데 복이 없는 사람이 복이 있는 사람을 따라가는 일처럼 힘든 게 없다.

Q : 저희는 이 말씀에 반신반의하게 되는데, 복 있는 사람을 따라가지 왜 복이 없는 사람을 따라가는 것입니까?

스승 : 복 있는 사람을 따라가는 것은 복 없는 사람을 따라가는 것보다 어렵고 힘이 든다. 내가 아끼던 사람 중에 어느 때부터 구운 그릇을 사다가 자기가 구웠다고 비싸게 파는 사람에게 매일같이 가는 것을 보았다. 그곳에는 찾아갈수록 손해 보는 데도 계속 찾아가고 여기는 와서 들으면 자기의 삶을 눈뜨게 하는데도 오기가 힘이 든다. 사람에 따라서는 좋은 인연을 맺는 것이 나쁜 인연을 맺는 것보다 어렵고 힘들다. 그래서 있는 일을 확인하지 않고 자기의 생각에 의존하려 하고 잔머리를 굴리기 때문에 생각과 현실을 비교할 때 맞지 않는 일이 너무나 많이 일어난다는 것이다.

Q : 있는 일을 바로 아는 게 자신을 축복할 수 있는 사람이 되는 것입니까?

스승 : 이번에 여행하면 사람들에게 가르치려고 하는 것이 사랑과 축복이다. 만일 있는 일을 모른다면 어떻게 이웃을 축복하고 세상을 축복하는 사람이 될 수 있는지 모든 종교 지도자들에게 말할 것이다. 종교의 가르침이 축복을 가져오지 못한다면 무엇이 대단한 것이며, 있는 일을 모른다면 어떻게 사람을 축복하고 사랑할 수 있겠는가! 사랑은 축복의 근원이기 때문에 모든 일을 잘되게 하고 이웃과 세상을 사랑하는 일이다.

Q : 이웃과 세상을 잘되게 하는 일도 세상일을 알아야 할 수 있지 않겠습니까?

스승 : 있는 일을 모르고는 이웃을 축복하고 세상을 사랑하는 일은 불가능한 일이다. 오늘날 방송에서는 좋은 말 쓰자고 하는데 좋은 말이나 축복이나 사랑과 행복, 이런 말이 세상일을 모르면 좋은 말은 될 수 있어도 좋은 가르침은 될 수가 없다. 오늘날 우리 사회 현상을 보면서 느낄 수 있는 것이 좋은 가르침이 좋은 사람을 만들어 낼 수는 있어도 좋은 말이 좋은 사람을 만들어 낼 수는 없다. 좋은 말은 책을 읽거나 배워서 얼마든지 할 수가 있으나 좋은 가르침은 아무나 펼 수가 없다.

Q : 좋고 나쁜 것의 기준을 어디에 두고 말해야 합니까?

스승 : 좋고 나쁜 것의 기준은 좋은 현상이 나타나면 좋은 것이고 나쁜 현상이 나타나면 나쁜 것이다. 어떤 종교에서는 좋고 나쁜 것이 따로 없고 선악이 따로 없다고 하는데 무슨 괴변이란 말인가! 아무것도 모르면 아무리 선의 곁에 서고 싶어도 하는 일은 계속

잘못되기 때문에 악이 되는 것이고 악을 만들어 내게 된다. 악의 근본은 무지로부터 시작되고 선의 근본은 깨달음으로부터 시작된다. 좋은 일을 있게 하는 것은 선의 근본이지만 나쁜 일을 있게 하는 것은 악의 근본이다. 무지한 자가 하느님을 팔고 부처를 파는 행위는 사람들에게 악행을 한 일이니 있는 일이 모든 문제의 근원이 될 수 있다.

Q : 왜 운명이라는 것이 존재해서 사람들을 힘들게 할까요?

스승 : 너의 말은 세상에 왜 수학이 존재하는지 말하는 것과 똑같다. 있는 일에 대한 인연법이라는 건 우리가 만나고 헤어지는 행위로 생긴다. 어떤 일을 했을 때 얻어지는 것과 자신이 가지고 있는 것을 합치면 숫자가 나오게 되는데 그것이 5+3이면 8이 되고 5+5면 10이 되는 것이다. 세상에 존재하는 모든 것들은 자신 속에 있는 일을 통하여 자신을 끝없이 변하게 한다. 주의해야 하는 일은 자기가 있는 일을 얼마나 잘 알고 받아들이는지 받아들이지 않는지에 따라서 운명이 변하는 척도도 다르다.

Q : 어떤 사람은 잘살고 어떤 사람은 못사는 것이 왜 그렇습니까?

스승 : 잘살고 못사는 것은 간단하게 있는 일을 알고 현명하게 판단하면 얼마든지 잘살 수가 있다. 깨달음이 없는 생각은 자기 속에 있는 것들의 작용으로 나타나게 되며 어떤 일이 어떻게 나타나는지는 쉬운 방향에서 알아볼 수 있다. 붉은색과 흰색을 섞었더니 분홍색이 나왔고 배합률에 따라서 분홍은 연분홍이 되기도 하고 진분홍이 되기도 했다. 자기가 어떤 일을 얼마만큼을 받아들이는지에 따라서 운명은 다르게 변화한다. 많이 받아들이는 사람은 많이 변하고 적게 받아들이는 사람은 적게 변하는 것은

너무나 상식적이다.

Q : 사람들이 말하는 상식적인 말은 무엇을 가리키는 것인지요?
스승 : 수천 년 만에 나타나는 진짜 깨달은 자는 매우 상식적인 말을 하고 있다. 좋은 운명을 가진 사람은 상식적인 말을 매우 좋아하나 운명의 근본이 좋지 않은 사람은 상식을 넘어선 이상적인 말을 하면 빠져버린다. 좋은 근본과 진실성이 크면 클수록 있는 일에 대한 이해가 빨리 오고 진실이 적으면 적을수록 잔머리를 잘 굴리게 된다. 그러니 있는 일을 잘하는 사람이 잘살게 되는 것이고 있는 일을 잘못하는 사람이 잘 못살게 된다. 운명이란 항상 고정적인 것 같으면서도 유동적이다. 좋게 변할 수도 있고 나쁘게 변할 수도 있는 걸 설명하고 있는데 나쁘게 변하는 사람은 항상 성격이나 성질을 내세운다. 진실한 사람은 강한 신념으로 의지를 내세워서 있는 일을 잘 보기에 성공하는 일이 많다.

Q : 이 시간을 통해서 저희가 중요하게 생각해야 할 일들은 왜 살아야 하고 어떻게 배워야 하는지 문제를 알고 깨닫는 일이겠네요?
스승 : 간단하게 있는 일을 계속 배워서 있는 일을 통해서 자기의 활기를 되찾고 살아가면 사람의 운명은 자연적으로 좋아지고 의지가 자꾸 높아진다. 세상을 살기 위해서는 깨달음이 필요한데 누구나 함부로 얻을 수가 없다. 지금까지 세상에는 깨달음에 대해서 길을 제시한 자도 없고 충분히 아는 사람도 없었다. 내가 이 시대에 와서 사람들에게 어떻게 깨달을 수 있는지를 제시하니 내가 하는 말을 듣고 틀리면 틀리다 하고 맞으면 맞다 분명히 대답해야 한다. 깨달음의 길은 먼저 거짓이 없어져야 하며 있는 일을 보아야 하고 양심과 용기로 끝없는 사랑이 자신 속에서 일어

나야 한다.

Q : 거짓을 가지고는 깨달을 수가 없고 항상 진실을 통해서 배우고 받아들일 때 있는 일을 보는 시각을 갖는다는 거시죠?

스승 : 누구나 깨달음을 성취할 수 있으며 끝없는 사랑을 통해서 자기 업장을 태우기 때문이다. 자기가 남을 속이지 않으니 항상 밝은 마음에서 양심과 용기가 일어나서 끝없는 사랑을 자신 속에서 일어나게 할 수가 있다.

Q : 보통 사람들의 많은 업장을 어떤 방법으로 태울 수 있습니까?

스승 : 너희도 나처럼 있는 일에 대해서 눈을 뜨고 있는 일을 통해서 남을 축복하고자 하면 사람들은 너희를 상대하려고 하지 않을 것이다. 그래서 안타깝고 답답하니 세상일과 부딪혀서 가슴 속에 불이 일어나게 해서 업을 태운다고 설명했다. 이 짧은 시간을 통해서 운명이 어떻게 변화하는지를 너희의 마음속에 받아들이기 쉬운 일이 아니니 의지를 세워야 한다. 많은 토론을 통하여 이해할 수 없는 부분에 대해서 질문 받고 질문에 대답하는 것이 있는 진실을 알게 하는 길이다. 내가 설명을 오래 하는 것보다 의문점을 먼저 해결해 가면서 새로운 세계에 대한 이해를 받아들이는 것이 너희를 깨우치는데 가장 좋은 가르침이 될 것이다.

Q : 여래님이 의지를 세우라고 하셨는데 그 부분에 대해서 조금만 더 구체적으로 설명해 주시겠습니까?

스승 : 너희에게 의지를 세워야 한다고 했던 말은 힘이 없어서 앉아 맥이 빠져 절망적인 상황에서도 나는 할 수 있다고 일어서서 부딪히라는 것이다. 그러면 길이 나오고 부딪히면 자기가 한 일이

잘못됐다면 잘못된 일을 알게 될 것이고 잘되었으면 잘된 걸 알게 된다. 의지를 일으켜서 무엇인가 도전해야 하고 무슨 물건을 만들고 싶으면 어떻게 만들 것인지 노력하라는 것이다.

Q : 제가 운영하는 학원에서 학생이 오지 않으면 시골이니까 집에 찾아가서 도움이 되는 일을 하는 것도 깨닫는 노력이 될까요?
스승 : 좋은 인연을 만들게 되면 무엇인지 얻어질 것이니까 내가 항상 이 자리를 통해서 너희에게 말하곤 했다. 농부가 땅에 거름을 주는 건 땅이 좋아지라고 하는 일이 아니라 좋은 열매를 얻기 위해서이다. 손해 본다고 생각하지 말고 수고하는 일을 절대 두려워하지 말라는 것이다. 좋은 결실을 얻기 위해서 수고하고 노력하는 것이며 항상 자기가 하는 일에 대해서 긍지를 가져라! 자기가 하는 일을 열심히 하고 거짓말 안 하고 자기가 맡은 일을 열심히 한다면 훌륭하게 사는 사람의 행동이고 표본이다. 의지가 없고 용기가 없는 사람은 그냥 안 된다고 단념하지 말고 부딪혀서 항상 자기가 하는 일을 일으켜 세워야 성공할 수가 있다는 것이다.

Q : 생각을 통해서 하는 일과 있는 일을 보고 하라는 말씀이 구분하기 어려운데 어떤 차이가 있습니까?
스승 : 어떤 분이 아파트를 하나 샀다 해서 내가 그분에게 잘못을 질책한 것은 있는 일을 보니까 손해 보는 일을 했기 때문이다. 그분은 있는 일은 보지 않고 남의 말만 듣고 생각하니 돈을 곧 벌 것 같고 잘될 것 같으니 산 것이다. 남의 말을 듣고 자기의 생각을 거기에 보태서 계산하는 건 잔머리 굴리는 것이다. 내가 손해를 봤다고 말하는 것은 있는 일을 보고 말하는 것인데 그분은 손

해를 보면서도 횡재한다고 생각하기 때문이다.

Q : 운명이 좋아지기 위해서는 여래님의 말씀이 거름이 되고 자기 활동이 있어야 좋아진다면 자기 활동에 대해서 좀 구체적으로 좀 말씀해 주세요.

스승 : 일을 하는 사람은 항상 활력이 몸에서 넘치고 일하지 않는 사람은 아무리 잘 먹고 보약을 먹어도 활기가 안 보인다. 부잣집의 아이와 가난한 집 아이를 비교했는데 부잣집 아이는 일에 대해서 겁을 내고 항상 머리를 쓰더라는 것이다. 그래서 항상 잘 속고 빨리 망했으나 반면 일을 먼저 배워서 한 사람은 있는 일에 밝으니까 남의 말에 의존하지 않았다. 의식을 받아들여서 자기 속에 주입하면 여기에서 들은 말이 차곡차곡 쌓여서 어떤 사물을 볼 때 자기 속에 쌓인 것들이 생각을 통해서 나타나면서 분별력을 갖게 된다. 그러나 일을 배우지 못한 사람은 어떤 이야기를 들었을 때 분별력이 없으니 무엇이 옳은지 그른지를 모른다. 어떤 활동이라도 열심히 한다면 의식은 좋아지게 되지만 어떤 활동이 활력을 주는지는 있는 일을 보아야 말을 할 수 있다.

Q : 제가 농사를 지어 보니까 온실에서 자란 나무와 야생에서 자란 나무의 잎을 보면 온실에서 자란 작물이 힘이 없는 것을 알게 됩니다.

스승 : 그것은 부딪치지 않았기에 여물지 않듯이 너희를 의지가 강한 사람으로 만들기 위해서는 세파와 부딪히면서 자기가 맡은 일에 충실하고 충분한 활동을 하면 된다는 것을 말하는 것이다.

Q : 직업을 구할 때 어떤 활동을 하는 일이 좋은 것입니까?

스승 : 꼭 어떤 활동이 좋다는 것은 없고 농사꾼은 열심히 농사를 지으면 농업을 근본으로 해서 활동하고 있으니 사회활동을 하는 것이다. 컴퓨터를 만드는 기술자는 열심히 만들어 내는 것이 그 사람의 활동이다. 활동이라는 것은 자기가 하는 일을 열심히 할 때 활동을 하는 것이고 활동이 많으면 많을수록 의식의 발달도 따라온다. 잘못된 일을 열심히 하는 사람은 의식이 빠른 속도로 잘못돼 갈 것이고 좋은 일을 열심히 하는 사람은 좋게 될 것이다.

Q : 세상을 이해하기 위해서 어떤 일이 어떻게 해서 존재하는지 알 수 있습니까?

스승 : 석가모니 부처께서는 일생을 통해서 깨달은 이후에 연기의 법칙을 사람들에게 알리려고 노력했다. 그것은 너희도 들어서 알고 있겠지만 연기법은 인연법(因緣法)을 말하는 것이다. 이것이 있어서 저것이 있고, 저것이 있어서 이것이 있다. 이 말은 하나의 주체가 다른 것과 만남으로 인해서 새로운 반응을 자기 속에서 일으키게 된다는 것이다. 이 원리는 과학에서도 이미 많이 사용되어 온 일이며 인간뿐 아니고 모든 생명체나 물질은 연기법으로 운명을 만들게 된다. 이 시대에서 있었던 운명은 미래와 연결이 되며 미래의 운명에 근본이 되고 기초가 되고 현재에 있었던 인연들은 미래의 자신을 존재하게 하는 운명의 근본을 만든다.

Q : 자기에게 만들어진 운명은 자신의 일생에 엄청난 영향을 미치면 이 시대에서 끝나고 마는 것입니까?

스승 : 나는 사람들을 많이 만날 때마다 운명을 최근에 와서는 많이 실감하고 있다. 죽을 사람은 꼭 죽을 일만 찾게 되어서 죽게 되

고 잘되는 사람은 어떤 일을 보고 잘되는 것을 붙잡으려고 해서 잘되는 것이 인연법이다. 좋은 인연은 좋게 하고 나쁜 인연은 나쁘게 하니 깨닫지 못해서 현세에서 잘못 살게 되면 현세로만 잘못 사는 게 아니고 내세에도 잘못 살게 된다. 그 내세에 가서도 깨달음이 없어서 자기의 잘못을 간직하게 된다면 또 내세로 이어져 간다.

Q : 이 원리는 계속 반복되어 태어나서 살고 성장하고 죽어 없어지고 다시 태어나는 윤회법과 연결되는 것입니까?

스승 : 우리는 땅을 통해서 자연에서 자신의 미래에 대해서 얼마든지 확인할 수 있다. 하나의 쇠붙이가 풍화작용을 일으켜 녹이 슬고 전부 없어진다고 해서 세상에서 쇠붙이가 없어지는 것은 아니다. 흙 속으로 쇠붙이의 성분이 들어갔다가 언젠가는 다시 쇠붙이로 돌아와서 세상에는 끊임없이 쇠붙이가 존재한다. 세상에 있는 모든 것들은 하나의 원리에 의해서 존재하고 있다. 생명체는 나고 죽고 죽으면 영혼이란 게 생기고 영혼이 죽으면 자기 자신을 상실하나 다시 새로운 생명으로 부활한다.

Q : 인간 자체도 계속 부활한다는 보장의 가능성이 있습니까?

스승 : 불교에서는 이런 일을 두고 육도윤회라고 말하는데 이 말은 여러 곳으로 나타나는데 동물이나 식물로도 이동할 수도 있다는 것을 설명한 것이다. 이 시점에서 운명에 대해서 알아야 하는 이유는 운명이 좋은 사람은 잘살 수가 있지만 운명이 나쁜 사람은 잘못 살기 때문이다. 어떻게 좋은 운명을 받아들일 수 있는지 의문을 가지고 문제를 풀려고 노력하는 것인데 이러한 일이 세상에 없다면 모든 것은 절망이다.

Q : 세상에는 절망이 존재하는 것만큼 희망도 있지 않겠습니까?

스승 : 사람들의 희망은 오직 변화의 법칙으로 인연에 의해서 나타나게 된다. 어제저녁에 나를 찾아온 여자가 있었는데 얼굴의 기운이 죽어 있다고 말했다. 그 이유는 오늘날 많은 사람의 얼굴이 나약해 보이는데 잘못된 사고와 잘못된 사회 풍토 때문이다. 이 세상에 살면서 진리 속에 있는 일을 알려고 하지 않는다면 금수와 같은 생활이 될 것이다. 세상의 일은 간단하다. 화장품을 바르는 것보다 사람이 활기찬 생활을 하고 잠을 잘 자고 밥 잘 먹고 열심히 일하면 얼굴이 항상 활기가 넘치게 된다. 내가 도와주지 못하더라도 삶을 허비하지 말고 무슨 일이든지 찾아서 열심히 일하면 얼굴이 밝아질 것이니 밝은 얼굴에 활기를 가지고 다시 찾아오라고 했다.

Q : 연기법에 대한 뜻을 좀 더 정확하게 말씀해 주십시오.

스승 : 7이라는 숫자가 있는데 3을 더하면 10이 되고 2를 빼면 5라는 답이 나온다. 이같이 자기가 무엇과 인연이 닿았을 때 그 영향으로 자신이 변하게 된다. 있는 일이 얼마만큼 들어왔는지에 따라서 자기 속에서는 없었던 일들이 일어나게 되고 변화가 일어나게 되는 것을 연기법이라고 한다. 앞의 7이라는 숫자가 무엇을 만나는가에 따라서 각각 해답은 달라진다. 7이 3을 흡수했을 때는 10이 되고 2를 버렸을 때는 5가 되는 것처럼 자기 속에서 반응이 일어나게 되니까 연기법은 어디든지 통한다.

Q : 의학적으로 음식물을 얼마만큼 먹었을 때 그중에 자기 몸에 들어온 에너지도 계산하면 나오게 되는 것도 연기법입니까?

스승 : 음식을 통해 에너지가 몸에 얼마만큼 들어왔고 분비물로 얼

마를 배출했으며 활동으로 몇 그램의 에너지를 소모하였고 결과는 얼마의 에너지가 남게 되었다면 연기법이다. 그리고 어떤 일이 생겼는데 뛰어난 사람으로 변화했거나 혹은 잘못된 사람으로 변화한 것도 연기법이다. 너희가 이 시간 여기서 나를 만나고 하나의 사물을 보는 시각이 어떻게 변했는지 하는 것도 연기법이고 늙고 병들고 죽는 것도 연기법이다. 어떤 일을 해서 성공하고 실패하는 것도 연기법으로 자기에게 영향을 미치게 된다.

Q : 세상이 연기법으로 좋고 나쁜 일이 일어나게 되면 선택은 누가 하는 겁니까?

스승 : 선택은 알면 내가 하는 것이고 모르면 그냥 부딪힘으로 인해서 생기는 것이다. 길을 가다가 뱀에게 물렸으면 나의 잘못인지 뱀의 잘못인지 묻는다면 내가 뭐라 하겠느냐? 왜 그쪽 길로 갔는지 내가 보아야 말할 수 있는데 네가 그쪽으로 가고 싶어서 갔다면 네가 선택한 것이고 뱀은 네가 오니까 놀라서 너를 물은 것이다. 그것은 네가 나쁜 운이 있어서 그러한 일을 있게 한 것인데 누가 선택하는 것인지는 깨달으면 스스로 무슨 일을 선택할 수 있다. 네가 농사짓고 잘 살아야겠다고 하면 스스로 농막을 만들어 놓고 열심히 버섯을 재배해서 돈을 버는 사람이 될 수도 있고 일자리가 없어서 집에서 그냥 밥이나 축내고 살아갈 수도 있다.

Q : 선택은 자기가 할 때도 있고 원하건 원하지 않건 인연이 닿을 수도 있겠습니까?

스승 : 어떤 일이 자기 속에서 일어나게 되고 자기와 부딪치게 된다면 전부 연기법으로 나타나게 된다. 좋고 나쁜 일을 자기 속에서 나타나게 만드니 상황을 보아야 선택에 대해서 대답할 수 있다.

지금 내가 하는 일은 너희와 인연을 맺기 위해서 내가 선택한 일이다. 너희도 시간을 선택해서 오는 사람들이니 여기에서는 내가 주체가 되지만 다른 사람들도 주체가 되고 있다.

Q : 운명은 자기 속에 닿은 인연에 의해서 지어진 것인지요?
스승 : 좋은 땅을 만나서 좋은 환경 속에서 좋은 열매를 맺었다면 그 속에 있는 뜻으로 좋은 열매가 나타났다. 자기 속에 있었던 지어진 인연은 생명체에서 보여주는 뜻과 같이 좋은 것은 좋은 것대로 자기 속에서 남아 전해지게 돼 있다. 유전병은 나쁜 병의 인연을 가진 사람 몸을 통하여 유전되는 것도 자신 속에 있는 일이 계속 전해진 것이다.

Q : 원인을 알고 결과의 관계로 보면 인연의 원인 제공자는 누구입니까?
스승 : 원인은 결과를 만들어 내고 결과는 원인이 되니 자기 운명이 나쁜 것은 자기 속에 과거에 나쁜 인연이 많이 있어서 판단과 의지에 문제가 있기 때문이다. 미래에 좋은 인연을 자기 속에 짓기 위해서는 현세에서 공덕이 있고 축복이 되는 일을 많이 해야 한다. 좋고 나쁜 원인은 자신 속에 있는 인연에 의해서 만들어지고 가장 좋은 방향으로 만드는 원인은 깨달음이다. 자기를 나쁜 방향으로 만드는 원인은 무지이며 모르기에 나쁜 일도 받아들이고 할 수 있다. 자기가 한 일이 나쁜 결과를 가져오면 나쁜 일이고 좋은 결과를 만들어 낸다면 좋은 일이다.

Q : 그렇다면 동기도 중요하겠지만 결과가 더 중요하겠네요?
스승 : 동기가 아무리 좋아도 자기가 있는 일을 잘못하게 되었을 때

는 나쁜 결과가 나타나게 된다. 내가 간단하게 예를 들어 말하면 내 조카가 열심히 일해서 아파트를 1억 2천만 원을 주고 샀는데 2천만 원 정도가 내려서 1억 천만 원이 되었다. 하지만 나는 1억 3천만 원이 있었는데 시골에 땅을 샀다. IMF 시대가 되고 사람들이 식량문제에 대해서 경각심을 갖게 되자 땅값이 올라서 1억 5천이 되었다. 그 동기는 무엇을 자기가 취득하는지에 따라서 이익이 다르게 나타났다. 분명히 조카는 손해 보기를 원하지 않았는데 그가 볼 때는 땅은 내릴 것 같았지만 집값은 오른다고 생각했다. 내가 볼 때는 아파트는 내릴 것 같고 땅은 오를 것 같으니까 재산 증식의 방법으로 각각 다른 동기를 갖게 된 것이다.

Q : 자기가 한 일이 좋은 결과를 가지고 왔을 때 그것은 좋은 일이 되는 것입니까?

스승 : 자기가 한 일이 나쁜 결과를 가지고 왔을 때는 원인 관계없이 나쁜 인연을 지어 놓았다. 나의 말을 들으면 애매하다고 생각할 수가 있겠지만 계속 있는 일을 들어서 있는 일 외에는 전부 잊어야 분명한 것을 알게 되고 진리를 알게 된다. 있는 일을 모르는 상태에서 세상의 일을 있게 하는 진리는 아무리 들어도 이해가 잘되지 않는 법이다. 동기가 먼저인지 결과가 먼저인지를 말할 때 동기가 먼저 있으니까 결과가 있지 원인 없는 결과는 없다. 원인을 소중하게 생각하고 자기가 손해를 보거나 손해를 보지 않는 것은 자기 책임으로 자기가 잘 결정해야 한다.

Q : 사람들이 살아가면서 가장 많은 의문을 가지는 것이 사주팔자인데 팔자는 운명(運命)입니까?

스승 : 운명은 어떻게 해서 존재하게 되는지를 관찰해 보면 누구에

의해서 얻어지는 것이 아니다. 가정적인 운명은 가정에 있는 여러 사람의 행위로 있었던 일에 의해 만들어지게 되고 개인의 운명은 개인 자신에게 있었던 일에 의해서 만들어지게 된다. 크게 확장해서 본다면 사회의 운명도 사회구조나 구조 속에 있던 일에 의해서 존재하게 된다. 더 나아가서 국가의 운명도 이와 같은 방식에 의해서 존재하게 되는 것이다. 먼저 개개인의 운명이 어떻게 해서 형성이 되고 있는지 관찰하고 오늘날 한국의 경제와 IMF 시대를 통해서 우리 사회의 운명도 어떻게 다시 나아가는지 보아라!

Q : 운명을 변하게 하는 일을 하나의 예를 들어 설명해 주세요.
스승 : 반지를 하나 만들기 위해서 금방을 찾아가면 어떤 사람들은 반지에 보석을 박게 된다. 보석을 박으려면 거기에다 합금하면 금 자체가 여물어지는데 18K는 24K보다도 여문 성질을 가지고 있고 금속에 다른 이물질이 섞여 있다. 이처럼 어떤 일이 그 속에 있었는지에 따라서 좋게 변화할 수도 있고 나쁘게 변화할 수도 있다.

Q : 자기 속에서 변화시킨 원인은 새로운 자기에게 운명의 길을 열어 줍니까?
스승 : 너희가 여기에 나와서 현실에서 우리가 보지 못하는 일들을 알려고 노력하는 것은 너희의 박복한 운명을 개조하려는 의도가 되겠다. 여러 사람을 모아 놓고 관찰하고 확인하면 각각 다른 성질(性質)과 성격(性格)과 성품(性品)이 있는데 자기와 함께 존재하고 있는 일들이 만들어 낸다. 개인의 운명은 법칙으로 존재하기에 자기 속에 존재했던 일들이 쌓이고 쌓여서 의식의 근원이

된다. 의식 속에 존재하고 있는 일들이 성질과 성격과 성품을 존재하게 함으로 해서 자신의 운명을 존재하게 하는 열쇠가 되는 것이다.

Q : 어떤 인연 때문에 죽어가는 물고기 한 마리를 구할 수 있었다면 좋은 일입니까?

스승 : 길을 가다가 가뭄이 들어 개천에서 죽어가는 물고기를 보았을 경우 물고기를 잡아서 불쌍한 마음이 들어 강에 놓아주었다. 그것이 불쌍한 마음을 갖게 했고 그러한 행동을 네 속에서 일으키게 했다면 앞날에 좋은 운명을 지어줄 수 있다. 좋은 마음을 가졌고 좋은 마음속에 있는 걸 행위로 했기 때문에 좋은 마음과 행위가 다시 자기 속에 쌓이게 된다. 그 일로 인해서 좋은 성질이 생기게 되며 좋은 마음과 행동이 좋은 성품과 성질을 가져오게 할 수도 있다.

Q : 계율에 살생하지 말라고 해서 과거에 소나 돼지를 잡는 사람을 백정이라고 해서 상당히 낮추어 보았는데 그 일은 나쁜 것입니까?

스승 : 동물을 죽이는 일이 직업이라고 해도 생명의 귀중함을 잊어버리게 했다면 결국 그로 인해서 성질이 달라지고 성품이 달라지고 생각하는 사고가 달라진다. 이런 일들 하나하나 자기에게 있었던 일은 자기 속에 존재하게 되고 존재하는 일들로 인하여 끝없는 일들을 다시 만들게 한다.

Q : 사람의 의식이 어떻게 만들어지고 있는지 설명해 주십시오.

스승 : 의식의 근원에는 운명이 있고 자기 속에 있었던 모든 것이 종합적으로 만들어져서 자기를 존재하게 한다. 나는 항상 세상은

반복 현상과 윤회와 인과법으로 존재한다고 말했다. 의식이 만들어지고 변화하는 과정은 행위로 결정되고 자기 속에 새로운 일을 있게 하니까 의식의 활동은 끝없는 운명을 만들고 개척하고 받아들이는 일을 한다.

Q : 운명과 의식은 어떤 식으로 움직이고 있는 것입니까?
스승 : 어떤 사물을 보게 되면 의식은 마음을 일으키게 되고 마음이 행위를 돌출하게 했을 때는 세상에 있는 업보가 묻어서 자기 속으로 들어온다. 다시 말하면 의식은 마음을 일으키고 행위를 일으키며 자기 속에 있던 마음과 행위는 다시 의식 속으로 들어오고 자기 속에 있었던 일은 의식 속에 잠재하게 된다. 그래서 좋고 나쁜 결과를 자기 속에 존재하게 하고 자기 행위로 결정하게 한다.

Q : 좋은 인연과 만나게 되었을 때는 좋은 마음을 일으켜서 좋은 행위를 있게 하고 자기 속에 있었던 좋은 뜻을 자기 속에 다시 받아들여서 간직하게 된다는 것입니까?
스승 : 의식은 다시 의식으로 들어가서 자신이 사용한 것만큼 새로운 의식을 쌓게 되고 끝없는 변화를 계속하게 된다. 깨달음이 왜 중요한가 하면 나쁜 것을 버리고 좋은 것을 받아들이기 위해서는 어떤 일이 좋은 것인지 나쁜 것인지를 분간할 수 있어야 하기 때문이다. 만일에 자기가 하는 일이 어떤 결과를 가져오게 되는지를 모르고 한다면 진정으로 좋은 것을 얻기가 힘들다.

Q : 간단하게 예를 보면 어떤 일을 배우지 않고 장인이 되는 일은 힘들고 나무 하나 가공하는 데도 대패질을 배우지 않고 손이 익숙해

지지 않으면 잘되지 않는다고 보면 됩니까?

스승 : 내가 여래라고 말하고 있지만 사실 집을 짓는데 못을 한 번 두드려도 일반 목수들이 하는 것보다 못이 잘 안 들어가는데 그러한 기능은 하루아침에 오는 것이 아니다. 현실에서 배우지 않은 일에 재능이 뛰어난 사람이 있다면 과거의 세상에서 그와 유사한 일을 해서 자기의 의식 속에 박혀 있기 때문이다. 자기는 모르지만 자기 속에 있는 의식이 나와서 현실에서 배우지 않은 일을 하게 하고 또 그런 분야에 대해서 쉽게 이해하게 할 수가 있다. 있는 일은 그냥 없어지는 것이 아니다. 한 번 나쁜 일을 했을 때는 자기 속에 들어가 존재해서 자기의 좋은 것들을 상실하게 만들며 자꾸 나쁜 쪽으로 자신의 의식을 발동시키려고 노력한다.

Q : 쇠붙이로 칼을 만들었는데 어떤 성질의 쇠를 합금했는지에 따라서 각각 성질이 다르게 나타난다고 보면 되겠네요?

스승 : 합금의 과정이나 단련의 과정에서 어떠한 일들이 있었는지에 따라서 칼이 가지고 있는 쇠의 성질은 달라진다. 강철을 잘 단련시켰을 때 나무 자르는데 매우 엄청난 위력을 가진 칼이 된다. 또 어떤 합금을 했을 때는 강철에서 볼 수 없는 유연성과 강도를 가짐으로써 매우 뛰어난 기능을 갖게 해 주는 것이다.

Q : 이런 좋은 것이 어떤 이치로 해서 만들어진 것입니까?

스승 : 하나의 칼이 되기까지 있었던 일과 그 속에 있었던 다른 것과의 융화를 통해서 또 어떤 때는 하나의 칼이 단련되는 과정에서 이러한 변화를 가져왔다. 이런 예들을 통해서 우리는 얼마든지 깨달음만 있다면 자기의 어려운 운명을 해결하며 개척하고 자기

가 필요한 것들을 모을 수가 있다. 운명 그 자체에 대해서 사람들이 관심이 있으면서도 운명에 대해서는 알려고 하지 않는다. 왜냐하면 운명을 말하고 있는 자들이 대부분 점쟁이나 무당들이다. 그런데 실제 이런 사람들은 운명의 근원이 어디에 존재하며 운명이 자기 속에 존재하는 일을 통해서 어떤 영향을 받게 되는지 문제에 대해서는 알고 있지 않다. 만일에 운명을 아는 신(神)이 있다면 사람에게 의지해서 자기의 애착과 한을 풀려는 그러한 무지를 절대 갖고 있지 않을 것이다. 그래서 지금까지 사주쟁이나 점성가를 통해서는 운명의 근원을 세상 사람들이 알 수 없었다.

Q : **역사 속에서도 그렇고 지금도 저 사람은 덕(德)이 있는 사람이라고 하는데 덕이 있는 사람은 어떤 사람입니까?**

스승 : 덕이 있는 사람은 남을 도울 줄 알고 또 다른 사람의 도움을 받을 수 있는 사람이 덕이 있는 사람이고 복이 있는 사람이다. 우리가 어떤 일을 똑바로 하게 된다면 실패하지 않게 된다. 그러면 저 사람은 복 받은 사람이고 복이 있는 사람이라고 말들을 한다. 사람들이 나에게 복이 많은 사람이라고 말하는 것은 정직하게 사는데도 궁색함이 없기 때문이다.

Q : **자신이 근면하고 검소하고 정직하게 살려고 하는 노력의 결과에서 오는 것입니까?**

스승 : 내가 항상 당당하게 살아가고 세상의 일을 조심하여 큰 문제나 시비에 휘말리지 않으니까 사람들은 그런 일을 보고 복이 있는 사람이고 인덕이 있는 사람이라고 한다. 사람과의 사이에 유대가 좋은 사람이나 존경을 받는 사람이나 신뢰를 받는 사람은

덕이 있는 사람이다. 덕이라는 말은 도덕(道德)에서 유래됐고 도는 진리를 말하고 덕은 진실 속에 있는 것인데 도덕과 공덕과 사랑은 다른 말이지만 같은 뜻이다.

Q : **사랑받을 수 있는 위치에 있고 자기의 사랑을 남에게 줄 수 있는 사람을 덕이 있는 사람이라고 말할 수 있겠습니까?**

스승 : 사람들로부터 버림을 받는 사람은 덕이 없는 사람이고 자기가 덕이 없으니까 사람들로부터 신뢰받지 못하고 사람들로부터 도움을 받을 수 없다. 자기 속에서 덕이 없기에 남으로부터 덕을 받을 수 없다. 내가 남을 사랑하게 될 때 나도 남으로부터 사랑받게 되는데 예수가 다른 사람의 위에 오르려면 먼저 남을 섬기라고 한 말이 있다. 덕을 얻는 길은 내가 남을 섬기는 것이고 남으로부터 신뢰받아서 다른 사람들로부터 버림받지 않는 사람을 덕이 있는 사람이라고 말한다. 덕이 없는 사람은 다른 사람의 도움을 받지 못하니 하는 일마다 손실을 보고 일하기 싫어하고 인색한 사람이니까 도움을 받지 못한다. 덕이라는 말을 이해할 때 사랑과 공덕과 도덕이라고 생각하면 된다.

Q : **양심이 있는 사람과 덕이 있는 사람은 차이가 있습니까?**

스승 : 양심이 있는 사람은 자연적으로 행동에서 덕이 보이게 되고 덕이 있는 사람은 당연하게 양심이 있기에 덕을 쌓을 수가 있는 것이 아니냐? 양심이 없는 사람은 덕이 있을 수 없고 덕이 없는 자에게 양심이 있을 수 없으니 말이라는 건 상대적이다.

Q : **사랑이 자기를 축복하는 것이라면 공덕과 도덕도 사랑이라는 것입니까?**

스승 : 공덕이라는 말과 사랑이라는 말이 오랫동안 인간사회에서 존재해 온 것은 사랑은 축복하는 것이기 때문이다. 축복이라는 말도 있고 사랑이라는 말도 있고 공덕이라는 말도 있는데 사람들은 공덕이 무엇인지 물으면 불쌍한 사람 도와주는 것인 줄 안다. 불쌍한 사람을 도와주는 것이 나쁜 일이라고는 볼 수 없겠는데 사기 치고 도둑질하고 협잡질을 하는 것보다는 덜하지만 악연을 가지고 오게 될 줄도 모른다. 가난한 사람을 정확하게 관찰하고 확인해 보면 대부분 문제가 많으니 물질과 먹을 것을 자꾸 주면 일하지 않으려고 하고 그때부터는 교활해지고 더 나빠진다.

Q : **자기가 한 일이 나쁜 결과를 가져왔다면 축복이 아니고 적악(積惡)이 되는 것입니까?**

스승 : 나쁜 결과를 가져왔다면 사랑이 아니고 무지이니 다시 생각해 볼 필요가 있다. 세상에서 좋은 일을 한다고 말하는 사람의 대부분은 자기 과신이나 남을 속여서 이익을 취할 목적으로 선량한 사람처럼 행동을 한다. 가난한 사람을 돕자는 말을 앞세워 왔으며 돈을 내는 사람은 자기는 훌륭한 사람이고 이런 일을 도왔다는 말을 듣기 위해서 하는 사람들이 많았다. 그래서 결과는 세상이 새로운 불행이 존재했고 계속되고 있다는 사실이다.

Q : **모든 결과를 지어지게 하는 인연이 바로 법칙입니까?**

스승 : 법칙은 24K의 금에다가 어떤 물질을 섞었더니 18K는 여물어 쇠의 강도가 높아졌다면 분명히 하나의 새로운 사실에 의해서 있게 된다. 좋은 법은 사람을 깨닫게 하는 법을 말하는 것인데 사람들이 알지 못하고 좋은 일을 이해하지 못하면 아무런 효과가 없다. 그래서 있는 일을 밝혀서 사람을 깨우치는 일이 가장

큰 공덕을 짓는 일이라고 말하는 것이다.

Q : 사회문제의 있는 일에 대한 간단한 해답을 말해 주십시오.
스승 : 사람들이 있는 일을 바로 알 때 항상 좋은 일을 선택해서 하게 되지만 있는 일을 모르고 하게 되면 많은 문제점을 만들고 어려운 문제들이 존재하고 계속 큰 문제로 발전한다. 우리 사회가 아직도 있는 일을 가르치지 않고 소중하게 생각하지 않으며 밝히지 않으려 하는 사람들 때문에 생기는 일이다.

Q : 깨달음이 없는 상태에서의 운명은 어떻게 되는 것입니까?
스승 : 반복 현상의 원리에 의해서 끝없이 자기 속에 있는 것은 반복되는 과정에서 나빠지고 좋아지는 일을 계속하고 있다. 좋은 인연이 닿으면 좋아지고 나쁜 인연이 닿으면 나빠진다. 좋은 일을 했을 때는 좋은 마음을 일으키기가 쉬워지고 나쁜 일 했을 때는 나쁜 쪽으로 쏠리게 한다. 내 말에 의문이 있다면 간단하게 마약과 보약을 살 수 있다고 하면 두 사람에게 먹여서 관찰하면 알 수 있다. 보약을 먹은 사람은 빨리 좋아지는 걸 모르지만 마약을 먹은 사람은 또 마약을 사러 가게 될 것이고 중독 현상을 유발한다. 자기를 좋게 하는 일은 참으로 힘들지만 자기를 망치는 일은 매우 쉬워서 나쁜 일을 한 번만 하면 중독 증세를 가져와서 계속 나쁜 것을 요구하게 된다. 그래서 교육은 있는 일을 바로 알리고 알게 해서 사람들의 운명을 바꾸게 하는 일이다.

Q : 교육이 운명을 바꾸게 하는 일을 한다면 좋은 스승은 누구이며 좋은 가르침은 어떤 것입니까?
스승 : 내가 여행할 때 영국 철학자와 한 대화 중에 어떤 사람이 좋

은 스승인지 물었더니 그는 대답하지 못했고 좋은 가르침이 무엇인지도 물었을 때도 대답하지 못했다. 나는 이렇게 가르쳐 주었다. 좋은 스승은 진실한 자이고 있는 것을 있는 그대로 가르쳐 주는 자가 좋은 스승이며 진실을 가진 자에게 있는 것을 있는 그대로 배울 수 있다면 좋은 가르침이라고 했다. 한 번 지어진 자기 속에 있는 운명은 깨달음이 없이는 그 테두리를 벗어나려고 하지 않는다. 운명 속에 갇혀서 계속 같은 삶을 되풀이하고 운명이 나쁜 사람들은 어리석은 짓을 끝없이 범하게 된다.

Q : 선생님은 이 시간을 통해서 있는 일을 밝히려고 하는데 저희가 세상에 있는 일을 소중하게 알아야 하는 것입니까?

스승 : 실제로 그러한 진실에 대하여 듣기를 원하는 사람들은 극히 일부에 지나지 않았다. 그러기에 최근에 내가 하고자 하는 일을 할 수 없는 세상에서 살아가는 것이 힘들다. 할 수 없는 것이 아니라 원하는 사람들이 없기에 내가 가지고 있는 운명의 길을 걸어가는 일이 너무 외롭다는 것이다. 나는 일반 사람의 눈에는 좀 이상한 사람처럼 보이고 내 말을 처음에 들으면 영화에 비유하면 교육영화를 보는 것과 비슷하다. 극장에서 액션이나 애정 영화를 하면 돈을 내고도 줄을 서서 차례를 기다리는데 교육영화는 사람들이 그냥 와서 보라고 해도 안 본다. 어제저녁 방송의 한 대담프로를 보니 연사들이 나와서 그냥 꿈 이야기하듯이 자기들 생각들만 말하고 있었다. 문제의 핵심은 하나도 들추어내지 않고 이런 제도를 만드는 게 좋으니 안 좋으니 두 시간 동안 열렬히 서로가 자기주장을 하고 있었다. 그러면 문제를 숨겨두고 어떻게 문제를 푸는지를 알 수가 없다.

Q : 우리나라가 많은 빚을 지고 있는 것도 분명히 문제 아닙니까?

스승 : 우리가 어떻게 빚을 갚고 좀 더 나은 생활로 발전할 수 있을 것인지도 문제인데 오늘날 공장들이 부품을 수입하지 못하고 무너지고 있다. 원인을 정확하게 진단하고 파악하고 아는 일이 위기에 빠진 오늘의 사회를 구하고 해결하는 해답이 되는데 문제를 찾아야 문제 안에 해답이 있다. IMF라는 말이나 노사정 합의체라는 제도와 새로운 시스템을 만든다고 자연적으로 모르는 문제가 해결되는 건 아니다. 우리 사회가 오늘날 이렇게 불행에 처한 이유는 문제를 만들어 놓고 자신들이 만든 문제를 숨겨왔기 때문이다.

Q : 사회가 숨겨온 이 문제는 어떻게 해결해야 하는지요?

스승 : 문제를 바르게 알아야 해답을 얻고 해답을 위해서는 어떤 일을 해야 한다는 좌표설정을 할 수 있다. 우리의 인생은 항해와 같고 어떤 선박이 항해하는데 항해사가 무엇을 가지고 망망대해에서 길을 찾아갈 것인가? 그것은 지도와 좌표인데 키를 잡고 큰 배를 움직여서 가는데 우리가 볼 수 있는 어떤 계기가 있어야 하고 좌표를 설정해야 한다. 자신들이 지금 어디에 있는지도 모르고 어떻게 자신들이 가고자 하는 곳에 좌표를 알 수가 있겠는가? 지도를 놓고 보면 런던에서 로스앤젤레스로 갈 때와 부산에서 로스앤젤레스 쪽으로 갈 때의 좌표는 틀리게 되어 있다.

Q : 사회의 운명도 모르는 사람들이 제멋대로 떠들고 있는 것은 실제 문제의 해결에 아무런 도움이 되지 않겠네요?

스승 : 모든 문제의 해결을 위해서는 자신들 속에 어떤 일이 존재하고 있으며 어떤 일을 해야 할 것인지 해답을 구해야 할 것이다.

그런데 우리가 어디에 있으며 가지고 있는 선박이 몇 년도 어디서 제작된 것인지도 모르고 몇 마력의 엔진을 달고 있으며 어떤 시스템을 가졌는지 진실도 모른다. 아무것도 모르는 채 외국 사람이 배를 가지고 인도양을 건넜다니까 우리도 인도양을 건너자고 소리만 외치면 되는 게 아니다. 우리가 지금 어디에 있고 어떻게 항해를 통해서 목적지에 이를 수 있는지 좌표가 제대로 설정된 이후에 우리가 가지고 있는 문제해결을 위해서 노력할 수가 있다.

Q : **나쁜 운명을 가진 사람도 좋은 운명을 선택하려면 어떻게 바꿀 수 있습니까?**

스승 : 누구나 깨달으면 운명을 바꿀 수 있고 나쁜 운명을 좋은 운명으로 바꿀 수 있다. 좋은 운명을 가진 사람은 자기에게 도움이 되는 일을 하며 좋은 일을 하기에 계속 좋은 결과가 나타난다. 자기 속에 잠재했던 일들이 운명을 만들고 의식의 움직임에 의해서 모든 가난함과 부유함과 어둡고 밝은 삶이 존재한다. 왜 사람들이 잘 사는 사람이 있고 못사는 사람이 있는지를 알아야 하며 진실을 많이 알게 될 때 매우 지혜로운 삶을 살 수가 있다.

Q : **운명은 자기 스스로 바꾸어야 한다는 말씀이지요?**

스승 : 나는 세상의 모든 문제를 풀 수는 있으나 운명이 나쁜 사람을 하루아침에 깨달음의 세계로 데려올 수는 없었다. 의식이 망해버린 사람을 어떻게 하면 이곳에 한 번 데리고 올 수 있는지 시험해보았으나 좋은 인연 속으로 끌고 오는 일은 불가능에 가까웠다. 의식이 망한 사람은 남을 망치고 자기를 망하게 하는 일 외에는 안 하려고 했다.

Q : **사람들을 이곳에 오게 해야 하는 가장 큰 목적은 무엇입니까?**

스승 : 자기의 좋은 의식이 상실되는 것을 방지하고 좋은 의식이 넘치도록 보살피는 일은 자기를 깨우치는 것이다. 사람들은 사랑이란 말은 많이 하지만 과연 어떤 게 축복이고 사랑이며 어떻게 행복한 삶을 살 수 있는지 아는 사람들이 없으니 그들의 무지를 깨우쳐 주는 게 목적이다.

Q : **한국은 대학이 세계적으로 많은 나라인데도 왜 축복을 아는 사람이 없는 것입니까?**

스승 : 한국에 있는 대학 교수 중에서 사랑이 무엇이고 축복이 무엇이며 어떻게 행복하게 사는 것에 대해서 아는 사람은 단 한 사람도 없을 것이다. 나는 20년 전에 직업을 버렸고 아내에게 평생 직업을 갖지 않을 것이니 가지고 있는 것으로 먹고 살라고 말했다. 내가 직업을 갖지 않은 것은 세상 사람들이 옳은 것을 생각하지 않고 가르치지 않고 협잡하고 사기 치고 숨기고 장난을 좋아하기 때문이다. 그들 속에서 돈을 벌면 도둑놈으로 오해받을 것이며 돈을 벌자면 온갖 시비에 말려들 것이기에 안 하겠다고 했다. 나는 항상 있는 일을 보고 있는 일을 통해 배운다. 있는 일을 소중하게 생각하니까 속지 않고 사기당하지 않고 현재까지 아무런 탈 없이 살아올 수가 있었으니 이것이 나의 운명이다.

Q : **운명이 나쁜 사람은 아무리 열심히 일해도 남에게 속게 되는 일이 많다고 봐야 합니까?**

스승 : 항상 문제를 가지고 살아야 하기에 아무리 열심히 일해도 행복하게 살아갈 수 없고 삶 자체를 축복할 수도 없다. 모든 문제는 해답이 있으나 내가 오늘날 사회에 대해서 정확한 해답을 제

시하지 않는다. 그것은 사람들이 문제를 속이기 위해 온갖 제도를 만들어서 진실을 숨기기 때문이다. 문제를 모르니 해답을 줄 수가 없고 상당히 많은 사람이 진실이 드러나는 것을 두려워하기에 이런 일은 계속될 것이다.

Q : 항상 자신이 잘살게 하기 위해서는 어떻게 해야 하는지요?
스승 : 진정 남을 돕는 일은 옳은 일이지만 어떻게 도와야 할 것인지를 알고 축복하는 일에 노력해야 한다. 남을 돕는 가장 좋은 방법은 배우고 깨달아서 좋은 결과를 만드는 일을 다른 사람들에게도 일어나게 하는 것이 너희를 축복하고 남을 축복하는 일이다. 고타마 붓다도 세상에서 가장 큰 공덕을 법 보시(法布施)라고 했는데 그 뜻은 있는 일이 어떻게 해서 있게 되는지를 밝히는 진리를 말한 것이다.

Q : 선생님처럼 있는 일을 보려면 어떻게 해야 합니까?
스승 : 있는 일을 계속 듣고 보고 관찰함으로써 있는 일이 어떻게 있게 되는지를 배우는 것이다. 네가 계속 이 자리에 와서 있는 일을 들어서 이해하고 마음속에 쌓이면 있는 일을 관찰하는 능력 있는 사람이 된다. 너의 의식이 깨여서 서서히 보이게 되면 어떤 일이 좋은 일을 만들어 내고 나쁜 일을 만들어 내는지 알게 되어서 좋은 일을 사람들에게 가르치려 하는 것이 사랑이다.

Q : 운명이 나쁜 사람들은 아무리 좋은 걸 주어도 좋은 걸 받지 않으려고 하잖아요?
스승 : 네가 진실을 전하려고 할 때마다 사람들이 축복받지 않으려 하니 너무 안타까워서 가슴 속에 불이 일어나고 그 불이 업을 태

워서 열반에 이르게 된다. 따라서 네가 배워야 할 것은 있는 일을 계속 듣고 여기서 하는 말들을 네 마음에 담는 일이다. 마음에 쌓여서 있는 일을 자꾸 듣고 보게 되면 자기를 깨우칠 수 있으니 있는 일에 대해서 눈을 뜨는 것이다. 네 나이에는 2년이나 3년 동안 관심을 가지고 들어서 있는 일에 눈을 뜨면 대학을 안 나와도 회사를 경영할 수 있다. 그리고 나쁜 짓을 안 하고 좋은 일을 통해서 사람들에게 축복을 전할 수 있는 훌륭한 사람이 될 수가 있다.

Q : 법을 배우면 자꾸 냉정해지는데 인간적으로 살려면 어떻게 해야 합니까?

스승 : 어두운 세상에서 냉정해야 크게 속는 일이 드물 것이다. 그래서 자신에게 의지하라고 가르치는 것은 네가 눈을 뜨고 나면 세상에 있는 온갖 진실이 다 보이는데 어떻게 냉정하지 않겠느냐? 조금 더 깨달으면 자기가 어떻게 살아야 좋은지 길을 알게 되고 자기를 완성한다. 항상 상대적인데 내가 너희를 성공시키고자 하는 것은 너희가 성공해야 가르침이 좋다고 사람들이 믿을 것이니 너희는 자기에게 의지해서 살려고 공부해야 한다.

Q : 운명은 자기의 주변에 있던 인연에 의해서 변화하고 주어진 것들이 그대로 충실히 옮기게 됩니까?

스승 : 한번 지어진 운명은 레일 위를 달리는 기차처럼 벗어나려고 하지 않으며 지금까지 많은 사람이 운명을 바꿀 수 없는 것이라고 말해 왔다. 그러나 기차의 레일을 예를 들어서 말한 것처럼 한 사람의 힘으로는 바꿀 수 없지만 여러 사람의 힘을 빌리게 되면 얼마든지 레일을 다른 곳으로 갈 수 있도록 연결할 수가 있

다. 운명을 설명하는 과정에서 먼저 보게 되는 게 인연법인데 운명은 인연에 의해서 얻어지고 인연에 의해서 바뀌고 인연으로 또 존재하게 된다.

Q : 점쟁이나 관상쟁이와 사주쟁이들은 실제 운명의 근원적인 일들을 모릅니까?

스승 : 운명에 관한 책을 최초로 쓴 사람도 운명의 근원이 어떻게 해서 만들어지고 운명 속에서 살도록 했는지 비밀을 아는 자가 없었다. 운명은 인연이 닿지 않으면 절대로 변화하지 않고 의식이 현상에 부딪히게 되면 성질이 발동하고 운명을 만든다. 나는 지금까지 살아오면서 여러 가지 일들을 목격했는데 어떤 사람에게 찾아가서 잘되기를 원해서 제안했는데 그는 반대로 했으며 결국 망했다. 내게 참 잘 대해 주었기에 도와주고 싶었고 위험한 일이 있었기에 너에게 위험이 닥칠지 모르니 저 사람을 조심해야 한다고 말했다. 그런데 그는 자기에게 위험을 줄 사람에게 내 말을 전해서 나를 매도하고 음해하기 시작했다. 망할 운명을 가진 사람에게 피할 방법을 일러주니 받아들이지 않았기 때문에 결국 망했다.

Q : 사람이 깨달음이 없고 있는 일을 보지 못하는 한 일어나는 일을 아무도 알고 있지 않다는 것이죠?

스승 : 어떤 사람이 어떤 일을 하는 게 좋은지 하지 않는 게 좋은지 물었을 때 나는 생각했다. 그는 지금 한참 그 일을 하고 싶어서 마음이 막 끓고 있는데 만약 하지 말라고 하면 분명히 그때부터 나와 벽을 쌓고 인연이 끊어질 것이다. 그래서 나는 조심스럽게 내가 만일 당신이 하고자 하는 일을 하라고 말한다면 우리의 인

연은 얼마 후에 끊어질 것이다. 그들은 지금 사기에 엮여 있다는 사실을 말하면 보지도 않고 말한다고 할 것이다. 그러기에 모든 일을 철저히 확인하고 당신의 능력이 불가능할 때 돈거래를 하기 직전에 나에게 와서 확인한 사실을 말하고 돈을 주라고 말했다. 그런데 그는 돈을 그냥 건네고 난 후 나에게 와서 말했는데 이것은 운명적이라는 것을 알았다.

Q : **선생님이 당부했는데도 건네준 후에 말을 했다는 것입니까?**
스승 : 결국 그는 사기를 당했고 엄청난 피해를 보게 되었다. 물론 그의 부인은 여기 회원으로 잘 나오고 있기에 실제 내가 처음 물었을 때 어떻게 대답했는지 잘 이해할 수 있을 것이다. 나쁜 일은 판단 한 번 잘못하면 결과가 바로 오지만 좋은 일은 만나기가 매우 어려우며 한번 지어진 운명은 계속 반복한다. 그래서 우리는 생활을 통해서 인과의 법이 얼마나 냉엄하고 아는 것이 개인에게 소중한 일인지를 항상 말하고 있다.

Q : **자기에게 지어진 운명에서 벗어날 수 있는 길은 깨달음뿐이라는 것입니까?**
스승 : 운명은 자기 속에 있었던 일로 인하여 계속 뜻이 자신을 통해서 나타나기 때문에 깨달음이 없다면 생각과 판단에서 벗어날 수가 없다. 누가 자기에게 어떤 판단이나 생각이 잘못됐다고 하면 기분 나빠하고 두 번 다시 만나지 않으려고 한다.

Q : **운명은 의식이 있는 사람에게만 있는지 아니면 동물이나 식물도 운명이라는 게 있을 수 있습니까?**
스승 : 운명은 사람에게만 존재하는 게 아니라 모든 물질에도 운명

이라는 게 존재한다. 짐승이나 나무나 쇠붙이도 생명력을 가지고 있고 변하는데 존재하고 있는 모든 물질은 운명이 있다. 선박도 우리가 만들어 놓은 기차도 운명이 있으며 인연에 따라서 다르게 나타날 수도 있다.

Q : 절대 한 번 지어진 운명은 스스로 없어지는 게 아니고 자기 속에 존재하게 됩니까?

스승 : 간단하게 있었던 일을 설명하면 한국이 지금 IMF 시대를 맞이하고 있다. 내가 이 사실을 1979년도 박정희 씨가 죽고 전두환 씨가 쿠데타 비슷하니 일으켜 정권을 잡을 때 그들이 하는 일을 보고 큰일 났다고 모든 직업을 그만두었다. 왜냐하면 그들은 세상을 경영할 수 있는 능력이 없었기 때문에 어떤 철학이 없는 상태에서 자기 기분에 의해서 좌우된 것이다. 그 당시 공식 외채가 4백억 달러에서 6백억 달러 정도가 되었다. 당시 농산물 생산 현황을 인터넷을 연결해서 확인해 보면 알겠으나 당시 국가의 외채는 유예해야 했다. 그것은 세계은행을 통해서 온 미국 원조였고 다른 나라에서는 별로 빌려온 게 없었다. 당시에 식량 자급자족의 능력이 50% 이상이었는데 노동집약형 산업이 일어나고 있었기에 아무런 문제가 없었다. 약간의 허리띠만 졸라매면 한국은 엄청난 저력이 있는 국가로 발전시킬 수가 있었다. 그런데 부하들에게 장관 자리 주고 말 잘 들으면 신문사 맡기고 연고 있으면 간부로 앉혀서 그들은 신처럼 행동했다.

Q : 그때 당시 상당히 잘나갔을 때라고 알고 있는데 왜 직업을 그만둔 것입니까?

스승 : 그쪽 실세들 쪽에서 사람을 보내서 같이 일하면 어떻겠느냐

고 했을 때 내가 바로 거절했다. 초창기에는 정보부 직원이 내 집에서 살았고 후반기에도 찾아오곤 했다. 하지만 나는 나라를 위해 도움이 되는 일이라면 하겠지만 내 개인이 출세하는 일은 거부하겠다고 했다. 왜냐하면 오늘과 같은 사태가 오리라는 걸 알고 있었기 때문이다. 내가 아는 모든 사람에게 언젠가 엄청난 위기가 올 것이라는 말을 계속했다. 사람들이 잘못된 일을 만들고 있었기 때문인데 세상이란 그냥 좋아지고 나빠지는 게 아니다. 인간사회에서는 인간이 주체인데 주체인 인간들이 잘못을 계속 범하기 때문에 우리가 사는 세상에 위험이 생기게 된다는 것을 경고해 왔다.

Q : 인과법으로 보고 언제인가 문제가 생길 줄 알았습니까?

스승 : 그들은 학생들이 사회에 관심을 갖지 않도록 입시제도를 만들어 과외를 시키고 학교에 붙잡아 두어 스트레스를 받게 해서 정신을 망쳤다. 노동집약형 산업을 노태우 씨 이후 김영삼 씨가 집권하는 동안에 전부 파괴해 버렸다. 노동집약형 산업은 칼자루를 쥔 사람이 파괴하는 건 간단하다. 임금을 올리고 노조활동을 강화하면 노동집약형 산업은 삽시간에 전부 망하고 절대 흑자를 볼 수가 없다. 실제로 우리나라에서 봉제나 의류 일부가 생산되고 있지만 한국의 가공 인건비가 태국의 10배 수준이고 방글라데시보다는 15배 정도 수준이 될 것이다. 그런데 나오는 제품이 한국에서 만든 제품과 별 차이가 없다.

Q : 바느질은 별 손색이 없는데 아직 그쪽에는 좋은 브랜드가 안 들어가서 잘못 만든다고 하던데요?

스승 : 우리나라에는 인건비가 10배 이상 비싸기에 결국 경쟁력을

상실해서 무조건 기업을 하면 망하게 되었다. 그러기 때문에 국가 부도 사건이 나서 자급자족 능력이 20%라면 인구의 80%가 굶어 죽겠는가?

Q : **선생님은 이런 문제를 해결하기 위해서 노력했습니까?**
스승 : 문제를 해결하기 위해 매우 고심했으나 방법이 없었다. 내가 외국에서 누구를 만났는지 대사관에서 뻔히 알고 있으면서도 한국에서 신문에 나는 것을 막았다. 한국 교환교수가 가서 2년 동안에 한 번도 못 만났다는 대학총장이 초청해서 대접했고 태국 왕사가 개인적으로 듣기를 청하는 일도 있었다. 만일 내가 입을 열어서 세상에 알려지면 사회가 달라졌을 것이다.

Q : **인과법으로 어떤 일이 좋아지고 나빠질 수 있는 걸 설명할 수 있습니까?**
스승 : 모든 것은 반복 현상을 통해서 나타나게 되고 나타나는 과정에서 있게 되는 좋은 운명과 나쁜 운명은 자기 속에 있었던 인연으로 인하여 지어진 일에 따라서 다르게 존재한다.

Q : **자기의 운명을 어떻게 만드는지는 반복해서 들어야만 이해할 수 있겠습니까?**
스승 : 인간 활동을 설명할 때 어떻게 해서 존재하게 되는지를 하나의 보기로서 설명하고 있다. 의식은 가슴 깊숙한 곳에 있는데 어떤 현상을 만나게 되면 생각과 판단을 일으키게 되고 마음을 일으키며 마음은 행동을 일으키게 된다. 마음과 행동이 되어서 일으켜진 것은 다시 마음을 통하여 자기의 의식 속에 들어온다. 깨달음이 없는 사람은 반복 현상의 뜻으로 계속 같은 일을 나타내

게 되면서 어떤 환경과 부딪히면서 새로운 인연을 자기 속에 짓는다. 지어진 인연이 전부 의식 속으로 들어오게 되어 있고 이렇게 쌓여서 자기 속에 있던 일들이 온갖 뜻을 일으키게 되고 그 일에 의해서 자신이 움직이게 되는 것이 운명이다.

Q : 똑같은 장소에서 두 사람이 장사했는데 한 사람은 돈을 많이 벌고 한 사람은 돈을 많이 까먹었다면 운명이 다르기 때문입니까?

스승 : 한 사람은 운명이 좋으니 부지런하고 판단이 정확해서 돈을 벌 수 있다. 한 사람은 운명이 좋지 않으니 판단이 부족하고 행동이 뒤떨어져 다른 사람만큼 돈을 벌 수 없었다. 그렇다면 이것은 한 사람 개개인의 운명의 차이에서 오는 것이라고 볼 수가 있겠다. 나는 형제들이 잘 되기를 원해서 세상에 있는 비밀을 몇 가지 이야기해 주었다. 그런데 그들의 운명 때문에 절대로 들으려 하지 않았는데 내 말을 들으면 무조건 부자가 되고 일생을 편안하게 살아가는데도 안 하려고 했다.

Q : 사람들이 서로가 원하는 길이 다를 때는 운명 때문에 합류할 수가 없고 도울 수 없는 겁니까?

스승 : 깨달음이 없는 자들이 어떻게 깨달은 자가 하는 일을 배우기를 원하고 도울 수 있겠느냐? 깨달은 자는 세상일을 밝히고 사람들을 축복되게 하는 일을 하는데 그들은 자기 운명에 의해서 살고 있다. 나는 사명이 있고 할 일이 많으니 불행한 사람들의 운명 속에 끼어서 일생을 허비하는 일은 하지 않는다.

Q : 운명이 어떤 일을 두고 말하는지 아직도 인간들의 세계에서 잘 알려지지 않고 있기에 이해하지 못하겠거든요?

스승 : 내가 같은 말을 계속 반복하는 것은 사람들이 제각기 다른 운명을 지니고 있다고 했는데 운명은 자신에게 일어나게 될 일들이 자기 속에 이미 정해져 있다는 말이다. 지금까지 사람들은 운명은 정해져 있기에 바꿀 수가 없다고 말해 왔는데 수학을 통해서 보면 쉽게 이해가 된다. 문제가 있으면 답은 정해져 있으나 정해진 답도 문제를 바꾸게 되면 답이 문제에 따라서 바뀌게 되기 때문에 운명도 바뀔 수 있다. 나에게 사람들이 찾아와서 이 부분에 대해서 많이 물을 때 존재하는 것들은 자기를 계속 만들기 위해서 활동으로 일어나게 된다고 충분히 설명해도 알아듣지 못한다.

Q : 그래서 진리를 배우기 전에 먼저 수학에 대해서 폭넓은 이해가 필요하다는 것입니까?

스승 : 사람들에게 진리를 배우고자 한다면 먼저 수학을 이해해야 한다고 말한다. 수학을 배우지 않은 사람에게는 숫자를 알아보게 하고 문제를 알아보게 하는 일은 힘이 들듯이 진리도 있는 일을 놓고 보지 못하면 어떤 해답이 있는지 아무도 알아볼 수 없다. 먼저 수학을 이해하기 위해서는 숫자를 배워서 어떻게 문제를 만들 수 있는지를 이해해야 한다. 문제를 똑똑하게 봐야 답을 알아볼 수가 있게 된다고 설명하는 것이다.

Q : 종교에서는 오랫동안 가만히 앉아서 수수께끼 같은 문제를 풀면 깨달을 수 있다고 하던데 선생님의 방법은 어떤지요?

스승 : 그들은 문제없는 해답을 만들어 놓고 많은 사람이 빠져서 시간을 허비했다. 그래서 잘못된 삶들을 살다가 간 사람들이 많은데 가만히 앉아서는 절대 깨달을 수가 없다. 깨달음을 얻기 위해

서는 문제를 이해하는 능력이 있어야 하니 있는 일을 계속 듣고 있는 일에 대해서 눈을 떴을 때 문제를 알아본다. 석가모니가 깨달음을 얻고 스스로 여래라고 말하자 사람들이 여래가 무엇인지 물었을 때 있는 것을 보는 자이며 이치를 알아보는 눈을 떴다고 말했다. 있는 것에 대해서 눈을 뜨기 위해서는 있는 일을 배워서 있는 일을 알아보게 되면 있는 일에 눈을 뜨는 것이다.

Q : 배우지 않고 있는 일을 알아보는 건 불가능에 가깝겠네요?

스승 : 있는 일을 확인함으로 문제 속에 있는 결과를 사람들에게 말해 줄 수 있으며 있는 일에 대해서 눈을 뜨는 것이 깨달음이다. 내가 최고의 깨달음을 얻은 여래지만 런던 길가에 앉아 있으면 사람들이 시비를 거는 게 왜 당신 영어할 줄 모르느냐고 한다.

Q : 영어는 하나의 기능인데 눈을 떴다고 아는 게 아니라 연습해야 하지 않습니까?

스승 : 나는 한국에서 태어났기 때문에 영어의 기능에 대해서 배우지도 않았고 훈련도 안 받았기 때문에 익숙하지 못하다. 그런데 깨달은 자가 왜 영어를 못하는지 과거의 사대성인이 있었으니 그들에게 가서 물어보라고 했다. 왜 영어로 사람들을 안 가르치고 인도 말이나 이스라엘 말과 그리스말이나 중국말로 사람들을 가르쳤는지 물어보면 된다고 말한다. 그것은 그들이 배우고 훈련받지 않아서 서구권에서 사용하고 있는 언어의 기능을 의식 속에 가지고 있지 않기에 의식의 표출 과정에서 영어를 사용할 수 없는 것이다.

Q : 생활에 불편함이 없이 사는 사람이 남의 집 담을 넘어서 도둑질한

다든지 물질적으로 구애받지 않는 사람이 백화점에서 물건을 훔치는 것은 왜 그렇습니까?

스승 : 운명이라는 것은 앞에서 본 것처럼 자기 속에 있었던 모든 인연으로 자기 속에 생명의 근원이 입력된 것은 자꾸 자기 속에 있는 일을 되풀이하려고 한다. 지식을 가진 사람들이 옳지 못한 행동하는 걸 신문이나 방송을 통해서 보는데 그 사람 속에 과거의 습성이 시키는 것이라서 일어나는 일이다. 깨달음이 중요하다고 하는 것은 오늘의 삶이 내세로 연결되고 있기에 깨달으면 좋은 앞날을 얻을 수 있다.

Q : 자기가 한 일들이 자기 속에 박혀서 계속 그런 일을 일으키게 되기 때문이라는 것입니까?

스승 : 항상 자기 속에 있는 일의 지배를 받게 되는 것을 업이라고 하고 업으로 인해서 생기게 되는 일을 운명적인 일이라고 말한다. 운명은 누가 만들어준 것이 아니라 업과 운명은 동전의 앞면과 뒷면과 같다. 업은 과거에 있었던 일로 인해서 자기에게 존재하게 되는 일들이고 자기 앞에서 나타나게 되는 일을 운명이라고 말한다.

Q : 운명은 자기가 스스로 만들어서 짊어지고 있고 이렇게 만들어져 있는 운명은 항상 자기를 지배하는 것입니까?

스승 : 나도 깨달음을 얻고 나서 사람들을 만나게 됐을 때 깨달음을 얻으면 쉽게 많은 사람이 따라오고 또 사람들을 위해서 좋은 일을 많이 할 수 있다고 믿었다. 그런데 깨달음을 얻고 나니까 도리어 많은 사람이 내 곁에서 떠나버린 것은 각자가 가지고 있는 운명이 달랐기 때문이다. 내가 깨달음을 얻고 친구도 잃고 친척도

잃고 이웃도 잃어버렸으니 가장 외로운 사람이 되었다는 것이다.

Q : 여래님의 의식이 사람들과 가는 길이 달라졌기 때문입니까?

스승 : 이런 일이 실제로 나타나지 않으면 거짓말이고 서로가 가는 길이 다르면 깨달은 자를 따라올 수가 없다. 그런데 너희들 몇 사람은 바른길을 원했기에 잘못된 사회에서 사는 게 현실에 맞지 않아 힘들게 살았다. 잘못된 자들에게 소외되면서도 여기에 계속 나와 지금은 열심히 자기 맡은 일을 충실히 해내는 사람으로 많이 발전했다.

Q : 사실 저희도 여래님을 못 만났다면 자신의 운명에 이끌려 매우 어려운 일이 많았을 테지요?

스승 : 나와 인연이 연결되어 어려울 때 묻고 의지하려는 심정이 자기 문제의 해결에 큰 도움이 되었고 큰 발전을 이루었다. 운명은 누가 만들어준 것이 아니니 사람들이 깨달은 자와 접촉하면 계속 좋아지고 바꿀 수 있는 건 사실이다.

Q : 운명은 같은 일을 계속 반복하기 때문에 바꿀 수 없었던 겁니까?

스승 : 우리는 런던에 가서 7개월 동안 활동했으나 성과도 없었다. 그래서 요즘에는 오라고 하면 경비를 주겠느냐고 물어보고 깨달은 자에게 배우겠다고 하면 주변에 있는 모든 사람과 인연을 끊고 오라고 한다. 그러기 전에는 앉아 있어도 생각에 사로잡혀 조금만 힘들면 무슨 핑계든지 만들어서 다시 돌아가게 된다.

Q : 자기 속에 있는 운명을 거역하는 게 큰 깨우침이 없이는 불가능한 것입니까?

스승 : 사람의 의식 속에는 지금까지 자기를 움직여 왔던 모든 업이 사물을 다르게 보기 때문에 내가 여기서 아무리 아니라고 말해 보아도 소용없다. 사람들이 나에게 문제없는 질문을 하면 대답을 하기 전에 먼저 문제를 확인하고 나에게 물어 달라고 한다. 깨달은 자가 문제가 없다면 아무것도 말하지 못할 것이고 있는 일을 보지 않았는데 어떻게 말할 수 있겠느냐?

Q : 만일 문제를 정확하게 제시하지 않고 앞날이 어떻게 될 것인지 질문하면 여래님의 생각을 말해야 하기 때문입니까?

스승 : 내가 나쁜 사람이어서 상대에게 돈이라도 사기 칠 생각이 있어서 이렇게 하면 문제도 아니다. 지금은 당신이 어렵게 살고 있지만 앞으로는 대운이 오니까 10년 후에는 당신은 큰 재벌이 되고 천하에 명성을 얻겠다고 하면 기분이 좋아서 돈을 듬뿍 낼 것이다. 그런데 사실대로 모든 사람은 자기의 운명이 있는데 과거의 생애나 현재의 생을 통해서 자기에 의해서 만들어진 것들이니 한 번 만들어진 운명은 쉽게 바꾸기가 힘들다. 깨달음이 없다면 당신의 삶이 매우 불행하게 된다고 하면 기분이 나빠서 어떻게 빨리 일어날까만 생각할 것이다.

Q : 문제가 성립되지 않는다면 대답할 수 없다고 단언적으로 지적하시는 말씀입니까?

스승 : 문제를 보고 나서 문제를 말할 수 있는데 문제를 보지 않고는 말할 수 없다. 먼저 있었던 일을 말하고 어떤 일을 할 때 어떤 행동과 모습 속에서 나타나고 있는지 알아보게 해 준다면 앞날을 말하는 건 문제가 없다.

Q : 사람의 운명 속에서는 어떤 작용과 현상이 일어나는지요?
스승 : 사과 속에 있는 씨앗을 심으면 나무가 자라서 사과가 열리게 되는데 씨앗 속에는 운명이 들어있다. 씨앗이 메마른 땅에 떨어지면 내용물이 당도가 없어지고 맛도 달라지는데 좋은 땅을 만나면 윤기 있는 큰 열매를 얻을 수 있다.

Q : 나무에 입력된 뜻의 지시 때문에 범위를 벗어나지 않고 활동해서 새로운 사과열매를 열리게 합니까?
스승 : 사람이 만일에 깨닫지 못하면 운명을 벗어나지 못하듯이 환경을 바꾸어 주지 않으면 씨앗이 제자리에 떨어져서 싹이 나고 똑같은 현상이 계속 변하지 않고 반복된다. 그런데 작물이 가지고 있는 성질이나 뜻을 아는 과수원 주인을 만나게 됐을 때 같은 밭에서도 사과는 달라질 수가 있다. 왜냐하면 사과나무의 성장에 필요한 거름을 뿌리 가까이에 계속 넣어주면 사과나무는 바탕에 있는 좋은 기운을 흡수함으로 좋은 사과를 열리게 할 수 있다. 나무는 뜻 속에 잠재해 있었던 과거의 사과를 열게 한 나무의 모든 뜻을 받아와서 부활시킨다.

Q : 인간은 삶의 활동으로 나타나는 결과가 무엇입니까?
스승 : 인간은 의식체이기에 활동을 통해서 열매를 맺는 것이 영혼이다. 영혼 속에서는 자기의 활동 속에 있었던 모든 뜻을 입력해 있는데 계속 나고 죽고 반복한다. 영혼이 자신 속에 가지고 있는 것은 어디서든지 그대로 나타나게 된다. 좋은 땅에서는 좋게, 나쁜 땅에서는 나쁘게 피우게 되고 사과나무의 근원이 사과 씨 속에 들어 있듯이 인간의 의식 속에 있는 모든 뜻이 운명을 만든다.

Q : 의식 속에 있었던 뜻에 따라 나타나게 되는 현상을 운명이라고 하는 것입니까?

스승 : 사과나무의 운명은 뜻 속에 있던 과거의 사과 열매를 맺게 했던 뜻과 씨앗이 떨어져서 싹을 틔우게 되면 땅이 가지고 있는 성분 속에 있는 인연에서 운명은 결정된다. 운명의 근원이 근본 바탕에 있으니 인간도 정신의 바탕은 깨달음이다. 정신은 의식 활동으로 존재하고 의식 활동의 근원은 정신으로 나타나게 되는 결과가 될 수 있고 의식 활동의 근원도 될 수 있다.

Q : 농부가 같은 땅이라도 어떤 기름을 넣어주는가에 따라서 성장 활동에 차이가 있겠지요?

스승 : 과일의 성질이나 뜻을 알면 옆집보다 더 좋은 농사를 지을 수 있고 수확을 얻을 수 있는 것과 같다. 운명은 깨달으면 스스로 자기 속에서 창조하고 만드는 것이고 깨닫지 못한다면 운명을 더욱 망하게 하는 것이다. 근본 바탕을 모르면 운명은 고정된 것이라고 하지만 깨달으면 타고난 것이 움직여서 바꿀 수 있다. 나의 대답이 너의 마음에 안 들어도 너의 식으로 다시 질문하면 이치를 보고 설명할 수 있다.

Q : 세상에 근본을 가지고 와서 만나는 환경이나 바탕도 나의 근본에 따라서 지은 대로만 오게 되는 것입니까?

스승 : 너희가 만일에 깨달음을 얻게 되면 삶의 목적을 분명하게 알게 되고 자신이 사는 일에 대해서 길을 알게 되면 운명은 물러간다. 마음이 연결돼서 자꾸 운명을 따라 돌지 않고 깨달아 버리면 행동이 바뀌니까 지시하는 대로 따라오는 게 아니고 자기 이해로 행동이 바뀐다.

Q : 미래의 운명을 자기 속에 다시 짓기 시작한다는 것입니까?

스승 : 농사꾼이 좋은 농사를 짓는 법을 알면 잘못된 씨앗을 잘못 나게 하지 않고 자꾸 개량시키는 것처럼 인간도 삶의 길을 분명히 알면 자신의 근본을 개량시킨다.

Q : 자기 운명 속에서 탈출하지 못하면 항상 같은 반경 안에서 같은 시간을 가지고 살아서 발전이 없겠네요?

스승 : 경전 속에 있는 말과 자신들의 생각에서 우러나온 새로운 이야기를 만들고 있는 게 세상 사람들이 하는 일이다. 그래서 사람들은 깨우치기가 힘 드는데 세상이 천국이 되지 못하는 이유는 수많은 사람이 자신 속에 있던 일에 붙잡혀서 있던 일을 계속한다. 난봉꾼은 죽어서 다시 태어나서도 그 짓을 계속하고 철을 다루고 칼을 만들고 하던 사람들은 죽어서 다시 태어났는데도 또다시 그 일을 계속하려고 한다.

Q : 자기가 하던 일이나 있던 일에서 벗어나지 못하는 것이 자기들이 가지고 있는 운명이라는 것입니까?

스승 : 내가 이 말을 하기 전에도 지금까지 계속 설명해 온 것이 운명이다. 존재하는 것들은 끝없는 반복 현상에 의해서 나고 죽고 사는 일을 계속하고 있고 우리 속에 있던 일도 계속 자신이 자신을 있게 한 일을 되풀이한다. 그래서 깨달은 자가 세상에 와서 남긴 모든 가르침 중에서 가장 큰 가르침이 어떻게 하면 인간들을 자신을 붙잡고 있는 자기의 운명으로부터 탈출시키는가 하는 것이다.

Q : 만약에 우주가 도는 힘으로 인간에게 운명이 존재하면 아무리 노

력해도 못 벗어나겠는데요?

스승 : 깨달음이 없이는 절대 못 벗어나지만 깨달으면 운명에서 벗어날 수 있다. 그동안 사람의 근본 바탕이 어디서 왔으며 어떻게 나타나게 되는지 알 길이 없었다. 석가모니 부처님의 가르침도 수천 년 동안 전해져 내려오는 과정에서 많은 학자의 손에 의해서 변질되어 왔다. 그래서 부처가 무엇을 가르쳤는지 원래의 가르침을 책을 만들어서 사람들에게 알리려고 한다. 이 책 속에는 모든 생명체는 왜 자기 속에 있던 과거의 활동으로 지배받게 되고 운명이라고 규정하는지 책을 읽으면 쉽게 이해하고 읽을 수 있을 것이다. 운명(運命)의 명이란 말이 따르고 움직인다는 것인데 우리가 태어날 때 가지고 나오는 근본 의식도 하나의 운명이다.

Q : 운명은 자기의 의지에 상관없이 돌고 도는 기운에 의해서 태어나고 반복하는 것으로 알고 있는데요?

스승 : 운명은 깨달은 자에 의해서 얻어진 게 아니며 우주가 도는 힘으로 성질이 생긴 게 아니고 스스로 짓는 것이다. 흰색과 붉은색을 섞었더니 연분홍이 나왔는데 존재하는 물질이 가지고 있는 비율에 따라서 힘으로 영향이 나타나게 된다. 처음에 만나서 입씨름을 많이 해야 하는 것은 너희가 있는 일을 정확하게 보지 않고 들은 것을 생각하기 때문이다.

Q : 선생님이 설명하신 6천 년 동안에 깨달음을 정말 제대로 이루신 분이 석가모니뿐입니까?

스승 : 완전한 깨달음을 이룬 분은 석가모니이고 노자와 소크라테스나 예수는 보살이며 완전한 깨달음에 이르지는 못했다. 해탈해서 완전한 깨달음을 이루어야 편견 없이 있는 일을 있는 그대로

사물을 볼 수 있다.

Q : 세상에 어떤 사람이 나타나서 갑자기 인간을 깨워주려고 노력하는 경우가 있습니까?

스승 : 그런 경우가 있다면 나는 이 시대에 태어나지 않았을 것이다. 너희가 나와 함께 있으면서 들을 때는 나의 지혜가 아무것도 아닌 것처럼 보일 것이다. 하지만 시간이 지나고 내가 하는 일을 보면 실수하지 않는다. 그러기 때문에 나의 말은 듣고 나서 사회 문제나 가정의 일이나 상담했을 때 틀리지 않는다는 것을 볼 것이다.

Q : 저희가 관심을 가지면 가질수록 현상에서 얻게 되는 이익이 많겠네요?

스승 : 나에게 상의하면 세상의 비밀을 알기에 세상을 수월하게 살아갈 수 있는데 사람들은 수월한 길을 놔두고 어렵게 살아가고 있다. 그것은 모든 사람이 자기 속에 자기를 가지고 있고 운명이 길이 다르므로 깨달음이 없으면 이 자리에 절대 올 수가 없다.

Q : 연구 조사에 의하면 마음을 집중하는 명상법은 왼쪽 뇌에 활기를 준다는데 선생님은 명상이 깨달음의 길이라고 보십니까?

스승 : 깨달은 자와의 대화에서 가장 중요한 것은 진실인데 진실이란 근거를 제시하는 것이다. 명상을 통해서 깨달음에 이르렀다는 어떤 기록도 실제로 존재하지 않는다. 깨달음이란 세상의 일에 대해서 눈을 떴다는 말이고 깨달았다면 세상에 있는 어떤 일이라도 질문하면 정확하게 알아보고 진실을 말할 수 있어야 한다. 그러나 나는 명상을 통해서 깨달은 자가 났다는 기록은 어디

서도 읽은 적이 없다.

Q : 부처가 활동하는 과정에서 명상하라고 했던 것은 현대사회에서 전수하고 있는 명상이 아닙니까?

스승 : 자신에게 배우겠다고 찾아온 수행자들에게 할 일이 없으면 앉아서 보고 들은 일을 사유하고 관찰해서 어떻게 확인하고 알아볼 수 있는지 깨닫는 것이다. 그런데 현대 명상법에는 전수하는 곳을 한 곳도 본 적이 없으니 내 말이 틀렸다면 증거를 제시하고 만일 부정하는 자가 있다면 언제든지 너희에게 확인시켜 주겠다.

Q : 세상에 있는 것은 변해서 영원한 것이 없기에 붓다가 강조한 것이 사물을 보는 게 아니고 앉아서 명상하면서 숨을 쉬면서 관찰해야 한다고 하지 않았는지요?

스승 : 붓다는 단 한 번도 그러한 말을 한 적이 없는데 후대에 만들어진 말이다. 붓다가 가르친 건 인과의 법인데 세상에 무슨 일이 어떻게 해서 생기고 어떻게 없어지는지 인간의 삶을 위해 가장 소중한 가르침들이었다.

Q : 인도가 여러 사회가 모여 있는 나라이기 때문에 명상하면서 한 곳에서는 몇 사람밖에 전수할 수 없으니까 여러 곳을 다니면서 가르침을 전수했겠지요?

스승 : 붓다는 자기를 따르는 제자들에게 가만히 앉아 있으라고 말한 것은 있는 일에 눈을 뜨기까지 헛된 일을 하지 말라는 요지였다. 그리고 불상에 가부좌로 앉아 있는 모습이 깨달음을 얻어서 몸이 완성되었기에 기(氣)의 문이 열렸다. 고여 있는 물은 썩게

되는데 사람이 일하지 아니하면 몸에 있는 기운이 무거워진다. 붓다가 이런 모습으로 많이 앉아 있었던 것은 손으로 기운이 돌아와서 몸 전체에 있는 에너지를 움직이게 한다. 그래서 일할 때와 같은 몸의 건강을 유지하는 비법으로 이렇게 했다.

Q : 손으로 이런 자세를 취하면 몸에 순수한 기운이 들어와서 나쁜 기운을 막을 수가 있습니까?

스승 : 일반 사람은 일하는 것이 좋은 명상법의 하나이다. 그래서 당시는 일이 별로 없었고 자기를 따르는 몇 안 되는 사람들이 나쁜 곳에 붙잡힐까 싶어 지키기 위하여 일이 없을 때는 가만히 앉아 있으라고 말한 것이다. 나는 붓다의 모든 가르침을 하나도 틀리지 않게 알아볼 수 있고 세상에 전할 수가 있다. 그리고 당시 붓다가 보지 못해서 밝힐 수 없었던 다른 문제까지도 깨달음의 눈으로 밝힐 수가 있다.

Q : 사람의 순수한 진기가 어느 정도가 되어야 영생하는지 그리고 극락세계와 많은 차이가 나는지요?

스승 : 그것은 한번 확인해 봐야 하는데 훌륭한 일을 하는 사람이 죽어서 다시 태어나도 나중에 대접받게 된다. 영생은 아주 편안하고 큰 원력이 존재하지 않으나 극락세계는 기체지만 아름다운 모습을 서로 볼 수 있다. 의사 전달이 가능하고 살아 있는 사람의 세계와 비슷한데 그들은 강한 원력을 가지고 있다.

Q : 경전에는 무엇을 설명한 건지 모르겠는데 극락에는 아름다운 여자를 생각하면 여자가 나타난다는데요?

스승 : 자기가 하고 싶은 대로 원력이 있으면 만들어 낼 수 있는 것

이 가능하다. 극락세계는 어떻게 이루어졌으며 어떤 곳인지 사람들이 궁금해 한다. 이론적으로 세상에 살아가고 있는 인류에는 1차원에서 3차원까지의 세계가 존재하고 있다. 극락세계는 4차원의 세계인데 1차원을 통해서 갈 수 있지만 이 세상에서 살면서 뜻을 이루지 못한 자는 죽어서는 절대로 극락세계에 갈 수 없다.

Q : 저희에게 극락세계가 어떤 곳이고 이렇게 살 수 있다고 설명할 수는 없습니까?

스승 : 극락세계는 살아서 이미 몸과 마음이 분리된 상태에서 애착이 전부 타 버리고 근본의 세계에 마음이 도달되어야 비로소 갈 수 있는 곳이다. 그러니 지금 내가 아무리 말해도 너희의 의식으로 극락세계가 어떤지 볼 수가 없다. 이야기를 들어도 오히려 의심과 회의를 느낄 것이니 마음속에 아무것도 없어야 사실이 보인다. 있는 것을 있는 그대로 볼 줄 알아야 마음에 아무것도 없으니 비로소 분별심이 생겨서 옳고 그름을 알게 되는 것이다.

Q : 옳고 그름을 통해서 자기가 옳은 것을 선택했을 때 비로소 극락세계 쪽에 선 것입니까?

스승 : 그른 일을 벗어나지 못했을 때는 중간에 있는 것이고 그른 일에 계속 빠져 있을 때는 지옥 편에 서 있는 것이다. 내가 가르칠 수 있는 것은 분별심을 갖도록 해서 스스로 깨닫게 하는 것이다. 자신이 세상을 구하는 일을 해야만 구원받을 수 있고 이 일을 하는 것만이 세상에서 축복받는 가장 큰 일이라는 것을 알게 된다.

Q : 극락세계에 갈 수 있는 순수한 영혼만이 그 세계를 볼 수 있습니

까?

스승 : 너희가 자신이 할 일을 했을 때 비로소 자신의 노력을 통하여 결과를 얻게 된다. 나는 너희에게 옳고 그름의 세계로 인도해서 너희의 마음을 깨우고 헛된 것을 쫓아내서 자신에 참된 마음을 통해서 옳고 그른 일을 보게 하는 일이다. 스스로에 의해서 앞날을 선택할 수 있도록 인도하는 것이 내가 세상에서 해야 할 가장 큰 일이다.

Q : **누구나 노력하고 깨달으면 잘못된 운명도 바꾸어서 극락세계를 갈 수 있습니까?**

스승 : 중생이 극락세계에 간다는 건 너무나 힘든 일이지만 실제 뜻을 아는 자가 왔을 때 지도를 받고 자기가 그러한 마음을 보아야 뜻을 얻어서 갈 수 있는 곳이다. 여래가 세상에 와서 뜻을 가르칠 수 있는 때는 극히 드물고 3천 년을 기다려야 한다. 극락세계에 가면 세상에 있는 모든 것이 뜻으로 존재하기에 수명의 변화가 더디다. 세상에서 이루었던 마음이 매우 충만해 있기에 불행이 스스로 존재하지 않고 주위에서도 환경이 조성되지 않는다. 과학적인 이론으로 설명할 수 있지만 내가 말로 설명하는 것이 잘못하면 거짓말을 하게 되니 깨달음으로 스스로 느껴야 한다.

Q : **완전한 깨달음에 이르게 된 여래는 언제 창조주가 되는 것입니까?**

스승 : 기록에 나와 있는지 모르지만 나는 책을 읽지 않는데 질문에 대해서 부정할 수 없는 것이 세상에서 수만 년 동안 창조주와 가장 가까이 있는 사람은 나다. 1만 년 전이나 2만 년 전에 나와 같이 뛰어난 사람이 세상에 나타났다는 것도 사실이다. 그들도 나와 같은 말을 사람들에게 했을 것이고 기록되었을 것이다. 나

의 기운을 정화하는 일이 20년을 통해 가능할 것인지 그렇지 않으면 또다시 수만 년을 더 기다려야 되는지는 모른다. 세상에 와서 세상을 밝히고 깨우는 일을 몇 번을 더 해야 할지 나도 장담할 수는 없다.

Q : 선생님은 극락에 있는 높은 신 중에서 세상에 내려오셨을 때 혼자 오셔서 하시는 일입니까?

스승 : 극락세계에서 이곳으로 따라 내려올 수 없는 것이 4차원 세계에서 1차원 세계로 무엇 때문에 오겠느냐? 1차원 세계와 4차원 세계는 중력의 차이가 있다. 그들 속에서 만일 나를 돕기 위해서 인간의 몸으로 태어난 사람들은 있을 것이다. 나의 일을 돕고 내게서 배우기 위해서 인간의 몸으로 태어나는 것이지만 신의 모습으로는 올 수가 없다. 세상에 오면 악에 붙잡히게 되는데 그런 일을 왜 하려고 하겠느냐?

Q : 지금부터 3천 년 전에 있었던 가르침과 선생님의 가르침과의 차이는 무엇입니까?

스승 : 진리라는 말에서 표현되는 것은 사실 속에 있는 증거로써 존재하는 것이다. 진리라는 말이나 진실이라는 말은 아무라도 할 수가 있지만 이곳에 나와서 단 순간에 내 말을 받아들이고 알아듣기는 어렵다. 그러나 진실로 나의 말을 믿고 내가 가르친 그대로 행한다면 얻고자 하는 결과를 얻게 될 것이다. 그런데 나는 분명히 진실을 말했는데 사람들은 진실을 믿지 않고 거짓을 믿는다.

Q : 저희가 아무리 기도해도 여래가 저희를 구할 수는 없는 것입니까?

스승 : 자신은 오직 세상의 진리로 자신을 통해서 구할 수 있으며 네가 구원받기를 원한다면 자신을 통해서 구원받아야 한다. 나는 구원받는 길을 가르쳐 줄 수 있고 너에게 지혜가 없으면 너에게 용기를 빌려줄 것이니 모든 일은 네가 행해야 한다. 네가 만일에 노력하지 않는다면 나는 아무것도 너에게 빌려줄 것도 없고 너를 도와줄 수도 없다. 그리고 나는 인류를 위해서 살아야 하기에 여기는 오래 이렇게 머물 수는 없다. 하지만 내가 한 번 법문할 때 너희의 노력으로 진리를 이해하고 알아듣게 되면 한 번 들은 기억으로도 결과를 얻게 될 것이다.

Q : 인간 세상에 자기를 극락세계로 인도하는 일을 왜 사람들이 이해하지 못해서 어려울 때가 많습니까?

스승 : 나는 깨닫고 진리를 알게 되자 수십만 명이나 알고 지내던 사람들이 하루아침에 발길이 끊어져 버렸다. 말이 통하지를 않았고 어디 가서 서로 어울릴 수가 없었기에 한없이 외로움을 겪었다. 진리를 보고 세상을 보니 온갖 현상이 인연법으로 존재했고 의식이 인연을 만들면 이 세상에 존재하는 뜻을 통해서 국가를 부흥시킬 수 있었다. 사회를 평화롭게 만들 수 있었고 개인이 행복하게 살아갈 수가 있었다. 나는 이 나라를 구하고 나를 사랑해 주었던 모든 사람이 성공해서 세상에서 축복받게 해야겠다는 마음이었다. 그래서 아는 사람들만 보면 내가 능력이 있으니 당신을 도우면 앞으로 큰 인재가 될 것이라고 했더니 나를 상대하지 않았다.

Q : 선생님의 말씀을 알아듣는 사람이 없으니까 세상을 떠돌아다니는 나그네가 된 것입니까?

스승 : 나의 질문에 대답하는 사람이 없었던 것은 각자가 가지고 있는 시각이 너무나 멀리 떨어져 있었기 때문이다. 같은 자리에 앉아서 그들의 질문에 대해서 상세하게 설명해도 알아듣지 못했다. 이러한 시간을 통해서 자신이 세상의 일에 눈을 뜨고 이웃과 형제와 부모를 위해서 살려고 노력한다면 사람을 구하는 일이 얼마나 힘 드는지를 알게 될 것이다.

Q : 석가모니와 지금 살아계시는 선생님이 동일 인물이신지 설명해 주십시오.

스승 : 내가 깨달음을 얻고 근본 세계에 도착해서 마음 하나를 보게 되었다. 그때 내가 전생에 여래였다는 것을 알게 되었지만 내가 말만 하면 사람들이 부정하고 불신하기에 함부로 말할 수가 없었다. 나의 가르침과 석가모니의 가르침은 조금도 차이가 없는데 내가 동일인이라고 대답했을 때 혼란만 올 뿐이다. 너희의 생활에 도움이 된다든가 나의 활동에 도움이 되는 건 아니지만 내가 여래라 했다면 동일인으로 보는 것이 옳다.

Q : 법의 세계에서는 3천 년 전에 본 것과 지금 보는 게 하나도 달라진 것이 없습니까?

스승 : 3천 년 전에 나타나지 않았던 현상들이 이 시대에 나타나고 있는데 이미 원인은 당시에 존재하고 있던 것들이다. 나의 말과 석가모니의 말과 다른 점이 있었다면 이후에 사람들이 경전에 글을 남기면서 깨닫지 않은 사람들이 주석을 달아서 자신들의 생각으로 고쳤을 때 나의 말과 차이가 있다.

Q : 선생님이 과거에 인도에서 있었던 왕자로 태어나서 있었던 기억

을 말하라면 모르지 않습니까?

스승 : 만일에 3천 년 동안 어디에 머물다 왔느냐고 묻는다면 의식 속에서 사라져 버리고 나서 다시 나타났기에 말할 수 없다. 하지만 나에게 원력이 있어서 능히 사람들을 재앙으로부터 구해 줄 수 있고 고통 받는 사람들을 도와줄 수는 있다.

Q : **사람들은 근본 세계를 어떻게 볼 수 있습니까?**

스승 : 지금은 대기권에서 생명의 인자들이 많이 떠돌아다니고 있다. 영체가 가지고 있는 한이나 애착이 사라져 버리면 영체도 당장 부활할 수 있는데 사람들은 내 말을 아무리 들어도 이해할 수가 없다. 지금까지 누구도 세상에서 근본 세계를 본 자가 없고 알지 못하기에 말을 할 수가 없었으며 생소한 이야기이다. 내가 깨달음을 이루고 보았던 근본 세계는 죽고 태어나는 세계이고, 모든 것이 죽음으로써 새로운 세상이 나타나고 태어나는 길이다. 현상의 세계에서는 어떤 일이 일어나는지 있는 일을 통해서 실험해 보아도 존재하는 것을 이론적으로 느낄 뿐이지 실제로 볼 수가 없다.

Q : **근본 세계에 살아있는 의식이 존재하지 않으면 영체가 존재하지 않는지요?**

스승 : 한과 애착이 모두 사라지게 되는 사람이 근본 세계에 가지만 극락세계의 높은 차원에서도 의식이 사라지면 생명의 세계로 부활한다. 이런 일을 인간의 세계나 영체의 세계에서 볼 수가 없기에 실제로 이해하고 받아들이지 못하고 있다.

Q : **창조에 대해서 많이 궁금한데 사람의 의식이 죽으면 어디로 가는**

것입니까?

스승 : 예를 들어 설명하면 부엌 아궁이에 나무를 넣었더니 타는데 덜 탄 기체가 연기가 되어서 공중으로 올라가는 것을 보았을 것이다. 그러면 분명히 연기가 굴뚝에서 났는데 사라져 버렸다면 연기는 어디로 갔는가? 연기가 올라가다가 공간에서 어떤 압력에 부딪히면서 깨져버렸다. 처음에는 자체의 힘이 다른 힘이 부딪힐 때 흩어져 버리니 연기 속에 있던 기체가 어디로 갔는지 추적하는 것이 매우 어렵다. 의식이 죽었을 때 어떻게 존재하는지는 관심을 가지고 관찰해야 할 것이다.

Q : 모든 생명은 인자(因子)로부터 출발하고 생명 속에서 만들어지면 의식은 어떤 상태에서 존재하는 것입니까?

스승 : 생명 활동 속에서 지어질 때 인자의 명령을 전달하고 인자의 요구를 받아들이는 것이 마음이다. 인자와 인자를 감싸고 있는 기운이 같이 있을 때 의식이 존재한다. 그런데 인자에 붙어있던 기운이 흩어져 버리면 의식은 보이지 않는다. 굴뚝에서 연기가 올라갈 때는 연기가 보이는데 연기가 사방으로 퍼져 버리니 연기 자체를 추적하기가 힘들었다고 했다.

Q : 인간은 아직 어떻게 생명 인자가 여행하는 것조차 추적하지 못하는데요?

스승 : 기운은 흩어지고 생명 인자도 기체에 의한 중력 속을 여행하나 인자를 감싸고 있던 기운보다 강력한 성질을 가지고 있다. 예를 들면 접시에 물을 놓고 어떤 물체를 섞으면 성질이 같을 때는 쉽게 동화하는데 성질이 다를 때는 물이 뱅뱅 도는 현상을 볼 것이다. 그것은 성질이 가지고 있는 상극 현상으로 나타나는 것이

고 동화할 수 없는 성질 때문에 존재하는 것이다. 기운 속에서 강력한 성질이 살아있는 자기의 바탕을 향해서 강력하게 움직이는 현상이다.

Q : 생명 인자의 순도에 따라서 자기와 동화되는 체내에 흡수해서 생명체로 다시 태어나는 것입니까?

스승 : 의식의 기운은 공기에 흩어지기 때문에 설명할 수 없다. 순수한 기체로 식물에 대한 원소가 될 수가 있지만 인자만 분명하게 사람으로 태어나야 할 때 사람이 가지고 있는 육체와 성질이 맞으면 동화되어 버린다. 다시 육체에 존재하는 정(精)은 몸의 원인이 되고 몸속에 존재하는 정을 인자가 구하게 되면 발아가 시작된다. 그러한 식물의 원리에 의해서 싹이 어떻게 나서 뿌리를 어떻게 내리는지를 관찰하면 인간의 생명체가 탄생하고 존재하는 원리를 쉽게 받아들일 수 있을 것이다.

Q : 태양계에 존재하는 현상은 반복으로 나타나는 것이라고 보아도 되는 것입니까?

스승 : 열은 가스를 생산하고 가스는 동화작용을 통해서 계속해서 항상 열과 빛을 발산할 수 있다. 불을 때서 저렇게 태양을 세상을 밝히는 게 아니고 뜻의 반복 현상에 의해서 계속 같은 현상이 끝없이 나타나고 있다. 이러한 현상이 태양계의 비밀이고 태초에 뜻이 창조주를 만들었고 창조주는 뜻을 세우게 된 것이다.

Q : 세상에는 이러한 조건에 의해서 우리가 이해할 수 없는 많은 뜻이 존재하는 것입니까?

스승 : 대기권이나 땅속에 있는 불덩어리를 뜻의 세계를 통해 창조

하자 공간에 물이 생기기 시작했으며 변화를 통해서 오랜 시간에 걸쳐서 생명체들이 나타나게 되었다. 기운이 계속 환경을 만남으로 변화를 통해서 진화하고 반복해서 오늘에 이르게 된 것이다.

Q : 이러한 현상으로 조물주도 계속 반복되고 있습니까?
스승 : 나는 아직도 조물주의 세계에 이르지 못했기에 어떻게 창조하고 만들게 되었는지는 확실한 답을 할 수 없다. 그러나 내가 믿기로 나는 근원의 세계에 언젠가는 이르게 될 것이다. 그래서 시를 쓴 것이 마음을 넘으니 세상이 있고 세상을 넘으니 천지가 있네. 그 넓은 천지에 누가 있는가? 공하고 공한 것은 마음 없는 마음이어라. 정리가 제대로 안 되었으나 나그네라는 책이 수만 년 후에도 가치가 있을 것이다.

Q : 저희는 눈앞에 있는 것도 모르는데 근원의 세계의 비밀을 어떻게 알겠습니까?
스승 : 너희는 의식을 가지고는 근원의 세계에 갈 수가 없으나 세상이 멸할 때마다 여래가 와서 조물주의 비밀을 이야기했었다. 근원에 하나의 진기가 모여서 의식을 만들었고 의식이 세상을 창조했는데 조물주라 말한다.

Q : 선생님께서 말씀하시는 기운과 의식은 어떤 차이가 있는 것입니까?
스승 : 기운과 의식의 관계는 영어로 기운을 에너지라고 말한다. 의식을 관찰할 때 의식이 강한지 약한지는 에너지의 강도가 높은지 낮은지에 따라서 다르게 나타난다. 예를 들어 기름의 순도가 높

으면 폭발력이 높고 순도가 낮으면 약하다. 기름에 불순물이 적게 섞일수록 순도는 높은 것을 모든 물질에서 확인할 수가 있다.

Q : 의식 활동이 왕성하지 않은 사람은 의식을 움직이는 기운이 약하기 때문입니까?

스승 : 의식은 활동을 통해서 자신 속에 영체를 존재하게 하는데 정확하게 분석해서 관찰하면 의식이 기운에 붙어있어서 기운은 살아있는 의식체를 존재하게 한다. 의식은 활동을 통해서 체내에 있는 의식 속에 존재하게 되는데 이렇게 존재하는 의식은 살아있는 생명체의 근원이 된다. 의식과 기운은 서로 합치됨으로 하나의 의식체가 되는데 의식체는 활동을 통해서 자체에 가지고 있는 의식의 기운을 높일 수도 있고 떨어지게 할 수도 있다.

Q: 의식 활동이 왕성한지 어떻게 알아볼 수 있습니까?

스승 : 네가 공부하는 것은 전부 의식 활동이고 보고 듣고 느끼는 게 의식 활동 아니냐? 왕성하다는 것은 의식 활동이 활발한 것이고 기운이 약한 것은 의식 활동이 침체하기 때문이다. 어떤 원리를 가지고 기구를 통해서 실험이 얼마든지 가능한데 모든 것은 뜻으로 존재하니 계속 자기를 성장시키고 좋은 결실을 만들 수 있다.

Q : 의식 활동이 많은 것을 사람의 의식이 높다고 표현할 수는 없잖아요?

스승 : 의식 활동이 활발할 때 좋아질 수가 있다. 좋아지고 나빠지는 원인은 좋은 일을 할 때는 의식 활동은 왕성해지지만 나쁜 일을 할 때는 계속 자기의 의식 활동이 뒤떨어지게 된다.

Q : 저희는 선생님의 가르침에 따라서 생활도 하면서 살지만 가끔은 좌절감이 생길 때는 어떻게 해야 합니까?

스승 : 자기 경험에 초등학교에 가면 숫자를 배워올 것이고 중학교 정도 가면 공식을 배워서 문제를 풀 수 있다. 좌절감이 올 때 미래를 생각하면 아직 부족함이 많으니 깨달아야겠다고 노력하면 되고 깨달으면 세상의 법칙 속에 있는 일을 볼 수 있으니 희망이 있다.

Q : 세상에 있는 일을 알기 위해서 어떻게 해야 합니까?

스승 : 자신 속에 있던 일에 의해서 나오는 것을 업이라고 한다. 있는 일을 모르고 업의 충동에 항상 아귀처럼 살면 나쁜 결과를 얻는다. 좋은 현세가 없다면 좋은 내세는 절대 없으니 살았을 때 의식의 눈을 떠야 하는 이유는 자기의 앞날이 삶 속에 있기 때문이다.

Q : 업(業)은 자기 속에 있었던 일이 의식의 근원에 쌓여서 항상 태어나면 따라옵니까?

스승 : 사람은 살아갈 때 아무리 많이 공부해도 깨닫지를 못하면 의식의 근원에 있는 작용에 움직이게 된다. 의식이 나쁜 자가 깨닫지를 못하고 학력 수준이 높으면 사회를 어둡게 하고 사람을 망치게 된다. 그래서 우리는 삶을 통해서 우리 자신을 깨우치는 일이 중요하다고 말할 수 있는 것이다.

Q : 좋은 씨앗은 싹이 나고 점점 크면서 좋은 열매들이 열리는 것도 식물의 운명이라고 보아야 합니까?

스승 : 운명이 좋은 사람은 근본이 좋기에 운명이 좋은 것이다. 모든

설명 속에 해답이 있는데 사람이 태어날 때 운명의 근본은 과거에 있었던 인연 속에서 따라오게 되어 있다. 좋은 일을 하면 좋은 성질이 쌓여서 있었던 일들이 활동을 통해서 좋은 일을 강요하게 한다.

Q : **만일에 자기에게 나쁜 일이 있었다면 악업이 되는 것입니까?**
스승 : 악업이 되어서 자기에게 나쁜 일을 점점 강요하게 한다. 자기에게 있던 일에 의해서 강요받게 되고 자기가 한 일로 인해서 자기 속에 존재하는 업의 지배를 받게 되며 업의 지배에서 벗어날 수가 없다.

Q : **어른들이 아이들에게 착하게 살고 올바르게 배우라고 하는데 착하게 살지 않는 것도 운명입니까?**
스승 : 삶이 내세를 연결해 주는 길이기 때문에 이 시대에서 잘살면 내세에서 큰 복을 받고 좋은 삶을 얻을 수 있다. 하지만 이 시대에서 잘못 살면 내세에서도 어려운 삶이 자기를 기다리게 되니까 운명은 자기 속에 있던 인연 속에서 오는 것이다.

Q : **자기 속에 있던 일의 결과에 따라서 부귀영화나 출세나 문제들이 결정됩니까?**
스승 : 예를 들어 삼국지에 나오는 제갈공명과 봉추는 한 곳에서 배우고 학문을 통해서 세상 이치를 알았다고 한다. 그런데 서로의 보는 시각에는 많은 차이가 있었던 것도 하나의 운명의 기준에서 생기는 일이다. 내가 보는 것과 너희가 보는 것에 많은 차이가 있는 것은 내가 가지고 있던 과거에 있었던 인연들이 달랐기 때문에 현상이 다르게 나타난다.

Q : 불교에서 업보와 기독교의 원죄는 같은 것이라고 보시는지요?
스승 : 원죄는 과거의 의식 속에 묻어온 죄의 행위로 결과를 초래하는데 어리석음으로 인하여 잘못 지어져 따라온 인연이다. 자기가 하는 말은 행위가 모여서 습관과 과거의 행위로 영체가 만들어졌다. 영체에 있던 결정체가 생명의 꽃을 피우며 그 속에 있던 근본이 과거의 행위로 현세의 근본이 만들어졌다. 근본 속에 있었던 행위로 습성이 만들어지고 운명이 결정되어 오는데 나쁜 습성을 불교에서는 전생의 업보라 하고 기독교에서는 원죄라 한다. 한 사람의 성인이 나타나면 말을 만드는데 불교에서 업보와 기독교의 원죄는 같은 답을 가지고 있다.

Q : 현세에서 훌륭한 삶을 산다면 내세에 나타날 때 원죄가 없습니까?
스승 : 원죄의 지배에서 벗어나기 위한 유일한 방법은 세상의 일에 눈을 떠야 한다. 가난한 자를 누가 깨우쳐서 의식을 바꿔 놓기 전에는 평생을 가난하게 살고 거지는 아무리 돈이 많이 모여도 거지로 생활하는 것과 같다.

Q : 사람이 태어날 때 자기가 전생의 어떤 인연으로 유전자 본래의 의식이 타고날 때 정의로운 의식을 가지고 태어났다면 본인이 확인하는 방법도 있습니까?
스승 : 호박과 수박은 씨앗이 비슷하지만 타고날 때도 호박은 호박의 근본을 지니고 태어나서 줄기를 만들고 수박은 근본에서 줄기가 뻗어 나오게 된다. 사람 또한 과거의 있었던 자신 속에 있었던 일들을 자기 속에 입력한 채 운명을 간직한 채 태어난다.

Q : 잘못 지어진 자신의 운명을 바꾸는 길은 있습니까?

스승 : 있는 일을 배워서 자신과 세상일에 속지 않게 하는 일이다. 남에게 속지 않는 것이 잘못된 자신의 운명 속에서 자기를 빠뜨리지 않는 길이고 좋은 운명을 존재하게 하는 길이다. 나는 너희가 진리에 관심을 가지고 배우게 된다면 3년 안에 부자로 만들어 놓겠다고 하는 말에 의심이 있다면 확인하기를 바란다.

Q : **보통 사람들도 운만 따르면 부자가 되지 않겠습니까?**
스승 : 나는 깨닫기 전에 공터에서 사업장을 차려놓고 일하는데도 열심히 일해서 경쟁에서 이겼다. 나는 돈을 벌고 다른 사람들은 돈을 벌지 못하는 것은 정신적으로 내게 졌다는 것이다. 그들은 운을 믿었고 나는 노력했는데 같은 사장인데도 그들은 양주 마시고 몸이 고단하니까 늦게 일어나서 7시에 나왔다. 하지만 나는 우선 돈을 벌어야 했기에 새벽 3시 반에 일어나서 4시에 출근했다. 물건을 살 때는 원칙대로 하고 속이는 것도 싫고 속는 것도 싫으니까 백 번을 와도 백 번을 확인한다. 그래서 절대 속지 않는 것이고 일찍 문을 열었으니까 필요한 사람들이 찾아온다. 건축자재는 저녁에 문제가 있어 다음날 일찍 재료를 사려고 오는 사람도 있다. 그래서 경쟁에서 정신적으로나 체력으로도 이긴 것이다. 새벽에 오는데 외상 손님이 없고 현찰을 가져오니까 돈벌이가 되고 여러 가지 경영 방법이 되었다.

Q : **사람의 운명이 어떻게 만들어져서 똑같은 노력 끝에 성공을 만드는 사람의 비결은 무엇인지요?**
스승 : 성공하기 위해서는 시대와 환경을 정확하게 보고 사람을 잘 알아야만 한다. 사람들을 양심으로 다루어야 신뢰를 얻을 수 있고 근면한 노력으로 신용을 얻으면 돈을 벌 수 있는 밑천이 된다.

Q : 어떻게 태어난 사람이 뛰어난 경영자가 되는 겁니까?

스승 : 뛰어난 경영자는 좋은 운명을 가지고 태어나야 하는데 나쁜 업이 많아서 항상 운명의 그늘에서 활동하면 좋은 경영자가 될 수 없다.

Q : 뛰어난 경영자가 되는데 업이 가장 큰 걸림돌이 된다면 어떻게 방해를 하는 것입니까?

스승 : 과거에 살아왔던 나쁜 습관이 현재 자신의 판단을 방해한다. 자신이 자기 속에 있는 업 때문에 스스로 속는다는 사실을 항상 기억해야 한다.

Q : 지금 시대에 어떤 마음을 가지고 사는 것이 좋은 운명을 만드는 겁니까?

스승 : 우리가 살아갈 때 세상에서 느끼는 것은 책에서 본 것도 있으나 책에 써놓은 것과는 차이가 많은 것을 볼 수 있다. 항상 문제를 모를 때는 확인이 필요한데 자기 생각에 의존해서 문제를 풀려고 하려는 것은 위험한 일이다. 있는 일을 잘못 이용하면 화가 되지만 있는 일을 잘 이용해서 자기를 축복하는 길은 깨우치는 일이다. 같은 일도 모르고 해서 망하는 사람이 있고 일을 야무지게 해서 성공하는 사람이 있다.

Q : 뛰어난 경영자가 되려고 하는 사람은 어떻게 사람들을 대해야 하는지요?

스승 : 사람들로부터 덕을 쌓아서 칭송받는 지도자가 되려면 그 일에 알맞은 처세술이 있어야 한다. 대중을 이기기 위해서는 억지나 거짓으로 순간을 모면하려고 해서는 안 되며 진실이 필요하

다. 그리고 대중의 마음을 얻기 위해서는 남의 감정을 상하는 일을 절대로 해서는 안 된다. 남을 가르치는 사람은 어떤 사실을 밝히는 일에는 양보해서는 안 된다. 하지만 일상생활 속에 있는 일에 대해서는 작은 실수를 했거나 사소한 문제라면 절대 이기려고 하지 말아야 한다. 자신의 감정을 추슬러서 득이 되지 않는 싸움은 져주라는 것이다.

Q : 가난한 집에서 자란 사람이 크면 재물을 모아서 성공한 사람이 많은 이유도 운명 때문입니까?

스승 : 세상의 일이 돌고 돌지만 중요한 건 가난하게 살았던 사람은 어려운 환경에 훈련이 잘되어 있어서 많은 재물을 삽시간에 얻는 수가 있다. 교육의 가장 중요한 목표는 살아가는데 필요한 일은 훈련을 통해 배우는 것이다. 그런데 한국교육은 앵무새처럼 외우고 남이 하는 말을 따라서 하는 것이 문제이다.

Q : 살아가면서 소중한 것은 현실 속에 있다는 말씀은 우리가 이상적인 교육을 받았다는 것입니까?

스승 : 만복의 근원은 자기가 하는 일 속에 있고 좋은 가르침은 현실 속에 있다. 현실에서 배우고 아는 사실을 자신이나 사회에 축복하는 사람이면 훌륭한 사람으로 사회에 도움을 주다가 죽을 수가 있다. 건강한 삶은 가르침 속에 있는데 우리 사회의 교육에는 울타리를 묶어놓고 배워서 현실을 모르니 운명이 바뀌지 않는 것이다.

Q : 저희가 현실이 고달프다고 하거나 힘들다고만 생각해서는 안 되겠네요?

스승 : 자기를 보살피지 못하는 사람은 남을 보살필 수 없고 자신과 이웃을 보살피지 못하는 자는 절대 깨달음을 얻을 수 없다. 그러니까 동물이나 미물처럼 살다가 죽고 난 후에 인간으로 태어난다는 보장이 없다. 먼저 너희가 진정한 사람이 되고자 한다면 어떤 일이라도 천직으로 받아들일 준비가 되어 있어야 한다. 항상 열심히 일하는 거지는 없으니 현실을 보고 배우라는 것이다.

Q : 현실에서 열심히 일하는 것이 왜 만복의 근원입니까?

스승 : 네가 하는 일이 자기를 복되게도 하고 수입을 통해서 풍족한 생활을 할 수 있으니까 만복의 근원이다. 그런데 만복이 되는 그 일도 모르고 하게 되면 남의 말을 믿다가 속을 수도 있는데 속지 않기 위해서는 너에게 세상을 볼 수 있는 시각이 필요하다. 나의 가르침의 주된 목적은 너희에게 세상의 진실을 바로 알게 하므로 도움이 되어서 위험으로부터 건져주는 것이다.

Q : 운명 때문에 살아가면서 가끔 큰 문제가 발생할 때는 어떻게 해결해야 좋은지요?

스승 : 나는 세상을 살아오면서 어떤 일을 해도 손해를 본 적이 거의 없는 이유는 항상 최선을 다했기 때문이다. 생활 속에서 어떤 일이든 할 수 있는 일이면 무엇이 필요한지 자기 자신에게 물어보아야 한다. 사람들은 자기가 한 일로 인해 망한 사람도 있고 성공한 사람도 있다. 이상만 가지고 농사지어 보겠다고 시골에 내려와서 부딪히다가 힘드니까 그만두고 다시 서울로 올라간 사람도 있다. 성공의 열쇠는 자기가 자신에게 속지 않도록 노력하고 정확히 판단하고 실천해야 한다.

Q : **약물중독이 아닌데도 어떤 경우에 불구나 기형아가 태어났다면 운명으로 보아야 합니까?**

스승 : 기형아도 여러 경우가 있는데 의지가 허약한 경우는 과거의 삶 속에서 얻은 업장 때문이다. 그리고 문제 있는 성격을 가진 사람은 전생으로 인하여 존재할 수도 있고 현재의 환경에 의해서도 변할 수 있다. 네가 사실을 알고 질문했을 때 정확한 대답을 들을 수 있다. 문제아가 일으킨 문제를 보고 환경의 원인으로 근본이 망한 것인지 과거의 원인으로 존재하는 일인지를 보아야 한다.

Q : **정(情)에 빠지지 않으려면 어떤 노력을 해야 합니까?**

스승 : 정에 빠지지 않으려면 감정을 일으키는 업장을 소멸해 버리면 일어나지 않는다. 업장이 항상 자기 속에서 함정을 만들게 되니 자기를 하나의 높은 세계로 인도하기 위해서는 업장 속에 존재하는 함정을 뛰어넘어야 한다. 사랑을 실천함으로 자기 속에 잠재해 있는 업장을 태우게 된다. 불교에서 최고의 가르침은 공덕인데 교과서에서 사랑이란 말을 많이 쓰기에 사랑이라 한 것이고 내용은 똑같다. 사랑으로 자기 구원이 가능하니 자기를 구하는 기회가 나타나게 되면 정에 빠지지 않는다.

Q : **공덕을 실천한다고 해도 힘이 들면 좌절하잖아요?**

스승 : 너희가 세상에서 진정으로 좋은 마음을 가지고 좋은 일을 하려고 해도 주위에 사람이 아무도 없을 것이다. 하지만 힘들고 외로워도 너희가 세상일을 알면 좋은 마음이 일어났을 때 오늘도 노력하고 좌절하면 내일 아침이 되면 힘이 되살아나니 다시 부딪치면 된다.

Q : 깨달은 분을 따라서 보고 듣고 배우면 어떤 현상이 일어납니까?

스승 : 완전한 깨달음에 이른 여래가 세상에 올 때 세상의 관계에 관한 법을 듣기 위해서 현인들이 많이 태어난다. 좋은 사람이건 나쁜 사람이건 진실한 자 앞에 귀의해서 진실한 자의 운명을 따르기를 원하면 좋은 현상이 일어날 것이다. 열심히 들으면 자기가 모른다는 것을 알게 되는데 자기 속에 있는 업장이 크지를 못하고 진실한 자의 운명에 억눌리게 되어서 성장을 못한다.

Q : 선생님의 말씀을 열심히 듣게 되면 옳고 그름이 자기 속에서 비치게 되어서 운명을 바꾸는 것이 쉽습니까?

스승 : 열심히 들으면 양심과 용기가 생기는데 세상의 이치가 눈에 보이고 옳고 그름을 따라서 살게 된다. 그래서 축복이 될 만한 일들을 찾아서 사람들에게 계속 전하면 그 공덕으로 인하여 너희의 가슴 속에 업장이 타서 녹는다. 그러면 나쁜 운명은 전부 사라지게 되고 절대 일어나지 않는다. 좋은 세상에 다시 오면 좋은 땅에서 싹을 키우는 것같이 인간의 바탕이 좋은 사람은 자기 속에서 다시 태어난다. 나쁜 운명을 가진 사람이 자기를 좋은 길로 인도하려면 세상은 하나의 법칙에 따라서 존재하니 좋은 운명을 가지고 태어난 사람보다 많이 노력해야 한다. 내 말을 듣고 지금까지 잘못된 너희의 편견을 버리면 마음에 와닿을 것이다.

Q : 사람은 타고난 운명으로 자신에게 있었던 행위와 인연들에 의해서 만들어진 것들이라는 결론이네요?

스승 : 자기에게 없었던 일은 자기 속에서 절대 나타나지 않고 운명은 자기에 의해서 만들어지는 것이다. 자기에 의해서 만들어지는 것은 계속 그 길을 가도록 영향을 행사하게 되므로 계속 다람

쥐 쳇바퀴 돌듯이 계속 같은 원을 돌게 된다. 그런데 운명을 벗어나는 길은 깨닫게 되면 잘못된 운명에서 벗어나서 자기에 의해서 좋은 운명을 선택할 수가 있다.

Q : 저희가 있는 일을 배워서 의식에 받아들이면 있는 일이 자꾸 들어가서 자신을 눈뜨게 한다는 것이죠?

스승 : 내가 계속해서 말하게 되는데 자기가 한 일은 의식의 근원에 쌓이게 된다. 식물이나 열매 같은 씨앗을 추출해 보면 눈으로 안 보이지만 심어서 재배하면 그대로 나온다. 너희는 있는 일을 자꾸 들으면 자기의식이 깨어나서 나중에는 있는 일을 알아보고 자기가 알아본 일을 계속한다. 그러면 삶을 아무런 문제가 없이 살아갈 수 있고 내세에도 좋은 삶이 기다리고 있다. 하지만 깨닫지 못하면 있는 일에 대한 의욕이 없고 어떤 일을 보면 자기 업의 지시로 행동이 나오게 된다. 성질의 발동으로 움직이게 되니 운명이 나빠지게 된다.

Q : 사람들이 나쁜 성질을 가지고 있는 게 업과 연관이 있습니까?

스승 : 의지가 허약하거나 나쁜 성질을 가지고 있으면 업은 성품과 성질과 성격을 형성하게 하고 의지를 일으키기도 하고 업은 온갖 조화를 부린다. 어떤 쇠붙이가 다른 쇠붙이와 합금이 되는 과정에서 물러지는 수도 있고 강해지는 수도 있는데 백금에 금을 섞으면 강해지겠지만 구리에 금을 섞으면 물러진다. 어떤 물질과 결합하는지에 따라서 물질이 달라지듯이 업도 어떤 일을 겪었는지에 따라서 받게 되는 영향 자체도 다르다. 성격을 변하게 해서 쓰러뜨릴 수 있고 무기력한 사람으로 만들 수도 있고 여러 가지 현상이 나타난다.

Q : 의식(意識)하고 업(業)하고는 어떻게 구분합니까?

스승 : 업은 의식에 붙어서 지었던 행위로 만들어지는 본체는 기운인데 자신이 했던 모든 일이 입력된다. 그래서 자기가 했던 일로 인하여 성질이나 성격이나 습성이 따라붙어서 일어나게 되고 판단이나 능력이 나온다. 생명체는 근본 바탕과 환경이 다른 곳에서는 결과가 달라질 수가 있고 한번 달라지면 자기 속에 있는 결과로 원인이 만들어진다. 업의 세계를 이해하는 것은 더 많은 사람의 관심을 받는다면 어떤 물질을 그대로 놓고 지적하면 이해하기가 매우 쉽다.

Q : 자기의 삶 속에 있었던 일들이 의식에 쌓이게 되어서 업이 되는 것입니까?

스승 : 한번 자기 속에서 존재한 일은 전부 자기의식에 쌓이고 의식의 근원에서 활동에 영향을 미치게 된다. 업이 큰 사람은 일할 때 중요성을 잊어버리기 때문에 장사를 같은 위치에서 해도 일어날 수 있는 일이 다르다. 농사를 지을 때도 잡초나 풀이 났을 때 가꾸어주지 않는다면 열매는 생각보다도 줄어들 수가 있다. 적기에 파종해서 가꾸면 수확해서 많은 이익을 얻게 되는 게 세상의 일을 있게 하는 근원적인 진리이다. 어떤 일을 할 때 실패할 일을 대처를 잘해서 성공하게 할 수가 있는 것이다.

Q : 사람들이 불행한 일을 만드는 것을 보게 되는데 항상 좋은 마음으로 행하는 것이 어렵지 않습니까?

스승 : 삶을 축복하면 좋은 운명은 항상 존재한다. 좋은 열매는 좋은 싹을 나게 하고 좋은 싹은 또 좋은 열매를 맺게 한다. 메마른 땅에서 난 열매는 메마른 근본을 가지고 있듯이 아무리 애를 써도

운명은 바뀌지 않고 맡겨 놓으면 항상 성질에 못 이기는 사람이 있다. 그러니까 자기의 운명이 좋지 않다고 생각하는 사람은 서슴없이 나쁜 자기를 버리고 좋은 운명을 취하여 얻으라는 것이다.

Q : 좋은 운명은 좋은 가르침 속에 있는 것입니까?
스승 : 진실한 가르침은 세상을 보고 스스로 자기를 바꾸는 노력이 있어야 한다. 깨달은 자를 만나거나 자기 자신이 어떤 계기에 의해서 깨달음을 얻게 되거나 깨달음에 필요한 어떤 인연을 만나게 될 때 운명은 변하게 된다.

Q : 이곳에서 선생님의 가르침을 배우는 사람들은 업이 적다고 할 수 있습니까?
스승 : 너희가 깨달은 자가 있는 곳에서 배우는 건 자기의 운명을 좋게 만든다. 사람들은 제각기 수천 년 수백 년 동안에 자기 속에 쌓여온 업장에 의해서 자기는 살아가고 있고 움직이고 있다. 이곳에 와서 배우면 스스로 좋아지고 세상의 뜻은 좋아지는데 축복받는 일을 원하지 않는 사람은 모든 것을 거짓 속에 맡기려고 한다. 그래서 인간은 불행하고 이 시대의 거짓은 인간 세계를 파멸시키고 멸망시키려 하고 있다.

Q : 사람들이 성공하지 못하고 어렵게 사는 것은 자기 속에 따라온 과거로부터 따라왔던 업의 작용 때문입니까?
스승 : 업이 현실의 활동에 영향을 끼치게 되어서 실패할 일이 성공할 수도 있고 성공할 수 있는 일이 실패하게 된다. 이러한 작용은 자기 속에 있는 업의 영향에 의해서 생기니 운명적인 일이라고 할 수밖에 없다. 내가 불행한 사람들을 도와주기 위해서 세상의

일을 깨우쳐 주려고 하면 나를 피하고 절대 들으려고 하지 않는다. 내 말을 듣고 깨닫게 되면 자기가 가지고 있는 운명이 바뀌어 버리게 되는데도 그 속에 있는 업들이 못 가게 만드는 것이다.

Q : 업은 자기 자신이 만들고 인과가 응보로 나타나는데 어떤 시기에 좋지 못한 업보를 받게 해야겠다는 신의 계획으로 되는 건지요?

스승 : 동화나 만화책에는 염라대왕이 재판관으로 앉아서 결정한다는 이야기가 있다. 그런데 실제 세상은 원칙에 의해서 존재해 왔고 수만 년 수십억만 년 전부터 세상은 끝없이 존재해 왔다. 있는 일의 활동을 통해서 끝없이 변화를 일으키고 변화를 통해서 계속 반복되고 있다. 그래서 있는 일이 끝없이 같은 일을 존재하게 하는 것이다. 선업(善業)은 무게가 없고 악업(惡業)은 항상 무게가 있어서 무겁다. 선한 업을 가진 사람도 좋아지는 일은 짓기 힘들고 추락은 매우 쉬우니까 공덕을 쌓아야 의식의 기운이 가벼워서 영생할 수 있다.

Q : 어떻게 사람이 자기의 모태를 보존해서 끝없이 영생할 수 있는 것입니까?

스승 : 너희의 삶 속에는 활동 과정에서 있게 되는 일에 의해서 영생이 결정된다. 누구의 영향에 의해서 도움을 받는 일은 가능하지만 깨닫고 자기가 스스로 하겠다는 의지가 있을 때 영생의 빛을 보는 것이다. 삶의 역할에서 업이 중요하고 모태의 비밀에서 업은 빼놓을 수 없고 영생의 비밀에서도 업이 매우 중요한 역할을 한다. 너희가 아무리 알아도 업을 억제하지 못하면 자기의 모태를 오랫동안 보존할 수 없다. 업이 완전히 타서 없어지는 게 해탈인데 열반에 이르면 영생은 가능하다.

Q : 영생이 이론상으로 어렵지 않을 것 같은데 열반은 얼마만큼 어려운 것입니까?

스승 : 강철로 칼날을 세워서 나무를 치면 찍어서 벨 수 있는 것은 성질 때문이다. 강철이 강하지도 않고 무르지도 않고 유연해야 뛰어난 칼이 되는데 장인이 되어야 유연성을 갖춘 칼을 만들 수 있다. 사과나무에서 계속 씨를 받아 심었더니 좋은 사과를 얻는 것은 모태가 사과이기 때문이다. 좋은 사과를 얻기 위해서는 계속 되풀이하기 때문에 사과를 만드는 법을 알아서 바꿀 수 있는 능력이 있어야 한다.

Q : 자기가 가지고 있는 업을 정지시키면 스스로 자기의 의식을 하늘로 이동하는 것이 가능합니까?

스승 : 업을 정지시킬 수 있는 훈련이 필요한데 먼저 깨닫기 위해서 노력하는 것이고 세상을 보고 이치에 맞게 자기의 진로를 바꿔야 한다. 업이 큰 사람은 죽으면 몸이 없어도 살아 있는 것과 같은데 업을 정지시키면 고요하고 자기가 죽었는지 살았는지 느끼지 못하고 편안하다. 업의 무게를 빼버리니 높은 공간으로 허공에 둥둥 떠 있는 것 같다. 변화기에도 파장권 밖으로 빠져나가기에 파장이 이르지 않을 때 살아남을 수가 있는데 영원한 생명을 얻는 것이다.

Q : 삶이 모든 일을 결정하면 먼저 배워야 하는 것이 세상의 일이 어떻게 돌아가고 있는지 아는 것입니까?

스승 : 사람들이 같은 말을 수백 번 반복해서 들으면 눈뜬장님이 만져보고 딱딱한 것을 만져보고 확인해 본 결과를 두고 말하는 정도를 느낄 수 있다. 내가 아무런 사심 없이 하는 말을 듣고도 기

분 나빠하는 사람이 있는데 죽어야 할 사람에게 살길을 가르쳐 주면 싫어한다.

Q : 현대의학에서는 뇌가 모든 것을 움직인다고 생각하는데 업이 어떻게 해서 생기는 것입니까?

스승 : 인간의 뇌가 하는 역할은 자동차에서 비유해서 보면 배터리의 기능을 하고 있다. 인간의 전원장치는 머릿속에 있고 신경조직의 명령계통이 들어있는데 실제 운전사는 가슴 속 깊은 곳에 의식이라는 게 존재한다. 의식은 뇌를 이용해서 밖에 있는 걸 받아들이기도 하고 자기 속에 있는 걸 표출하는 작용을 한다. 신체기능이 한 행위 자체가 의식에 들어오게 되는데 듣고 보고 받아들이게 되는 것은 무조건 의식 속에 잠재한다.

Q : 한번 자기 속에 들어온 것은 계속 같은 일을 반복해서 끝없이 자기를 존재하게 하는 일을 한다는 것입니까?

스승 : 도둑질을 많이 한 사람은 계속 도둑질을 하도록 자기 속에 있는 것이 시킨다. 업은 자기에게 있었던 삶을 통해서 삶의 과정에서 있었던 일이 자기 속에 그대로 쌓이게 되고 쌓여있는 일에 의해서 같은 일을 되풀이하는 기능을 하고 있다.

Q : 그래서 생명의 근원에 쌓여있는 의식을 전부 털어내지 않으면 운명이 절대로 안 바뀌는 것이네요?

스승 : 쉽게 설명하면 감나무에는 돌감도 있고 단감도 있는데 씨앗을 받아 심으면 돌감의 씨앗에서는 돌감이 꼭 열리고 단감의 씨앗에서는 단감이 열린다. 토양이 같은 곳에 같은 감이 열릴 때 감 씨앗 속에 모태는 나무에 있던 것이 그대로 씨앗에 박힌다는

것이다.

Q : 사람의 영혼도 같은 일을 계속 반복해서 부활하는 것입니까?
스승 : 깨달음이 없으면 변화하지 않는데 업은 행위에서 오는 것이고 만일에 신을 받아들여서 자아를 상실하게 되면 나중에 부활이 안 된다. 존재하는 모든 생명체는 활동의 법칙에 따라서 성장한다. 몸은 음식의 기운을 빼먹고 성장을 하지만 영혼은 자기 속에 있는 일을 통해서 성장하니까 사람들이 하는 말 중에서 정신은 지식을 먹고 살고 있다고 하는 것이다.

Q : 사람이 사고하는 정신의 근원은 어디에 있습니까?
스승 : 정신의 근원은 의식에 있다. 머리를 상했을 때나 신체 구조에 이상이 있을 때 멍청하거나 기형아가 되는 것은 신체 기관에 문제가 있기 때문이다. 의식이 무엇인지 1차원적인 입장에서는 쉽게 받아들일 수 없기도 한데 우리 몸은 의식의 도구에 불과하다. 그래서 사람들은 여기 와서 졸든가 골치 아파서 전에는 도망가 버렸는데 요새는 내 말이 좀 세련된 편이다. 그래서 이제는 시간을 줄이기 위해서 직선적으로 문제와 답과 과정에 있는 것만 소개한다.

Q : 업은 자기 속에 있는 일에 의해서 생겼다고 이해하는데 선업(善業)을 쌓으려면 어떻게 해야 하는 것입니까?
스승 : 좋은 일을 많이 하면 좋은 일을 했던 게 쌓여서 자기 속에서 자꾸 좋은 일을 하게 시키는 것이다. 나쁜 일을 하면 자기 속에 악업이 들어와서 있었던 일들이 자꾸 나쁜 일을 하게 시킨다. 그래서 업이 운명을 만들고 결정하게 되어서 운명은 또한 깨달음

이 없으면 절대 바뀌지 않는다고 했다. 나는 세상을 떠돌아다니면서 많은 사람을 만나는데 운명이 나쁜 사람일수록 말이 절대 안 통했고 엇갈리게 말한다. 까마귀하고 백로하고 같은 새지만 잘 안 어울리듯이 사람들도 동질성이 없으면 어울릴 수가 없다. 비슷한 것끼리 어울리는 것을 유유상종(類類相從)이라고 한다.

Q : **선한 업과 악업을 어떻게 구분하며 착하게 살고 좋은 일을 하여도 업이 됩니까?**

스승 : 좋은 일을 해도 좋은 일을 한 것이 쌓여서 자기 앞날에 영향을 미치게 되고 나쁜 일을 하면 나쁜 일이 쌓여서 자기의 생명 활동에 영향을 미치게 된다. 그러니까 좋은 일은 선한 업이라고 말하고 나쁜 일을 해서 생기는 것은 악업이라고 말한다. 자기 속에 있게 되는 좋은 일을 통해서 만들어진 것도 모태 속에 있으니 업이다.

Q : **여래님께서는 선한 업이 있을 텐데 업이 없다고 말씀하십니까?**

스승 : 나는 악업도 없고 선한 업도 없고 업의 근원이 되는 모든 업이 모두 타버렸다. 너희는 내가 지금 하는 일은 좋은 일인데 선한 업이라고 보겠지만 모태 속에 있는 것을 내놓는 것이다. 내가 어떤 사명이 있을 때만 세상에 태어나고 현실에서 나타나는데 나는 업이 없고 근본 속에 존재하는 사람만 있다.

Q : **업은 자기가 한 행위가 쌓여야 업이 되는데 여래님은 좋은 일도 쌓이지 않는다는 것입니까?**

스승 : 해탈하고서 한 행위는 쌓이지 않고 해탈한 상태에서 한 활동도 자기 속에 안 쌓인다. 담을 수 있는 그릇이 타버려서 없어져

버렸으니 거기에 좋고 나쁜 걸 아무리 봐도 쌓이지 않는다는 것이다.

Q : 깨달음이 없이는 선한 업을 쌓기 어렵고 받아들일 수가 없겠는데요?

스승 : 지식으로 이해하는 것은 어렵고 깨달아서 이치로 보면 쉽게 알 수 있다. 선한 업은 좋은 일을 해서 좋은 결과를 많이 쌓았을 때이고 악업은 나쁜 일을 해서 나쁜 결과를 자기 속에 쌓아두고 있을 때 악업이라고 한다. 곤충도 스스로 자기를 죽이는 일은 싫어하는데 만약에 악업을 가진 자가 깨달음을 받아들이면 적을 받아들이고 자기를 죽이는 일이다. 힘이 없는 동물이라도 자기 몸을 스스로 버림으로 호랑이로 날 수 있다고 생각하고 호랑이 밥이 되는 일은 없다.

Q : 모든 기운은 끝없이 여행하게 되면 여기 있던 걸 딴 게 먹으면 그쪽 몸으로 이동합니까?

스승 : 우리가 어떤 음식을 먹는데 음식 속에 있는 기운은 물질이 우리 몸에 흡수하므로 사람의 몸으로 흡수가 되고 이동이 된다. 동물의 예를 들어서 소고기를 사람이 먹으면 기운이 사람의 몸으로 이동이 된다. 그런데 소가 사람에게 먹히면 한 차원 높은 곳에 이동된다고 생각하고 스스로 죽으려 하지는 않는다. 그렇듯이 사람도 악업을 죽여야 운명을 바꿀 수가 있는데 스스로 잘 바꾸려고 하지 않는다.

Q : 선한 업과 악업의 결과에서 어떤 차이가 있습니까?

스승 : 자신을 깨우쳐서 세상의 일을 알아보고 자신에게 피해가 되

지 않는 일을 하는 것이 선한 업이다. 떳떳하게 살고 남을 속이지 않고 피해를 주지 않고 남 잘되라고 공덕 짓는 일이 선한 업이 된다. 반대로 남을 속이고 해치고 남의 걸 빼앗고 하면 악업이 된다. 악업이 큰 사람들은 감정에 치우쳐서 세상일을 분별하지 못하고 평생 악한 일에서 벗어날 수가 없다.

Q : 선한 업을 쌓으면 의지가 강해지고 세상일에 밝아지는 것입니까?
스승 : 선한 업을 쌓게 되면 있는 일을 빨리 받아들이고 이해하게 되니 모든 일을 잘 처리한다. 점점 자기를 밝은 곳으로 이끌어서 더 좋은 곳으로 인도할 수가 있다. 하지만 악업이 많아서 아무것도 보이지 않은 상태에서는 감정에만 의존하면 길이 아닌 길을 가게 된다. 그리고 길에서 헤매게 되면 자기를 고통 속에 빠뜨리게 된다.

Q : 업이 자신의 생명을 존재하게 한 근원 속에 있던 일들이라고 하면 근원 속에 있는 일들이 무엇입니까?
스승 : 삶이 활동 과정에서 있었던 모든 일이 자기 속에 쌓이게 된 일을 업이라고 말했다. 한번 의식에 입력된 건 절대 없어지지 않고 의식 속에 머물면서 환경만 조성되면 계속 활동하려는 성질을 가지고 있다. 과거에 있었던 일로 인해서 계속 자기 속에서 되풀이되는데 업의 활동을 정지시키면 무아(無我)의 세계에 도착할 수도 있다.

Q : 무아의 세계에 도착하면 윤회에서 벗어날 수 있는 것입니까?
스승 : 만일에 업을 정지시킬 수 있고 업의 사슬에 묶인 자기를 풀어 버릴 수 있다면 자유를 얻게 된다. 이때 많은 무게의 짐을 덜어

버리고 홀가분해지면 가벼우니 세상의 어떤 파장에 섞이지 않기 때문에 살아남는다. 영원한 생명 세계인 높은 차원에 이르게 되어서 높은 공간에서 스스로 자생하게 된다. 그 원리가 물체가 가벼우면 올라가고 무거우면 내려온다는 이론과 비슷하다. 지상의 변화기의 파장에서 벗어나면 영체는 보존이 되고 일정한 시간이 지나면 하나의 생명체로 다시 세상에서 부활한다.

Q : 여래님이 업이 없고 해탈했기에 근본 세계로 가버리면 저희는 스스로 현실과 부딪쳐야겠네요?

스승 : 모든 가르침은 현실에 눈을 뜨면 자기가 가지고 있는 애착의 끈을 풀어버릴 수가 있고 가벼운 자기를 가지는 게 영생의 길이다. 너희가 계속 들으면 세상일이 조금씩 보이기 시작할 것이니 1주일 동안 열심히 일하고 와서 체계적으로 공부하면 된다. 나를 힘들게 만들려면 이론을 만들어서 나와 토론해서 이기면 업을 억눌러 버리는 것은 문제가 아니다.

Q : 인간의 자유의지에 의해서 선택된 행동들이 시간이 지나면 업이 되어서 후세에 자기 의지와는 관계없이 나타날 수 있을까요?

스승 : 내가 말하는 업은 한이라고도 표현이 된다. 한을 짓는다거나 업을 짓는다는 것은 한번 묻어서 자신이 받아들인 업은 스스로 소멸하지 않고 항상 존재하게 된다. 그러기에 많은 업이 쌓이면 업에 가려서 좋은 것을 잊게 되는데 한이 크면 클수록 불행한 운명을 만들고 한이 적으면 적을수록 좋은 운명을 만든다.

Q : 자식에 대해서도 너무 정을 주고 애를 태우지 말아야겠네요?

스승 : 자식은 자식의 운명이 있고 과거의 생에 있었던 업을 가지고

왔다. 업이 커서 의식이 허약하면 너희가 억만금을 자식에게 물려준다고 해도 물려받자마자 몇 년 안에 다 까먹고 거지가 될 것이다. 그러나 너희가 진정한 가르침으로 좋은 지혜를 주면 아무 것도 물려주지 않아도 세상을 큰 불행이 없이 훌륭하게 살아가게 된다. 재물이 소중한지 지혜가 소중한지 생각해 보아야 한다.

Q : 업이 인도의 산스크리트어에서 카르마라고 선악의 결과를 가져오는 원인이 인간이 하는 행위로 나타나는 게 불교의 사상 아닙니까?

스승 : 내가 조금 전에 말하지 않았느냐? 의식은 과거로 인해서 원인은 존재하지만 존재하는 의식은 변화한다. 의식에서 나오는 행동의 결과를 마음속에 주입하면 마음은 의식으로 들어가는데 의식의 수준과 똑같을 때는 항상 제자리걸음을 한다. 그러나 좋아지는 경우는 수학 공식대로 5라는 숫자에 1을 플러스할 때는 6이 되지만 마이너스가 2가 될 때는 3밖에 안 된다. 좋은 일을 해서 행동이 좋은 결과와 연결될 때는 의식에서 좋은 점이 플러스되고 행위 자체가 나쁜 현상을 만들 때는 마이너스가 된다.

Q : 저희의 행위는 자체로 소멸하는 것이 아니고 자동으로 자신에게 다시 들어가서 입력됩니까?

스승 : 다음 세대에 나타났을 때도 하나의 생명의 세계로 돌아왔을 때 자체의 행위가 기운을 만든다. 기운은 보이지 않고 오묘하기에 끝까지 뜻은 정확한데 너희가 깨닫지 못하고 관찰하는 것은 상당히 어렵다. 어떤 색깔이나 쇠붙이로 다른 성질을 주입했을 때 자꾸 바꿔서 관찰해보아라! 그러면 나쁜 것을 계속 한번 섞어보고 좋은 것을 주입할 때 어떻게 변화하고 어떤 성질이 나타나는지 유사점을 관찰할 수가 있다.

Q : **사람의 생각이나 말과 행동 중에 업으로 마음이 일어났을 때 누구를 때리고 싶다는 생각과 말하는 것과 직접 행동하는 3개 중에서 행동이 제일 크겠지만 일단 말하는 것도 큰 업이 됩니까?**

스승 : 내가 너를 한 대 때리고 싶지만 때리지 않았다. 그것은 상대가 받아들이는 느낌에 따라서 다른데 그때 어떤 파장이 있었는지 보아야 알 수 있다. 생각은 하나의 행위와 연결되기 때문에 위험하다고 하는데 할까 말까 생각했는데 무슨 업이 되고 안 되고 하겠느냐?

Q : **어떤 행위와 이어졌을 때 업을 만들고 짓게 됩니까?**

스승 : 네가 꿈속에서 나라를 사랑하고 전쟁에 나가서 적군의 대장을 죽이고 항복을 받아 봤자 생각은 소용이 없다. 이처럼 네가 행하지 않는 생각으로 공을 세울 수 없다면 업도 될 수도 없다. 다만 바른 생각과 바른말과 바른 행동이 자기의 의식을 짓는다고 하는 건 생각이 원인을 만들 수 있고 행동을 유발하기 때문이다. 사람이 생각 속에 빠지면 행동이 곧 따라가게 된다. 바늘 가는 데 실 간다는 말이 있듯이 생각이 바늘과 같이 실을 안 꿰고 바늘만 가지고 아무리 옷을 지어봤자 소용이 없다.

Q : **제가 좋은 생각이 있어서 말을 해 놓고 행동으로 실천하지 않았을 때는 어떻게 되겠습니까?**

스승 : 그렇게 되면 실언을 한 것이고 남에게 실망하게 했다면 업이 되는 것이고 헛소리를 한 것이다. 너희는 많이 유의해야 할 점인데 일반 사람들은 놓치고 있다.

Q : **제가 말로 먼저 뱉어놓고 행동을 안 했을 때 다른 사람이 실망하**

는지 매우 조심스럽군요.

스승 : 어떤 교수가 한국이 앞으로 일본을 앞지르고 세계 최고의 국가가 된다는 글을 썼는데 틀렸을 때 업이 된다. 책 속에는 올바른 이치가 들어있는 게 아니라 단군의 자손이라서 라고 하면 수천 년 전부터 단군의 자손인데 그동안에는 왜 그런 일이 없었느냐? 오늘날 거짓이 우리 사회를 침체시키고 있고 TV나 방송에서 올바른 이치를 말하는 것이 아니라 자기 이상을 말하는데도 아무도 반박이 없다. 현대사회는 인간이 만물의 영장이라고 하는 건 세상의 주인이기 때문이다. 주인 의식은 생활로부터 오게 되고 생활은 의식에 의해서 창조되는 것이다. 그런데 생활에 대한 사회의 어떤 제도나 가르침은 없이 그냥 인간 의식이 좋아지기를 바라는 무지한 인간들이 텔레비전에 나와서 떠들어댄다.

Q : 그들이 방송에서 확인되지 않는 자기 생각을 왜 사실인 것처럼 하는 것일까요?

스승 : 방송에 나와야 자기가 유명해질 것이라는 욕망과 무지 때문인데 업이 크고 운명이 나쁘기 때문이다. 콩은 콩을 만들고 돌감은 돌감을 만드는 건 식물이 가지고 있는 운명이다. 그처럼 계속 자기 속에 있는 것을 반복하는데 자기 속에 있는 운명이 끊어지지 않으면 끝없이 계속 나타난다. 수사기관에서 전문가는 범죄를 저지른 적이 있는 사람을 또다시 수사선상에 올린다. 그들은 운명의 근원이나 요인들을 모르고 있지만 범인을 잡으니 한번 해 본 자가 같은 일을 계속 반복하고 있다는 사실을 안다. 윤회의 법칙 속에 있는 모든 것은 자기 속에 있는 것을 계속 반복하고 같은 것을 만든다고 말했다.

Q : **사람들은 운명을 바꾸려면 스스로 노력이 필요한데 자기 자신을 대접하는 일에 왜 인색할까요?**

스승 : 인간이 이상 속에 살면 현실에서도 내세에 다시 태어나도 같은 운명의 길을 걷는다. 자기의 좋은 모습을 간직하기 위해서 남을 돕는 일을 계속하는 건 좋은 일이다. 하지만 안타깝게도 현실이 힘들다고 이상적인 생각으로 살게 되어서 자기에게 불행한 삶을 준다면 나쁜 운명은 버려야 한다. 들을 때는 느끼고 있어도 혼자일 때는 바꾸지 못하고 깨달음이 없으면 절대 바뀌지 않는다는 것이다.

Q : **선생님은 사람들을 보면 어떤 운명을 가진 사람인지 알 수 있습니까?**

스승 : 거지를 재벌 집에 데려다 놓고 밥을 주고 옷을 주고 가르쳐 주면 아무 걱정 없이 살아갈 수 있다. 하지만 다시 원래의 자리에 갖다놓으면 거지로 살아가게 된다. 우리가 사람을 어떻게 볼 것인지는 행위와 있는 일을 통해서 옳은 자인지 부자로 살아갈 사람인지를 결정한다.

Q : **순진한 사람과 무기력한 사람은 어떻게 구분할 수 있습니까?**

스승 : 운명이 나쁜 자들은 항상 나쁜 생각을 해서 운명이 나쁜 것이고 망할 생각만 하고 있으므로 망하는 것이다. 그런데 운명이 나쁜 사람을 책임지게 되면 두 사람 모두 운명이 나빠지고 매우 힘들어지는데 책임을 버리게 될 때 가벼워진다. 무기력한 사람은 일을 시키면 못 하고 항상 양심을 잊어버리고 남을 이용할 것만 생각한다. 반면에 진짜 순진한 사람은 일을 책임감 있게 일하고 항상 자기가 해야 할 일을 분명하게 한다.

Q : 여기에 와서 배우는 사람이라도 운명이 좋지 않을 수 있겠지요?
스승 : 공덕이 없는 평범한 자는 이곳에 오기가 너무나 힘들고 자기 스스로 살아갈 수가 없다. 어딘가 매달리고 싶을 때 합류하면 큰 혜택을 입지만 일시적일 뿐이고 나중에 여유가 되어도 좋은 일은 절대 하지 않는다. 올바른 일을 하는 데는 인색한 것이 잘못된 운명이 있으므로 자기 속에서 잘못된 일을 하게 하는 것이다.

Q : 우리가 살아가는 동안에 가장 궁금하게 여기는 게 운명이지만 지금까지 누구도 정확한 정의를 내리지 못하고 있는데요?
스승 : 운명이 만들어지고 있는 근원과 운명의 작용과 그로 인해 있는 결과를 알게 된다면 살아가는 동안에 매우 중요한 일이 된다. 돌감 10개를 팔아도 천 원도 못 받지만 단감 하나 큼직한 것은 2천 원을 받을 수 있다. 가치상으로 봤을 때 돌감도 단감으로 열리게 하고 싶은데 돌감 스스로 단감을 만들 수 없다.

Q : 근본이 돌감을 만드는 운명을 가지고 씨앗에서 태어났으니까 운명을 그대로 받아들여야 합니까?
스승 : 단감을 얻는 길은 하나가 있는데 감밭의 주인이 뻗어나가고 있는 순을 쳐버리고 단감을 돌감의 줄기에다가 접을 붙이면 단감이 열리게 되어 있다. 그와 같이 사람은 잘못된 자기의 사고(思考)를 없애 버리고 깨달은 자를 받아들이면 운명이 바뀌게 된다. 삶을 통해서 자기를 만들고 만들어진 자기 위에서 있게 되는 일을 계속 반복하게 하는 게 운명이다. 잘 살아야 하는 사람의 운명은 잘 살아야 하는 운명을 지니고 왔고 못 살아야 하는 사람은 못 살아야 하는 운명을 지고 왔을 뿐이다.

Q : **자기를 잘라버리고 깨달은 자의 가르침을 따르는 길은 매우 어렵겠지만 운명은 바뀌기 시작합니까?**
스승 : 운명이 나쁜 자가 좋은 운명을 얻는 것이 엄청나게 힘들고 자기의 마음을 죽여야만 새로운 자기가 존재할 수 있고 원하는 것을 얻을 수 있다. 깨달음을 통해 얻는 것은 자기가 가지고 있는 모든 애착을 죽여야 한다. 무지한 자는 애착이 크고 깨닫는 자는 애착이 적은 차이가 있는데 알지 못하는 것을 선택하는 일은 매우 힘들다. 수많은 사람 중의 참으로 좋은 인연을 만나야 가능하다.

Q : **선생님은 매우 유능하신데 왜 가난하고 불행한 사람들을 돕지 않습니까?**
스승 : 이 시대가 흘러가도 항상 무기력하고 일하기 싫어하고 잘못된 일을 할 사람은 계속 태어날 것이다. 내가 과연 어떻게 가난하고 불행한 사람들을 도울 수 있으며 운명이 나쁜 그들을 깨우칠 수 있는가?

Q : **가난하게 살아가는 사람을 돕는 방법이 없습니까?**
스승 : 가난하게 살아야 할 운명을 가지고 온 사람은 국가에서 제도와 법률로 사회가 돌보아야 한다. 만약에 뛰어난 인재가 거지 하나를 구하기 위해서 매달려서 거지를 먹여 살렸다고 해서 세상에 무슨 큰 도움이 되겠느냐? 똑똑한 사람을 잘 거둬서 키워 놓으면 그의 지혜와 노력이 많은 사람에게 도움을 줄 수 있을 것이다. 그런데 근본 바탕이 좋은 사람은 절대 우리 사회에서 안 키워주고 잘못된 자들만 항상 사회가 돌보아왔다. 그러니까 잘못된 현상이 사회에서 끝없이 반복되는 건 정해져 있는 일이다.

Q : 사회의 운명도 사회 자체에 있는 일의 역할에 의해서 반복되는 것입니까?

스승 : 의식은 환경에 의해서 만들어지고 있던 일로 인해서 길들여 있던 일은 의식에서 만들어진다. 그래서 한번 잘못된 사회가 만들어지면 잘못된 가르침이 존재하고 잘못된 정치나 문화가 존재하면 끝없이 잘못된 일들이 계속 반복되는 것이다. 한 개인에게 존재하는 것은 개인의 운명이라고 정해서 말할 수 있다. 국가가 순환을 계속하는 것은 국가적 운명이고 사회의 운명의 근원은 사회에 사는 인간들이 만드는 것이다.

Q : 사회에서 계속 반복되는 현상은 사회적 운명입니까?

스승 : 국가의 주체는 국민인데 필요한 것을 정하고 환경을 만들고 결정하는 건 국가의 역할이다. 그러니까 국민이 필요한 바탕은 국가에 의존해야 하고 국가는 국민에게 의존해서 존재하는 것이 운명의 근원이다. 모든 운명은 자기에게 있었던 인연에 의해서 각자의 운명이 만들어지는 것이다.

Q : 여래님이 운명이 나쁜 사람의 말을 잘 믿지를 않는 이유는 사람들이 거짓말을 하기 때문입니까?

스승 : 어떤 사람이 언제 어떤 일을 했을 때 매우 현명하게 올바른 판단으로 일했다면 앞으로도 일할 때마다 매우 큰 이익을 얻을 수 있는 사람이 될 것이다. 그러나 어떤 사람에 대해서는 결점이 많으므로 문제를 내보일 것이나 적대감을 가지고 있지 않을 때 행동을 보기 전에는 실수할 수 있는 사람인지를 알아보기가 매우 힘들다.

Q : **저희는 어떤 일을 통해서 상대를 알아본다는 것이 매우 어렵잖아요?**
스승 : 어떤 사람은 내가 말하면 노트에 열심히 적었다. 이 사람은 매우 주의력이 있고 분명하고 세상일을 잘 알려주면 깨우쳐 놓은 보람이 있을 것이라고 보았는데 나중에 일해 놓은 것을 보니 반대로 했다. 내가 하는 말은 들었지만 어떤 일을 하게 되면 내게서 듣고 본 것보다도 자기가 가지고 있는 운명의 영향을 크게 받게 된다. 자기가 가지고 있는 과거의 자기 생각과 판단을 모두 버리기 전에는 운명은 절대로 바뀌지 않는다. 그래서 항상 일할 때는 자기식으로 하니 내가 가르쳐 준 게 결과에서 나타나지 않고 자기의 생각만 그 속에 항상 존재해 왔다.

Q : **그러면 사람들을 어떻게 돕는 것이 옳은 것입니까?**
스승 : 나는 사람을 도울 방법에 대해서 많은 회의를 가져왔다. 너희가 만일에 부자가 되고 싶고 죽어서 영생을 얻고 싶고 후세에 왕이 되고 싶어서 묻는다면 나는 서슴없이 그 일을 누구나 가능하다고 말한다. 그러나 자신이 스스로 해야 하므로 인연을 짓는 게 너의 시각과 용기와 지혜로 가능하겠느냐고 질문한다. 세상을 통해서 원하는 건 무엇이든지 얻을 수 있지만 자기가 스스로 종합적으로 인연을 짓게 될 때 가능한 것이다.

Q : **이번 생에서 모든 업장을 씻고 극락에 이르고자 하는 소망을 가진 사람에게 길을 알려 주십시오?**
스승 : 너희가 무지로서 극락에는 이르지 못하니 의식이 먼저 깨어나야 하고 깨어있는 의식으로 세상을 보고 깨달음을 얻어야 한다. 사랑이 없는 자는 자기를 깰 수가 없고 자기를 태울 수 없으

니 세상을 위해서 자신을 불살라야 한다. 세상에서 열심히 공덕을 짓고 자기를 불사르게 된다면 업장이 녹아서 윤회를 떠나 극락에 이를 수가 있다. 극락에 갈 수 있는 유일한 방법은 부처의 가르침만을 통해서 가능하다. 부처의 가르침은 진실이고 진리이며 누구나 보면 볼 수 있고 들으면 이해할 수 있고 만나면 전할 수 있는 것이기 때문이다.

Q : 이번 삶으로 자기의 실수도 업장의 부분이 될 것인데 어떻게 씻을 수 있겠습니까?

스승 : 세상에는 알고 보면 불가능한 것은 없으며 자신의 문제를 가지고 어떻게 해결하는지 결과를 알게 될 때 쉬워진다. 자기가 가진 무지로써 실수를 해결하고 단순한 이상으로써 업장을 씻어내는 것은 불가능하다. 거듭 말하고 있지만 오직 공덕행을 통해서만이 자신이 가지고 있는 업장을 씻어낼 수가 있다.

Q : 보통 사람들도 일시적인 열반을 볼 수 있으려면 살아서 한을 짓지 않아야겠지요?

스승 : 너희는 이 시간을 통해서 들은 게 의식 속에 쌓이면 전부 입력되므로 의식이 좋아져서 한과 애착으로부터 풀려난다. 좋은 영혼을 지어서 태어나면 자신을 잘 관리해서 세상에서 업장을 짓지 않을 수 있고 편안함에 들 수 있다. 자신이 하는 일을 통해서 기쁨과 보람을 쌓아갈 수 있으니 깨닫기 위해 열심히 노력해야 한다.

Q : 저희는 배우기 위해서 여기에 오는 것인데 주위에 있는 사람들은 대수롭지 않게 생각하는데요?

스승 : 운명은 항상 자기가 가지고 있어서 조심하지 아니하면 속게 되는데 속아야 할 사람은 진리를 듣기가 싫다. 자기 모태 속에서 속기를 원하는데 가지고 있는 성질하고 자기의 말과 맞지를 않고 기분이 상해서 오고 싶어도 못 오는 사람들이 있다. 그래서 사람들과 말할 때 상대가 뭘 하는 사람이고 어떻게 사는 사람이며 어떤 사람인지 가려서 말해야 한다. 세상을 보고 배우다 보면 모태가 다른 것은 비슷해 보이지만 성질이 각각 다르다.

Q : **자신이 강인하지 못해서 항상 하는 일이 나약하고 의타심이 많아서 많이 속이는 사람도 잘못된 운명을 피해서 좋은 삶을 살아갈 수 있겠습니까?**

스승 : 일하는 것마다 집중력이 떨어져서 실패를 많이 하는 사람들은 항상 운명을 바꾸려고 노력해야 한다. 운명이 나쁜 사람은 좋은 운명을 가진 사람에게 자기를 버리고 그 사람이 하는 것을 따라가서 배우는 것이다. 운명을 바꿀 수 있는 유일한 길은 새로운 게 자기에게 들어와 활동하게 되면 자기를 자꾸 좋게 만든다. 그렇지 않으면 운명은 절대 안 바뀌고 계속 같은 일을 반복할 뿐이다.

Q : **선생님은 인간의 운명이나 깨달음에 대해서 왜 계속 반복해서 말씀하십니까?**

스승 : 너희가 거짓을 잘 알아보지 못하니 반복해서 말해야 너희의 의식 속에 쌓이게 된다. 거짓말쟁이들도 깨달았다고 나와 같이 말할 때 너희는 바로 확인해야 한다. 깨달음은 있는 일을 보고 바로 듣고 바로 말할 수 있는 진실을 갖게 해 주고 길흉화복을 만드는 길이기 때문이다. 어떤 일이 좋은 일인지 나쁜 일인지 알고 사는 것은 모든 불행에서 벗어나서 행복을 얻게 하는 길이다.

깨달음은 현실에서 배워야 하는데 이상 속에 헤매고 다니면 신에게 속게 된다.

Q : 운명이 자기 속에 있었던 일에 의해서 나타나게 되는 현상입니까?
스승 : 나쁜 운명을 가져서 굶어 죽는 팔자였는데 농사짓는 법을 배워서 땅을 일구어서 쌀을 심었다. 분명히 사주팔자는 굶어 죽을 팔자였는데 배워서 있는 일을 했더니 배부르게 먹고 살았다. 이 사람이 일하고 나서 어떤 일이 있게 되겠는가? 그때부터는 있는 일을 알았기 때문에 자신을 가장 어둡고 불행하게 만들었던 업에서 벗어난다. 있는 일을 알고 있는 일을 배워서 있는 일을 하므로 운명에서 벗어나는 과정이 되겠다.

Q : 저희가 여기에 와야 하는 가장 큰 의미나 목적은 무엇이라고 보시는지요?
스승 : 세상의 모든 불행이 거짓으로 일어나게 된다는 사실을 나는 말하고자 한다. 거짓에서 벗어나기 위해서 이 시간이 가장 큰 의미가 있는 것이며 있는 일을 정확하게 알고 가야 한다. 너희는 깨달음을 성취해야 하는데 애착과 업에서 벗어나게 하는 길이 깨달음이기 때문이다.

Q : 지금까지 우리 생활 속에 존재하는 사주나 토정비결이나 궁합이나 관상학이 살아있는 사람들의 통계학으로 만들어진 게 아닌데 왜 사람들에게 전파되는 것입니까?
스승 : 관상학이나 사주는 실제 어떤 사람이 산에 올라가서 백일 동안 기도했더니 신으로부터 전지전능한 기운을 받았다고 한다. 알고 보면 어떤 귀신에 의해서 사람들에 의해서 전파되었다는

것이다. 우리가 살아가면서 자기가 하는 일이 잘 안되면 왜 자기에게 잘되지 않는지 알려면 사주쟁이에게 갈 게 아니라 실제 세상일을 아는 사람한테 조언을 받는 게 순서이다. 사주쟁이에게 가면 영원히 해답을 구할 수가 없지만 뛰어난 사람한테 물어보면 해답을 구할 수 있다. 그러니 자기 속에 있는 일을 어떻게 받아들이고 주어진 일의 결과를 어떻게 만들어 내느냐 하는 게 가장 큰 과제이다.

Q : 이런 일을 해결하기 위해서 인간사회에서는 배우고 가르치는 일이 계속 이어져야 하겠네요?

스승 : 세상은 항상 있는 것들의 결합으로 좋아지고 나빠지는 일이 끊임없이 현상계에서 계속되고 있는데 어떻게 인간의 운명만이 고정되어 있겠느냐! 사람들은 어려운 환경 속에서 살려고 바둥거리는데 우리가 알아야 할 삶의 비밀이 무엇이며 목적이 무엇인지를 바로 이해해야 한다.

Q : 여래님은 깨달은 자에게는 운명이 필요 없다고 하신 뜻이 무엇입니까?

스승 : 그 말이 사실인지 거짓인지 말을 믿기가 매우 어려울 것이지만 내가 증거를 보이겠다. 농사를 잘 짓는 사람에게 짓게 하면 땅에 씨앗을 뿌리고 가꾸어서 큰 열매를 얻는데 잘못 짓는 사람은 작은 열매를 얻는다. 농사법을 가르치지 않으면 계속 반복해서 잘못 짓지만 깨우쳐서 땅을 가꾸는 법을 가르치면 큰 열매를 얻게 된다. 이미 자신의 운명 속에 존재했던 무지는 깨달으면 없어지는 것이고 깨달음은 법을 따라가게 되고 무지를 따라가지는 않는다. 너희가 눈을 뜨고 있으면서 길을 두고 계속 없는 길로

가는 오류를 범하는 사람이 몇 사람이나 되겠느냐? 너희도 깨달으면 자기의 나쁜 운명을 넘어서서 좋은 자신을 나게 할 수 있으니 운명은 소용이 없다.

Q : 과거의 삶이 현재의 삶에 운명의 길을 만들어 놓은 것인지요?
스승 : 같은 사람이 일을 시켜도 어떤 사람은 일하면서 즐거움을 얻는데 어떤 사람은 권태를 느끼는 사람이 있다. 어떤 사물을 볼 때 각각 다른 생각을 하기에 과거의 삶으로부터 나타난 것이다. 너희의 삶과 깨달음이 미래에 훌륭한 너희를 약속하고 있는 건 법 속에 존재하는 가장 큰 장점이다. 너희는 몇 명 되지 않는 사람이 모여서 세계에서 유일하게 진실이 있고 질문과 대답이 존재하고 있는 장소는 이곳뿐이라는 사실을 알아야 한다.

Q : 저희는 이 시간을 통하여 운명을 창조하는 것입니까?
스승 : 너희 스스로 자신의 앞날에 대한 창조를 존재하게 했다. 종교에서는 신(神)이 창조한다고 했으나 세상에 법칙의 세계에서 보면 생명을 통하여 좋은 것이 좋은 결과를 얻을 수도 있고 나쁜 결과를 나게 할 수도 있다. 너희가 행복한 삶을 가까이할 수 없었던 건 과거의 운명 때문이었으나 스스로가 깨달으면 운명은 소용이 없는 것이고 법대로 행동하면 그대로 얻을 수 있다.

Q : 자기가 가지고 있는 운명에 대한 충분한 이해가 있어야 깨달을 수 있겠지요?
스승 : 운명을 바꾸는 건 있는 일을 정확하게 알고 실상에 대해서 깨달음을 그만큼 얻는 것이다. 옳지 않은 일을 하면 손실을 본다는 걸 정확하게 알게 되면 사람은 자기가 손해를 입게 되는 일에 대

해서 잘 하지 않게 된다.

Q : 있는 일을 알면 자기가 가지고 있는 나쁜 운명에서 벗어날 수가 있는 것이네요?

스승 : 먼저 수학에서 보는 것처럼 문제를 만들 줄 알아야 한다. 숫자를 알아야 하고 공식을 이해해야 하니까 사람이 자기의 운명을 바꾸는 일도 있는 일을 아는 것이다. 있는 일로 인하여 자기에게 존재하게 되는 의식 속에 실상을 알게 된다면 누구나 운명을 벗어날 수가 있다. 아무리 운명이 나쁜 사람이라도 있는 일을 정확하게 이해하게 되면 자기 생각에 의존해서 일하는 게 아니고 있는 일에 의존해서 일하게 되고 운명은 자기 속에 있던 일에 의해서 정해지게 된다.

Q : 생명의 탄생을 위해서는 모태가 형성되어야 한다고 하셨는데 어떤 일이 모태입니까?

스승 : 생명의 근원에는 세상을 통해서 활동하는 과정에 있었던 자기 속에 있었던 일들이 그대로 옮겨와서 생명의 모태가 된다. 그래서 생명이 부활하면 운명이 따라오게 되고 운명은 자기 모태 속에 있는 자기 속에 있었던 일에 의해서 정해진다.

Q : 운명이 정해져서 결과물이 부활하면 어떤 일을 계속하며 드러나게 되어 있는지요?

스승 : 석가모니 부처께서는 모태가 자기 속에 있던 일에 의해서 정해진다고 해서 업이라고 했다. 그래서 한번 생명의 모태가 된 업은 같은 일을 반복하려는 습성을 가지고 있다. 과거에 도둑질했던 사람은 미래에 태어나도 도둑이 될 확률이 높은 게 운명은 자

기가 지어놓은 것이다. 인간 세상에서는 누구도 이런 원리를 제대로 꿰뚫어 보는 사람이 없었기에 자기 속에서 나오는 활동을 거부할 수가 없었다. 깨달음이 없으면 같은 일을 되풀이하니 같은 결과가 계속 자기에게 일어나게 된다.

Q : 자기의 악업을 죽이고 선한 업을 받아들이지 못하기 때문에 깨달음이 없는 사람은 절대 운명을 바꿀 수가 없다는 것이죠?

스승 : 간단한 원리는 배나무에도 사과나무를 접붙이면 사과가 열린다. 자기를 스스로 버리고 원하는 것을 받아들이면 운명이 바뀌는데 세상의 원리에 통달하면 간단한 일이다. 그런데도 자기를 깨우치지 못하면 항상 자기 업의 활동을 이기지 못하고 제 운명을 찾아가게 된다.

Q : 운명을 스스로 바꾸는 게 불가능에 가깝다면 제 시각 속에서 살고 행동하는데 좋은 운명을 얻기 위해서 잘못된 삶을 자기가 지적하기란 힘들지 않습니까?

스승 : 그래서 깨달은 자가 필요하고 너희를 대하는 것이 나의 유일한 희망이다. 많은 현인이 이 시대에 태어날 거라고 예언하는데 너희는 현재 상태에서 세계의 어떤 사람보다도 높은 수준에 이르러 있다. 그러기에 여기에서 오래 배운 사람은 큰 발전이 오니까 이 시대에서도 잘살게 되겠지만 미래의 좋은 세상으로 가게 된다.

Q : 사람의 운명을 바꾸는 바탕과 환경에 대해서 조금 더 설명해 주십시오.

스승 : 너희의 깨달음은 바탕이 되는 것이고 노력을 통하여 환경을

만들 수 있다. 환경은 인간의 지혜 속에 존재해서 만들 수 있고 정신을 바꾸면 삶 속에 좋은 결실이 나게 된다. 깨달음으로 자신 속에 존재했던 모든 나쁜 운명을 바꿔버릴 수 있다.

Q : 지금까지 운명을 설명한 사람이 아무도 없었는데 선생님은 어떻게 운명을 알고 있습니까?

스승 : 이곳에 사람들을 초대한 것은 세상의 일을 바로 볼 수 있게 깨닫게 해주기 위해서이다. 내가 생활하는 것을 본 사람들은 알고 있듯이 나는 책을 읽지 않는데 어떻게 거미가 줄 빼듯이 술술 말하는지 궁금할 것이다. 20대의 젊었을 때 잠이 안 오고 저녁에 시간 좀 보내자고 만화방에서 무협지 몇 권 빌려다 읽었다. 그리고 가장 고상한 책으로서는 삼국지까지 읽었던 게 독서의 전부이고 더 이상 읽은 책이 없다. 내가 아무 준비 없이 세계 모든 나라를 다니면서 사람들 앞에서 당당하게 말할 수 있는 건 깨달은 자이기 때문이다. 나는 있는 일을 있는 그대로 보는 자이기에 막힐 게 없으며 진실을 말하는데 꾸밀 것도 없고 말하면 되는 것이다.

Q : 사람들이 운명을 바꾸는 것이 어렵다는데 깨달은 자를 만나지 않고는 바꿀 수 없습니까?

스승 : 이러한 세상의 뜻을 이해하지 못하면 자기 속에 있는 자기가 가고 있는 길을 바꾸는 것은 너무나 힘들다. 콩은 콩을 만들고 팥은 팥을 만드는데 잘못된 콩이 좋은 열매를 맺고자 할 때는 바탕과 환경이 분명히 있어야 한다. 좋은 바탕을 받아들이면 좋은 결과를 얻고 좋은 환경이 있는 곳에서 받아들이면 큰 고생을 하지 않더라도 좋은 결과를 얻을 수 있다. 좋은 스승을 따르는 건

환경이 있을 때는 매우 쉽지만 좋은 스승을 따르려면 환경을 스스로 만들어야 하므로 고통도 따라오게 된다.

Q : 운명이 전생에 지은 업보에 의해서 만들어지는 것이라면 업보를 어떻게 버려야 합니까?

스승 : 생활을 통해서 정신을 얻게 되고 정신을 통해서 생활을 만들기에 깨달음을 통해서만이 업보를 버리는 것이 가능하다. 그래서 내가 가르치는 것은 정신이 건전한 자는 건강한 생활을 얻게 되고 생활이 건강한 자는 건강한 정신을 얻게 된다고 했다. 그러면 진정한 삶에 대한 축복은 이루 말할 수 없고 어려운 환경 속에서도 희망을 항상 가질 수 있다. 하지만 세상의 이치를 모르고 살면 조금만 자기 앞에 어려운 일이 있어도 좌절을 맛보게 되니 가르침이 매우 소중하다고 말하는 것이다.

Q : 선생님은 모태가 달랐기 때문에 인간사회에서 누구로부터도 대접을 받을 수가 없었습니까?

스승 : 인간이 스스로 무엇을 알지 못할 때는 언제 어디서 어떤 일을 했는데 결과가 존재했는지는 역사를 보면 알 수 있다. 내가 태어나면서부터 살아온 삶이 누구와도 정을 나누어 본 사람이 없는데 모태에서 관찰해야 나를 알 수 있다.

Q : 생활에 있는 문제로 결과가 생기게 되고 결과에 따라서 모태가 영향을 받으면 원칙은 무엇입니까?

스승 : 생명이 부활하는데 필요한 과거에 있었던 근원적인 일들이 모태인데 한번 정해져 있는 일은 자신 속에서 반복 활동을 계속 일으키게 된다. 업은 수없이 자기 속에 있었던 일에 의해서 세력

화되어 있는 것을 말한다. 자기 속에 있던 반복하는 습성이 자기에게 감정을 유발하고 성격을 발동시키고 여러 가지 행동을 좌지우지한다. 업은 깨달음을 통해서 해야 할 일과 하지 말아야 할 일을 알게 됐을 때 스스로 조정할 수가 있다.

Q : 제가 형님의 일을 돌봐주고 있는 것도 형님의 운명을 살아주고 있다고 할 수 있는지요?

스승 : 너는 여기 와서 점점 깨달아 가니까 세상일에 상당히 유능해졌다. 네 근본은 피어나고 있는데 형이 너를 불러들여서 같이 일하게 됐다면 행운이다. 형도 좋은 인연이 있었기 때문에 가능하지만 네가 운명이 나쁜 사람을 도우려 하면 힘든 것도 사실이다.

Q : 개인의 운명은 어떻게 이루어지는 것입니까?

스승 : 개인의 운명에 대해서 정확하게 이끌어 주려면 정신을 보고 환경을 계산해야 지도할 수 있고 답이 나온다. 이치는 공식과 같고 법은 원인과 바탕과 환경의 수치와 다른 수치를 합친 것에 결과를 낸다. 그래서 사회의 운명이나 국가의 운명이나 모든 운명은 법 속에서 이미 정해져 있다.

Q : 부부는 남과 서로 만나는 건데 운명이 나쁜 사람을 만나서 결혼하면 나쁜 운명을 따라가나요?

스승 : 운명에 묻혀서 삶은 좋아지지만 깨달음이 없으면 자기 근본은 바꾸지 못한다. 저주받아 내일 죽어야 할 운명을 가진 사람도 깨달으면 죽음이라도 면할 수가 있다. 결혼해서 남편에게 사랑받지 못한 사람은 다음 세대에 와도 똑같은 현상이 나타나는데 불행한 자기를 가지고 있기 때문이다.

Q : 자기 속에 있는 나쁜 운명의 근원을 어떻게 버리고 좋은 운명으로 바꿔야 합니까?

스승 : 너희에게 주어진 최고의 숙제가 어떻게 자기의 나쁜 운명을 버릴 것인지 아는 것이다. 깨닫지 못하면 인간의 세계에 다시 돌아와도 현재의 삶과 조금도 다를 게 없다. 이 세대에서 나쁜 운명을 가진 사람은 내세에 와서도 운명을 벗어나지 못하고 깨달음이 없으면 대부분 그 길을 가게 된다. 원하는 것을 성취하고 좋은 자기를 얻기 위해서는 나쁜 자기를 버려야 한다. 한 통의 물을 떠 놓고 한 말 되는 양의 페인트에 수돗물을 아무리 부어 봤자 수돗물이 들어갈 공간이 없다. 페인트가 들어와 있으니까 강한 압력에 의해서 페인트가 흘러간 만큼 물이 그 자리에 차고 들어갈 수 있다. 너희가 여기에서 배운 걸 의식 속에 넣어 깨닫고 공덕을 지어야 운명을 바꾸는데 머릿속에 배운 지식만으로는 바꾸지 못할 것이다.

Q : 삶에서 자신도 모르게 어떤 감정을 일으키게 되는 것은 매우 위험한 일이겠네요?

스승 : 자기 속에 운명이 있으니까 자기도 모르게 어떤 일이든지 하는데 불행하게 사는 사람들은 불행하게 살아야 할 원인을 가지고 있다. 지금까지 삶이 평탄치 않았던 사람들은 자기에게 문제가 있었음을 인정해야 한다.

Q : 생명의 모태라는 용어를 알기 쉽게 설명해 주세요.

스승 : 운명은 자기에게 한번 연결되었던 일들은 계속 자기 속에서 그대로 죽지 않고 활동을 통해서 자기를 존재하게 한다. 업의 활동으로 모든 생명이 부활하고 나게 되는 과정에서 자기 속에 있

던 일이 운명의 근원이 된다. 삶을 통해서 자신을 깨우치려고 노력한다면 죽어서 영혼이 지옥에 빠지는 걸 구할 수 있고 내세에 태어나도 잘살게 된다. 그것은 모태 속에 너희를 잘살게 하는 깨달음과 활동하면서 얻었던 힘이 있기 때문이다. 의지가 약한 사람은 전생에서 잘못 살았기 때문에 현세에 와서 약한 의지를 보이는 것으로 운명은 만들어진다.

Q : 자기 속에 있던 잘못된 일의 문제로 인하여 정해지게 되어 있다면 어떻게 벗어나는 겁니까?

스승 : 모든 현상의 근원에는 문제에 의해서 존재하는 것을 이해하게 된다면 잘못된 삶에서 벗어날 것이다. 깨닫게 되면 신이 안 도와줘도 스스로 천국도 갈 수 있고 극락에도 갈 수 있다. 내세에 태어나도 제왕도 될 수 있고 뛰어난 자가 될 수 있고 현세에도 얼마든지 성공할 수 있다.

Q : 생활 속에서 하는 일을 통해서 깨달음으로 의식은 변화되고 성질도 바뀌는 것입니까?

스승 : 자신의 운명이 좋지 않다면 어떠한 방법을 통해서 나쁜 운명을 버리고 좋은 운명을 취할 것인지 방법이 먼저 계산되어야 한다. 거듭 말하지만 깨달음이 없이는 운명은 바뀌지 않고 자기가 무엇을 안다고 해도 행동으로 옮기지 않으면 안 바뀐다. 좋은 농사꾼에게 농사짓는 법을 배웠지만 자기가 스스로 농사를 짓지 않으면 좋은 결과를 얻는 길을 모른다. 남에게 자기가 배운 것을 가르치는 게 확신이 안 서니까 위험하기에 용기가 필요하다.

Q : 깨닫지 못하면 운명은 바꿀 수 없다고 하셨는데 깨우치지 못한 사

람일수록 애착이 크다고 볼 수 있습니까?

스승 : 깨우치지 못한 사람일수록 정과 애착이 커지니까 자기 속에 있는 악업을 버리지 않으면 항상 정과 애착에 붙잡혀 있고 묶인다. 항상 너희에게 말했듯이 세상에 있는 어떤 물질도 같은 궤도를 계속 돈다. 깨달음이 없이 어떤 현상에 부딪히면 자기가 가지고 있는 성질이 나타나서 결과를 지어놓고 자신 속으로 들어가고 지어진 결과는 자기 속에 들어온다는 것이다.

Q : 자기에게 활동한 성질이 지어놓은 거니까 결과는 똑같네요?

스승 : 자신이 가지고 있는 성질과 성격과 성품을 바꾸는 길은 깨달음으로 변화할 수 있다. 세상이 가지고 있는 진실을 알게 되면 옳고 그름에 대해서 눈을 뜨게 되고 옳은 일이 자기를 보호하기에 옳은 일을 하는 것이다. 궁극적으로 알고 보면 옳은 일이 자신과 세상에 좋은 결과를 가져다주기 때문에 옳은 일이다.

Q : 자신 속에 존재하고 있는 고통의 근원은 어디에서 나타나게 되는 것입니까?

스승 : 자기에게서 나타난 것인지 가족으로부터 주어진 것인지 사회로부터 온 것인지 관찰해야 한다. 3가지가 모두 법이 존재하는 현상계에서는 불가능한 것이 없고 현상계라는 자체가 모든 길이 존재한다는 뜻이다. 그래서 만물이 존재하고 좋고 나쁜 현상들이 나타나고 있다. 나쁜 것이 좋아질 수도 있지만 좋은 것은 또 나빠질 수도 있는 것이 현상계의 비밀이다.

Q : 자기가 가진 문제를 풀게 되면 매우 편안한 여생을 살아갈 수 있겠습니까?

스승 : 자기의 문제를 알게 되고 풀게 되면 삶을 통해서 매우 보람 있는 자신을 얻게 된다. 그러나 나쁜 운명을 가지고 태어난 사람들이 운명에 붙잡혀서 고집한다면 현세에서의 삶은 불행하고 또한 자기를 가지고 태어나야 하니까 내세의 운명 또한 불행할 것이다. 타인에 의해서 얻어진 고통이라면 어느 시기가 되어서 인연이 고통을 갈라 버리면 달라지겠으나 자기의 마음을 어둡게 하고 정신에 영향을 미치는 건 사실이다. 하지만 자기에 의해서 존재하는 고통은 자신의 노력으로 바로 깨닫고 고치지 않으면 끝없이 계속된다. 고통에 짓눌리면 그로 인해서 정신이 성장하지 못하기 때문에 한이 자기에게 올 수도 있다.

Q : 가족 중에 나쁜 운명을 가진 사람이 있을 때는 어떻게 대처해야 하는지요?

스승 : 자기가 아무리 훌륭한 사람이고 세상 이치에 밝고 올바르다고 해서 고통이 따르지 말라는 법은 없다. 세 사람의 가족이 있는데 그 중에 한 사람의 업이 큰 사람이 오면 두 사람은 자기가 짓지 않은 고통을 당한다. 곡식이 자라는데 무성한 잡초가 먼저 뻗고 나서 더 큰 힘이 억누르면 밑에 있는 곡식이 성장하지 못한다.

Q : 선생님의 말씀은 실제 자연의 가르침에서 볼 수 있는 것이네요?

스승 : 아무리 좋은 운명을 가지고 태어났다 하더라도 자기에게 고통이 있다면 가족의 영향에 의해서 받을 수도 있다. 우리 주변에 사는 사람이 사회의 환경을 만드는 근원이 되니 그들이 만든 제도나 사회가 가지고 있는 환경으로 인해서 원하지 않는 고통을 느낄 때도 있다.

Q : 어떤 사람이 교통사고를 당해서 즉사했을 때 운명에 의해서 사고를 당하게 되어 있는 것인지요?

스승 : 그것이 간단하게 불의의 교통사고라고 한다면 깜박하는 순간에 운전사가 한눈팔다가 차에 부딪혀서 죽는 수가 비일비재하다. 그러한 경우에 가장 많이 쓰이는 말이 무엇에 씌었나 한다. 밝은 정신을 가지고 생활하면 재앙이 오다가도 도망가지만 어두운 정신으로 생활하면 없던 재앙도 찾아온다. 정신이 어두울 때 무엇인지 자기의 정신을 가렸을 때 생기는 일인데 여기에 대한 분석은 신에 씌어서 일어나는 일인지는 분석해야 한다. 운명은 얼마든지 피할 수 있지만 방법을 알아내기 전에는 피하기 힘들다. 자기 속에 죽어야 할 운명을 가지고 태어났을 때 방법을 모르면 법칙의 세계에서는 피할 수 없다.

Q : 인간이 오늘날까지 많은 세월이 흘러나오면서 자기 운명을 스스로 바꾼 일은 극히 드물지 않습니까?

스승 : 색깔을 모르면 12가지 색을 두고도 회색을 만들기도 힘들겠으나 색깔을 알면 흰색에 검은색을 더하면 회색을 만들 수가 있다. 운명이 좋지 않다고 생각한다면 자기 속에서 나오는 본능에 의해서 모든 행동을 하게 되니 운명은 깨달아서 바꾸어야 한다. 자기가 깨닫고 배운 사실에 기인해서 일을 추진하다 보면 자기 속에 있는 운명은 피할 수가 있다. 그래서 여기에서 운명을 바꾸는 법을 가르치는 것이다. 운명은 과거로 인해서 내게 만들어진 것이고 미래와 현재는 과거의 영향을 매우 크게 받고 있다. 그러니 너의 속에서 나타나는 성질이나 성격이나 판단이 옳지 않을 때 바꾸는 것은 지혜 있는 사람한테 가서 들어서 지혜를 자기 속에 받아들이면 달라진다.

Q : 그렇게 보면 운명은 이미 정해진 것이 아닙니까?

스승 : 운명은 정해졌다고 해도 운명 자체가 과거에 자기 속에 있었던 일들이 쌓이고 쌓여서 생명의 근원이 되었다. 생명은 자기 속에 쌓여있던 일들의 영향을 받게 되므로 사물을 보고 이해하고 느끼는 성질과 성격과 성품이 차이를 나타나게 한다.

Q : 사람의 성질이나 성격이나 성품도 타고난 것인지요?

스승 : 쇠붙이나 나무나 모든 물질은 자기 성질을 가지고 있다. 그럴 때 납을 붓고 은을 조금 부었을 때는 납보다는 여물고 은보다는 약한 성질이 나오는 것이다. 납과 은이 합쳐지면서 성질은 나오게 되었다면 구리를 좀 더 넣어보면 성질이 바뀌었다. 운명이라는 것은 정해져 있지만 있는 일에 따라서 운명을 변화시킬 수 있다. 새로운 일이 자기에게 오게 된 것을 받아들이게 되면 이미 성격이나 성품이나 성질이 바뀌게 된다.

Q : 자기가 가진 성질을 가지고 운명을 알려고 하면 전생의 일을 알아야 하는데 어떻게 알 수 있습니까?

스승 : 좋은 운명을 가진 사람의 옆에 있을 때는 절대 망하지 않고 피해 갈 수 있지만 매우 힘든 것이 이치를 알아야 한다. 전생에 백정을 했던 사람은 또다시 돌아와서 도축장에서 일하게 되는 일이 많다. 전생에 기생이 되었던 팔자를 가졌던 사람은 또다시 세상에 돌아와서 유흥업소에 다니게 되는 확률이 많은 건 전생에 근본 속에 그런 것을 두어 왔기 때문에 나타나는 것이다.

Q : 이러한 이치는 세상에서 그냥 이유 없이 나타나는 게 아니겠네요?

스승 : 이러한 일이 있으므로 좋은 사람이 되겠다고 생각하고 자기

가 옳은 길을 갈 때 더 배울 게 없이 행하면 훌륭하고 남에게 존경받는다. 그렇지 못하면 깨달음으로 인해서 자신의 마음에 있는 업을 사하고 공덕을 키워서 실제로 이런 일을 있게 해야 한다. 이러한 운명을 짓는 일을 분명히 알 때 너희는 남에게 속지 않을 것이다.

Q : 인간이 생활 속에서 고해(苦海)가 왜 존재하며 나쁜 운명이 존재하고 좋은 운명이 존재하는 것입니까?

스승 : 인간의 의식은 환경에 부딪히면 마음이 일어나는데 의식도 하나의 기운이다. 진기 안에 있는 인자는 하나의 씨앗 속에 씨눈과 같은 것이 의식을 보호하는 기운을 충동해서 마음이 일어나게 한다. 마음은 행동을 유발하고 행동은 다시 마음으로 돌아오고 자기가 했던 일이 전부 자신에게 되돌아온다. 자업자득과 인과응보라고 이해할 수가 있다. 의식은 마음을 나게 하고 마음은 행동을 나게 하는데 행동은 다시 마음을 짓고 마음은 의식을 만든다. 그래서 작은 열매도 키울 수 있고 큰 열매도 다시 생명 활동을 통해서 작아질 수도 있으며 모든 것이 고정되어 있지 않고 변화하고 있다.

Q : 변화하는 것이 뜻의 결과로 나타나는 현상입니까?

스승 : 강한 자는 시시한 일을 보면 이해하게 되는데 의식이 약한 자는 신경질을 부린다. 그리고 같은 일을 시켰을 때 의식이 좋은 사람은 일하면서도 결과를 생각하고 기쁨을 느끼는데 의식이 망한 사람은 일이 하기 싫어 죽을 지경이고 괴롭다. 그래서 의식이 좋으면 근면하고 검소하고 정직하게 행동하겠지만 의식이 나쁘면 나태하고 낭비벽이 심하며 거짓을 말한다. 그래서 사람의 의

식이 나쁜 것은 계속 나쁜 행동을 지어서 나쁜 자기를 만드니 운명은 항상 나빠진다. 의식이 좋아지고 깨달으면 좋은 마음을 내기 때문에 좋은 행동이 나와서 좋은 마음을 통하여 마음이 지어지고 좋은 의식이 나타난다.

Q : 여래님 말씀의 뜻이 깨달음은 자기를 있게 하는 길인 것입니까?
스승 : 운명의 근원에 대해서 집중적으로 탐구해도 이해할 수는 없으니 녹음기를 가져와서 녹음된 테이프를 계속 들으면서 관찰해야 한다. 하나의 물건을 놓고 어떠한 사실들이 나타나고 있는지 관찰할 때 그런 세계의 이해가 가능하다. 의식이 약한 사람은 처음 왔을 때는 졸음도 오고 머리도 아프니 집에 빨리 가고 싶어 한다.

Q : 저희가 공부했는데도 아무런 현상이 안 나타나면 헛일을 한 것입니까?
스승 : 너희가 6개월이고 1년이고 들어서 감동이 오면 의식이 좋아지고 사람이 달라진다. 좋은 현상이 나타나는 것은 좋은 가르침이고 좋은 현상이 자기에게 나타나면 좋은 공부이다. 그런데 나쁜 현상이 나타나면 나쁜 공부를 한 것이다. 나쁜 오염된 땅에 뿌리 내린 나무에서는 열매가 나쁘고 잎도 시들시들하다. 좋고 기름진 땅에 뿌리 내린 잎은 푸르고 청정하고 윤기가 나는 것이 좋은 나무라고 설명할 수 있는데 현상 자체가 바로 진리이고 있는 것이 진실이다.

Q : 선생님은 사람들의 운명을 바꾸어 줄 수 있습니까?
스승 : 지난날 어떤 사람이 여기에 찾아와서 자기의 운명을 보게 해

달라고 해서 보았다. 업장이 매우 두껍고 앞날이 매우 불행해서 찾아왔다는 고마움에 그 사람에게 일러주었다. 당신에게 복이 없는 것이 아니고 당신이 복을 찾지 않기에 복이 없는 것이다. 세상은 뜻 속에 있으니 당신이 그 뜻을 지으면 되는데 뜻 짓기를 거부하니까 당신에게 복이 없는 것이다. 내가 당신의 운명을 바꿔 줄 수가 있으니 내가 가르쳐 주는 대로 하면 가정에 평화와 행복이 일어날 수 있다. 그러니 좋은 영적 결실을 얻어서 훌륭한 세상에서 스승이 될 수도 있다고 그를 위하여 최고의 축복을 하자 온갖 핑계를 대고 다시는 이곳에 오지 않았다.

Q : 아무리 여래라고 해도 스스로 노력하고 깨우치지 않는 사람의 운명은 거두어 줄 수가 없는 것입니까?

스승 : 모두가 하늘의 뜻인데 그는 세상에 업을 지고 왔기에 아무리 내가 덜어주고 싶어도 본인이 일생을 그 일을 모르니 내가 덜어 줄 수가 없다. 결국 그 가정은 파탄에 이를 것이고 나이가 들면 세상에서 아무것도 얻은 것이 없이 죽도록 고생만 하다가 떠나게 된다. 축복하면 도망가고 그렇다고 거짓으로 속이면 나를 망치게 되니 내가 하는 말을 원하는 자가 없다. 사람을 보고 자기가 하고자 하는 일의 결과가 무엇인지를 분명히 알려줌으로 스스로 보고 믿고 원할 때 나는 원하는 모든 것을 가르쳐 줄 수 있다.

Q : 세상에서 자기 자신의 운명을 바꾸는 방법은 스스로 깨달아야 하는 방법밖에는 없는 겁니까?

스승 : 여래가 없는 곳에서 아무리 알고자 해도 세상의 뜻을 알 길이 없고 너희가 구하고자 하는 영적인 삶의 결과에 대해서 아무도 알지 못한다. 이곳에서는 내가 분명히 여래라고 했을 때 어떻게

살 것인지 하나의 뜻 속에 현상이 나타나는 결과가 이미 나와 있는 것이다. 사람들에게 사실을 말하면 시간이 지나고 나서 그 말이 옳다고 깨닫는다. 이러한 세상의 일을 잘 깨닫고 이해한다면 너희의 능력은 이웃과 동포들을 위하여 매우 도움이 되는 삶을 살 수 있을 것이다.

Q : 여래님께서는 운명은 자기 자신이 만든다고 했는데 부모로부터 어떤 질병을 받았다면 자기 운명하고는 관계없는지요?

스승 : 운명은 있는 일을 통해서 만들어지고 어떤 판단과 결정과 생각은 자기 속에 있는 일에 의해서 일어나게 된다. 인과법을 설명할 때 자기는 자신으로부터 나고 세상에서 생명체로 부활하기 위해서는 부모의 몸을 빌려서 났다. 그런데 자기 아버지의 몸속에 병의 유전인자를 갖고 있었을 때 작은 정자에 의해서 만들어지는데 정자 속에 인자가 붙어 갈 수가 있다.

Q : 지금까지 저희가 가진 운명 자체는 자신 속에 있었던 일에 의해서 만들어진다는 것이네요?

스승 : 모든 인간의 의식은 평소에는 잠재해 있다가 어떤 것과 부딪치면 마음을 일으키고 행동을 일으키고 다시 있었던 일을 자기에게도 받아들이고 계속 반복한다. 그러니 어떤 나쁜 현상을 보았을 때는 나쁜 반응을 일으키고 결과를 자기 속에 와서 잠재한다는 것을 말했다.

Q : 자신이 불가항력으로 원하지 않는 운명을 선택받는 예도 많지 않습니까?

스승 : 물론 나쁜 사람을 만나면 나쁜 마음을 일으키게 되어 자기 속

에 와서 쌓이게 되고 자신에게 있었던 나쁜 일이 자기 속에서 영향을 끼치게 된다. 우리 의식의 활동으로 있었던 인연의 활동으로 미래가 존재하는 것이다.

Q : 온갖 물질을 섞었을 때 물질 자체는 여러 가지 성질을 나타내기 시작하듯이 현재의 운명은 과거에 존재했던 일에 의해서 영향을 받는 것이겠지요?

스승 : 예를 들어 금이 순수한 성질을 가지고 있지만 납이나 니켈이나 알루미늄을 합금했을 때 금의 성질 외에도 여러 가지 성질이 발생하게 된다는 사실이다. 그렇다면 인생을 살아갈 때 온갖 일을 겪었다면 의식에서는 온갖 성질이 존재하게 되고 성질이 현실과 부딪칠 때 사람에게 작용한다.

Q : 어떤 형제가 한 사람은 장래를 위해서 근면하고 검소하고 정직한 생활을 지향했는데 한 사람은 반대로 탐욕과 허영과 진실하지 못한 생활의 결과는 어떻겠습니까?

스승 : 대답은 뻔한 것이 아니냐? 자기 속에 존재했던 성질에 의해서 현실에서 결과는 나타나게 되고 두 사람의 현재와 미래가 달라질 것이다. 너희가 보는 사회나 내가 보는 사회나 똑같은 사회에 살고 있다. 그런데 같은 사회에 살고 있으면서도 어떤 사물을 볼 때 이해는 다를 수밖에 없다. 있는 일이 다르므로 다른 현상이 나타나는 것이고 미래에 존재하게 되는 운명은 현재에 존재했던 일들에 의해서 만들어진다. 너희가 비싸지 않은 옷이라도 깨끗하게 입고 편안한 정신으로서 장사해 보면 잘된다. 그러나 걱정하고 쪼그려 앉아 있으면 밝은 사람은 지나치면서 기운이 어두운 사람들만 올 것이다.

Q : 장사하는 데도 스트레스가 많이 받치는 사람은 나쁜 결과를 가지고 오는 운명이 존재했기 때문입니까?

스승 : 있는 일에 대한 인연법은 우리가 만나고 헤어지고 얻고 버림으로써 생기는 것이다. 우리가 어떤 일을 했을 때 얻어지는 것과 자신이 가지고 있는 걸 합치면 숫자가 나오게 된다. 그것이 5+1이면 6이 되는 거고 5+4면 9가 되는 것이다. 왜 수학이 있는지 운명이 있는지 존재하는 모든 것들은 자신 속에 있는 일을 통하여 끝없이 변하게 한다. 있는 일을 얼마나 잘 알고 받아들이는지에 따라서 사람의 운명이 변하는 척도도 다르다.

Q : 깨달음이 없는 사람은 자신이 가지고 있는 사고에 의지하는데 자신 속에 있는 작용 때문에 나타나는 것인지요?

스승 : 어떤 일이 어떻게 나는지 쉬운 방향에서 알아볼 수 있다. 붉은색과 흰색을 섞었더니 분홍색이 나왔는데 자기가 어떤 일을 얼마만큼 받아들이는지에 따라서 운명은 다르게 변화한다는 것이다. 많이 받아들이는 사람은 많이 변하고 적게 받아들이는 사람은 적게 변한다. 사람들은 무슨 일이 생기면 함부로 생각하게 되는데 세상을 살아가면서 매우 위험한 일들이기에 항상 확인해야 한다. 잘 살고 못 사는 것은 간단하게 있는 일을 알고 현명하게 판단하면 얼마든지 잘 살 수가 있다.

Q : 저희가 왜 사는지 어떻게 살아야 하는지 문제를 어떻게 알 수 있습니까?

스승 : 너희도 조금 깨닫고 보면 문제를 아는 일은 간단하다. 있는 일을 계속 배워서 있는 일을 통해서 자기의 활기를 되찾고 살아가는 것이다. 그러면 너희의 운명은 자연적으로 좋아지고 의지

가 자꾸 높아진다. 실제 세상에서 깨달은 자가 날 때마다 매우 상식적인 말을 했다.

Q : 생각이 많지 않고 있는 일을 잘하는 사람이 좋은 운명이네요?
스승 : 잘살기 위해서는 항상 좋은 근본인 진실이 크면 클수록 있는 일에 대한 이해가 빨리 오고 진실이 적으면 적을수록 잔머리를 잘 굴리게 된다. 운명은 좋게 변할 수도 있고 나쁘게 변할 수도 있다. 나쁘게 변하는 것은 항상 의지를 내세우지 않고 생각을 내세우는 사람들이다.

Q : 운명은 태어날 때 가지고 태어나지만 스스로 운명의 짐에서 벗어날 수가 없으므로 바꾸지 못하는 것이네요?
스승 : 자기에게 지워진 운명에서 벗어날 수 있는 것은 세상은 법칙에 따라서 존재해 왔고 앞으로도 이러한 법칙에 따라서 존재할 것이다. 이 법칙을 설명할 때 5+3=8이 공식 속에서 얻어지는 법칙에 따라서 모든 것은 변화하는 것이다. 사람들은 깨어나는 것을 매우 두려워하는데 세상에는 깨달음을 얻겠다는 사람들이 수없이 많다. 하지만 찾아가서 진정으로 깨닫는지 묻는다면 아무도 대답하지 않았다. 세상을 돌아다녀 보아도 진정으로 붓다의 가르침을 알려고 하는 사람은 없었다는 것이다.

Q : 세상에는 깨달음을 얻겠다는 사람이 많은데 왜 아무도 알려고 하지 않는 현상이 일어납니까?
스승 : 붓다의 가르침에 대해서 배우겠다고 처음에는 많은 사람이 찾아왔으나 진정으로 가르침을 알려고 하는 사람은 없었다. 그들이 찾는 것은 가르침이 무엇인지를 찾지 않고 이야기책을 가

지고 새로운 자기들의 생각을 보태서 새로운 이야기를 만들고 있었다. 그것이 세상 사람들이 하는 일이어서 사람들은 참 깨우치기가 힘들다.

Q : **사람들이 이곳에 오기가 힘든 것도 운명 때문입니까?**
스승 : 세상에는 진리가 있고 사람의 마음속에는 진실이 있으니 나의 진실은 세상을 볼 때 내 마음처럼 보이게 되어 있다. 의식이 잠들어 있는 눈뜬장님은 아무리 세상을 봐도 보이지 않고 눈을 고치기 전에는 보이지 않는 법이다. 마음도 너무 어두워져 버리면 사실을 말해도 사실을 알아들을 수가 없고 애욕이 큰 사람은 진리를 아무리 말해도 진리가 마음에 들어오지가 않는다. 아편을 맞고 중독된 자는 아편을 계속 원하게 되는데 마음이 어두웠기 때문에 사실이 마음에 즐겁게 들리지 않는다.

Q : **가까운 사람이 말썽을 일으키는데 가만히 두면 죽을 때까지 바꾸지 않을 것인데 어떻게 해야 합니까?**
스승 : 일반 사람은 사실 가르치지도 않았고 알아보지도 못한다. 천상의 신이라고 해도 깨달은 자의 곁에서 듣지 못했다면 절대로 운명을 알 수가 없다. 그래서 사주쟁이들이 타고난 운명은 바꿀 수 없다고 하는데 지금까지 이러한 세계의 일들을 알아볼 수 있는 사람이 없었기 때문에 바꿀 수가 없었다.

Q : **운명을 말할 때 고정적인지 유동적인지 물어보면 분명하지 않은데 어떻게 대답해야 합니까?**
스승 : 너희가 가만히 앉아 있으면 고정인데 운명은 고정된 것도 아니고 유동적인 것도 아니다. 콩을 같은 밭에서 똑같은 방법으로

농사를 지으니 똑같은 콩이 나온다. 농사를 짓는 주인이 땅을 가꾸는 법을 알아서 땅을 잘 가꿔 놓으면 콩알은 굵어지고 변해 버린다. 거기에는 좋은 기운이 쌓일 수도 있고 농부의 손에 따라서 이루어질 수 있다. 이러한 세상의 일을 깨달은 자에게는 모든 운명은 스스로 바뀔 수 있지만 그렇지 않으면 항상 자신이 가지고 있는 운명을 돌게 된다. 그러니 무지한 자에게는 고정돼 있다고 보고 깨달은 자에게는 바뀐다고 보아야 한다.

Q : 사람의 이름에 따라 사주팔자가 바뀐다고 들었는데 가능한 일인지요?

스승 : 무궁화나무를 소나무라고 해서 그때부터 송충이가 파먹는 일은 절대 일어나지 않는다. 이 세상을 살아가다가 보니까 이상한 사람들이 이름도 운명에 영향을 준다고 말하는데 외국에서는 이름 지어주는 사람이 없다. 특별히 회사의 이름을 만들어야 하면 사원들에게 공고해서 좋은 이름을 쓰는 건 보았다. 중요한 것은 왜 한국에는 성명철학이라는 게 나와서 아이가 태어나면 이름을 짓는지 모르겠다. 이승만이라는 이름과 돌쇠라는 이름을 지었다 해서 돌쇠가 대통령이 못되고 이승만이라는 이름이라야 출세하는 일은 절대 없다.

Q : 자연에서 보면 좋은 땅에 좋은 씨앗을 심으면 잘 되게 되어 있잖아요?

스승 : 제주도에서 밀감의 씨앗을 받아다가 강원도에 심어서 이름을 강원도 밀감이라는 부른다고 해서 제주도에서처럼 당분이 충분한 밀감이 열리는 일은 절대 없다. 실제로 여기 나오던 사람 중에도 이름을 짓는 사람이 있었는데 우리는 사회현실에서 보아야

한다. 상호를 지어주고 생활에 활용하는데 작명하는 책을 썼지만 이름 자체가 운명에 어떤 영향을 끼치는지 모른다. 그런데 사람들이 전화로 질문을 하면 이름 잘못 지으면 큰일 난다고 말하는데 영업해서 살기 위해서 하는 일이다. 이름을 꼭 돈 주고 지을 필요는 없고 자기 아버지나 할아버지 되는 사람이 하나 지어주면 된다. 그런 이름에 신경을 쓰지 말고 이름이 절대로 사주에 영향을 미치지 않는다. 그러니 가족끼리 앉아서 홍길동이 좋겠는지 홍길자가 좋겠는지 결정해서 지으면 된다.

Q : 그런데 흉한 이름을 지었다면 들을 때 이상하지 않습니까?
스승 : 뱀이니 거머리 같은 흉한 이름을 짓지 않고 그냥 평범한 이름을 지으면 괜찮다. 세상에 할 일이 많은데 아무리 눈뜬장님이라 하지만 너는 그렇게 알아볼 것이 없느냐?

Q : 세계 각국에 무당이 없는 나라가 없는데 그들이 말하는 운명은 얼마나 사실적입니까?
스승 : 자기에게 지워진 운명에서 벗어날 수 있는지는 있는 일을 통해서 찾으면 벗어날 수가 있다. 세상은 하나의 법칙으로 존재해 왔고 앞으로도 이러한 법칙으로 존재할 것이다. 공식 속에 의해서 모든 것은 변화하는데 사람들은 깨어나는 것을 매우 두려워한다. 세상이 천국이 되지 못하는 것은 사람들이 자신 속에 있던 일에 붙잡혀서 있던 일을 계속하기 때문이다.

Q : 사람들이 자신 속에 있던 일에 붙잡혀서 있다면 좋은 세상을 만들 수 없습니까?
스승 : 기생집 출입하던 난봉꾼은 죽고 태어나고 또 죽고 태어나도

술집을 찾아가는 일을 계속한다. 철을 다루고 칼을 만들고 하던 사람들은 죽어서 다시 태어났는데도 그 일을 계속하려고 한다. 자기 속에 있던 일에서 벗어나지 못하는 게 사람들이 가지고 있는 운명이라는 것이다.

Q : 사람이 세상에 태어나서 행복하게 사는 사람도 있고 불행하게 사는 사람이 있는데 왜 그런지요?

스승 : 지금까지 많은 시간을 통해서 설명해 왔는데 너희의 질문에 따라서 대답이 조금씩 달라질 것이다. 운명은 과거에 자기에게 있었던 일들이 모여서 한 개인의 운명을 존재하게 한다. 아무리 나쁜 운명을 가지고 태어난 자도 깨달은 자의 가르침을 받아들이고 세상 이치에 통달하게 되면 나쁜 운명이 이끄는 데로 따라가는 것이 아니다. 세상일을 움직이는 이치 속에 있던 일을 보고 따라가게 될 때 자기의 나쁜 운명을 물리치고 좋은 삶을 자기 속에 존재하게 할 수가 있다. 그러나 인간사회에서 이러한 인연을 얻는다는 것은 사람이 땅 위에 서서 하늘에 있는 별을 따는 격이다.

Q : 운명이 다른 사람이 같은 일을 할 때 의식 속에 있는 일의 차이에서 다른 결과를 가져오는 것입니까?

스승 : 나는 있는 일을 알아보기 때문에 있는 일을 통해서 좋은 결과를 얻지만 있는 일을 알아보지 못하는 사람은 있는 일이 오히려 자기를 힘들게만 할 뿐이다. 내가 하는 일을 보면 똑 부러지게 하고 절대 함부로 시시하게 안 한다. 어떤 일이라도 갖다 놓고 나면 그 일을 통해서 좋은 결과를 만들지만 다른 사람은 불가능한 일이다. 운명은 자기에게 있었던 일이 자기 속에 존재하게 되어서 자신이 어떤 일을 할 때 영향력을 행사하게 된다.

Q : 모든 조건이 거의 완벽하게 갖춘 사람에게 나쁜 결과를 가져오게 하는 것도 운명이 나쁘기 때문입니까?

스승 : 운명이 나쁜 사람은 모든 조건이 거의 완벽하게 갖추었다 해도 결정적인 순간에 실수해서 나쁜 결과를 가져온다. 먼저 자신이 운명을 바꾸게 되었을 때 원하는 것이 자기 앞에 전부 다 보이면 주우면 되고 받아들이면 된다. 잘못된 운명을 가진 사람들이 운명을 바꾸는 것은 좋은 자기의 길을 개척하는 게 삶의 목적이고 목표이기도 하다. 이 점을 항상 중요하게 생각하고 받아들일 수 있기를 바라며 희망으로 살아야 할 것이다.

Q : 자기의 모태 속에 있는 일이 계속 활동하는데도 업을 정지시킬 수 있습니까?

스승 : 무엇을 해야겠다는 욕심만 가지고는 좋은 결과를 얻을 수 없고 길을 알고 방법을 알아야 한다. 자기 속에 있는 업을 깨우치는 가장 중요한 일은 거짓으로부터 자기를 지키는 일이다.

Q : 그러면 어떻게 거짓으로부터 자기를 지킬 것입니까?

스승 : 그것은 현실에 있는 일을 보고 배워야 한다. 누구도 세상 사람은 믿을 수 없으니 확인의 과정을 거치면 드러나게 되어 있다. 생명의 근원을 보호할 수 있는 건 업의 활동을 정지시키는 것이고 기운의 진화를 막는 길이다. 자기가 가진 기운을 잘 유지해서 업의 활동이 중지되어 버리면 5백 년이나 천년을 아주 편안하게 허공에서 꿈을 꾸는 상태와 같이 머물 수 있다. 천년 후에 좋은 세상에 내려오면 다시 인연을 받아서 부활하면 된다.

Q : 자기의 업을 알고 인식하면 업장 소멸이 가능할 것인데 행동이 나

타나지 않으면 업을 정지할 수 없잖아요?

스승 : 업을 모르는 사람들은 자기에게 나쁜 습성이 일어난다거나 근기가 약하거나 하면 내가 전생의 업이 크다고 생각하면 된다. 그 업장을 소멸하고자 한다면 깨달음이 중요하며 먼저 진실을 알려고 노력하지 않는다면 업은 바뀌지 않는다. 종교인들의 말을 들어 보면 문제가 없는 말들이 너무 많은데 이야기책 같아서 사람을 깨우칠 수가 없다. 업을 소멸하고 억누르기 위해서는 먼저 진실에 관심이 높아야 하고 원칙과 문제를 아는 것이다.

Q : 진실을 알아보지 못한다면 좋은 자기를 찾을 수 있는 기회를 가질 수 없겠네요?

스승 : 원칙과 문제가 없는 이야기라면 진실이 없는 것이고 다른 사람에게 전하는 것도 부질없는 일이다. 남을 망치는 것은 자기에게 큰 업장을 짓는 일이기에 업에서 벗어날 수 있는 길은 진실성의 완성이다.

Q : 살아가면서 번뇌와 망상으로 괴로울 때가 많은데 조금이라도 벗어날 방법이 있습니까?

스승 : 사람들이 번뇌와 망상을 일으키는 원인은 자신 속에 존재하는 업에 따라서 일으키는 각도가 다르다. 자신의 업에 따라 많이 일으키고 적게 일으키니까 잡념을 갖지 않도록 열심히 일해야 한다. 그래서 정상적인 생활을 시도하고 항상 있는 일에 대해서 알려고 노력하면 된다.

Q : 자기를 깨우치려고 하는 노력이 번뇌와 망상에서 벗어나는 길입니까?

스승 : 캄캄한 어두운 밤중에 이불 밑에서 눈을 감았을 때 잠이 안 온다면 번뇌와 망상이 많이 오겠지만 밝은 정신으로 있는 일을 많이 아는 것이 마음을 밝게 한다. 근면과 검소함과 정직함으로 밝게 살고자 할 때 노력의 결과로 일어나던 번뇌와 망상도 줄어들 수 있다. 사람들이 행복을 어떻게 얻는지 묻는다면 먼저 네 행동과 노력으로 행복을 얻을 수 있다고 말할 것이다.

Q : 자기 속에 있는 일에 의해서 근원이 만들어지면 업을 가지고는 깨달음을 얻을 수가 없는 것입니까?

스승 : 업을 가진 자가 깨달은 자를 따라오고 깨달은 자가 가르치는 진리를 받아들이게 되면 업 자체가 죽어버리게 되고 업 자체가 쓸모가 없이 된다. 근원에 업이 있는 것은 업 자체는 과거의 활동으로 만들어진 것이기 때문이다. 있는 것의 활동으로 있었던 일들이 존재하는데 절대 자기를 버리기 전에는 깨달은 자를 따라가는 것이 불가능하다.

Q : 갑자기 자기의 성질이 튀어나오는 경우가 있는데 근원 속에 있는 성품이 존재함으로써 좋고 나쁜 게 보이는 것입니까?

스승 : 의식 속의 업이 사라져야 사물의 투시나 이해의 능력이 뛰어나게 된다. 사람들은 업을 가지고 있으므로 어떤 사물에 대한 정확한 능력이 없기에 생각에 따라서 자기 속에 있게 되는 일들의 작용으로 움직인다. 인간 의식은 여러 가지 다른 기능이 있다. 의식이 만드는 과정에서 같은 한날한시에 태어난 쌍둥이도 나중에 커서 하는 행동을 보면 의식이 다르다. 자기 속에 있는 내용물이 다를 때 나타나는 반응은 다르니까 의식은 자기 속에 있었던 뜻이 쌓여서 새로운 근원이 되는 것이다.

Q : 삶을 잘못 살아서 업이라는 짐을 지게 되면 자신에게 어떤 불행의 결과를 가져옵니까?

스승 : 사람들은 의식에 의해서 움직이고 있는데 의식이 괴로우면 만사가 괴롭다. 육체는 의식 활동을 존재하게 하는 기관에 불과해서 의식은 발산되기도 하고 받아들이기도 한다. 어떤 잘못을 했을 때 행위 때문에 만들어지는 것은 찰나의 일들이 몸속에 있는 의식의 기운을 변화시킨다. 자기가 나쁜 것을 받아들이고 나쁜 생활을 할 때 정신이 어두움을 느끼고 어지럽게 되는데 기운이 혼탁해졌기 때문이다.

Q : 현세에서 어떠한 삶을 살아야 과거의 업장까지 소멸시킬 수 있는 것입니까?

스승 : 너희가 미래의 세상을 통해서 앞으로의 세상에서 구원받는 유일한 길은 자기를 불사르는 길이다. 업장 소멸은 자기의 마음을 태워야 온다. 너희가 진정으로 이웃을 사랑해도 태울 수 있고 세상을 사랑해도 태울 수 있으며 좋은 스승을 만나서 진정으로 배우고자 할 때도 마음은 탈 수가 있다.

Q : 사람들은 왜 사실대로 말해서 자기 기대를 깨버리는 사람을 싫어합니까?

스승 : 기대심리가 크고 편안하게 무엇을 얻으려 하고 당장 성공하고 싶은 명예를 얻고 싶은 온갖 욕심 때문에 눈뜬장님이 되어서 마음이 멀게 된다. 원인이 어떻게 해서 결과에 이르게 된다는 이치를 말하지 않으면 거짓말하는 목소리 큰 자가 이기는 경우가 많다. 마음이 어두운 자는 사실을 보지 못하기에 돌을 가지고 그럴듯하게 꾸며서 보석이라 하는 사람을 좋아한다.

Q : 깨달음이 업의 죽음이라고 하셨는데 자기의 기대를 깨버리는 것은 자기의 업을 죽이는 일이겠네요?

스승 : 업은 애착 때문에 절대로 깨달음이 없이는 죽일 수가 없다. 깨달은 자와 만난든가 자기 자신이 어떤 계기에 의해서 깨달음을 얻게 된다든가 어떤 인연을 만나게 될 때 운명은 변하게 된다. 업의 활동으로 자기에게 있게 되는 일을 운명이라고 했다. 운명이 사실 사주나 책을 통해서는 절대적으로 바뀌지 않으나 수학에서 문제가 바뀌면 답도 바뀌는 것처럼 이 세상에서 고정적인 것은 없다.

Q : 거짓이 물러가고 진실에 눈을 뜨게 되어서 업의 활동을 정지시킬 수가 있다면 결과는 어떻게 되는 것입니까?

스승 : 생명의 기운이 가벼워지면 상승의 효과가 있고 업이 크면 하강하는 힘을 가지고 있다. 업이 큰 사람들은 변화기가 파장 안에 들어서 모두 소멸하게 되고 업이 없는 사람들은 상승하므로 자기를 유지하게 된다. 이것이 어떤 물질과 결합을 하면 생명체로 부활하기 때문에 어떤 생명체로 태어나더라도 지능을 그대로 가지고 있다. 그러니까 거짓에서 벗어나서 진실의 눈을 갖는 것이 자기를 구하는 길이다.

Q : 삶을 통해서 자기를 망치는 일은 자기가 가지고 있는 거짓을 버릴 길이 없어서입니까?

스승 : 속는 일도 업을 짓고 속이게 되어도 업이 되어서 한번 인간 세상에 태어나기도 힘이 드는데 속이고 속는 일이 있어서 인간의 길을 망치고 있다. 크게 속았을 때 마음은 항상 속은 일을 기억하게 되고 자기 속에 갖고 다니는 것이 한이 된다. 진실로 귀

하고 귀한 일이 자신 속에 있는데 중생이 삶의 길을 모르니 자신을 구하기가 어렵고 힘들다. 보통 중생이 아무렇게나 살다 보면 인간 세상에 태어나는 일이 쉽지 않고 근본이 망하면 인간으로 태어나기가 어려워진다.

Q : 삶의 결과인 영혼이 왜 업을 짓는지 이해할 수 있도록 설명해 주십시오.

스승 : 사람의 가슴속 깊숙이에 있는 의식체를 영혼이라고 하고 육체를 떠났을 때는 신이라고도 한다. 살아있을 때 사람이 속든가 속이는 일로 인하여 한을 짓게 되면 속은 자는 마음에 한을 갖게 된다. 자기가 마음을 가지고 있으면 항상 자기를 속인 자를 기억하고 있다. 그러면 의식이 연결되어 있으니 속인 자는 자기가 속인 일로 인하여 인간 세상을 벗어날 수가 없다. 죽어서 살아있는 것과 같은 현상을 헤매는데 항상 느끼면서 떠돌아다니게 된다. 그리고 속은 자는 원한을 가지고 있기에 자기를 버릴 길이 없으니 항상 한에 붙잡혀 있고 묶인다. 그래서 속이는 일도 한이 되고 속는 일도 한이 되어 지옥을 헤매고 다니는 것이다.

Q : 인간이 서로 속이고 속았을 때 의식 속에는 어떠한 작용이 있어서 일어나는 현상입니까?

스승 : 우리가 의식의 눈으로 관찰하면 살았던 모습 그대로 가지고 있지만 어떤 상태에서는 신이라는 의식체가 하나의 둥근 빛으로 보일 때도 있다. 어떤 때는 여러 가지 모습으로 의식에 보일 때가 있는데 살아있는 사람이 죽은 의식체를 볼 때 다른 물체의 모습으로도 분간이 된다. 그러한 모습을 가지고 있는 신의 실체는 기운인데 하나의 한으로 인해서 엉켜있어서 풀어지지 않는다.

풀어질 때까지 항상 살아있을 때의 기억을 가지고 이 세상을 헤매면서 존재해야 한다.

Q : **영혼 속에 한이 풀어지지 않으면 어떻게 되는가요?**
스승 : 생명의 근본은 한이 묶여서 밖으로 나오지 못하고 태어나려고 해도 태어날 수가 없다. 의식이 죽을 때까지 한 속에서 감옥 속에 사는 것처럼 갇혀서 온갖 고통을 느끼게 되는 곳을 지옥(地獄)이라고 한다. 의식을 감싸고 있는 기운에 부딪히면 의식은 나쁘고 괴롭고 힘든 걸 계속 나타나게 해서 사람의 애착은 한처럼 자기를 얽매이게 한다.

Q : **지옥이라는 곳이 어떤 특정한 장소에 있는 것이 아니라 의식이 느끼는 상태를 지옥이라고 부르는 곳입니까?**
스승 : 인간을 위한 가르침 속에 성인은 세상에 오면 애착과 한을 짓지 말라고 했다. 한을 짓는 일을 하지 말라고 말하는 것은 죽은 후에 영혼의 세계를 헤맬 때 많은 고통을 당하게 되면 생명의 근본이 훼손된다. 이러한 불행한 일로 인하여 생명의 근본이 망하면 인간으로 태어나는 일이 매우 어렵다. 그러니까 인연 있는 사람을 만나서 축복 속에 살다가 죽어서 영원한 생명의 세계에 이르고 머물면 된다. 그러다 다시 태어나서 복 받는 훌륭한 지도자가 되어서 복 받는 삶을 끝없이 누리라고 가르쳐 주는 것이다.

Q : **사람들에게 축복을 주는 이곳에는 왜 사람들이 몇 명 오지 않는 것입니까?**
스승 : 조그만 그릇에 나쁜 물건이 가득 차 있다면 버려야 새로운 걸 담을 수 있다. 헌 것이 아까워서 기를 쓰고 안 버리려고 하니 이

곳에 안 오려고 하는 것이다. 그들의 나쁜 업을 깨버리면 되는데 나쁜 의식을 깨려고 하지 않으니 이곳에 오는 일이 너무나 어려운 일이다.

Q : 한(恨)이라는 실체를 업(業)과 죄(罪)를 구분해서 설명해 주십시오.
스승 : 한을 짓는 것이 업과 같은 것이고 죄업이라고 말하는데 한이라는 말은 죄의 인연이 그 속에 엉켜있다. 하나의 죄악의 원인이 의식 속에 있으니까 죄와 한과 업은 상황에 따라서는 다른 용어로 사용해서 부를 수 있다.

Q : 여래님 말씀에 너희의 업이라고 하신 뜻이 전생이 아니고 현재까지입니까?
스승 : 현세에서의 문제는 과거에 의해서 따라오는 문제를 가지고 태어난 사람도 있지만 현세에 태어나서 문제를 만들게 되는 사람도 있다. 그러니까 수년 전에 잘못된 인연이 있었는데 그 일로 인하여 잘못된 일이 자기를 변화시켜서 자기 속에 존재하게 되는 수도 있다는 것이다.

Q : 저는 업이 기존 관념에서는 엄청난 말로 들립니다.
스승 : 업이라는 말이 크기도 하고 작기도 하고 엄청나게 많다. 우리가 사회의 법을 위반했다고 꼭 같은 것이 아니고 상황이 적은 게 있고 큰 상황이 있다. 죄업은 과거의 실수로 인하여 묻어온 것을 업(業)이라고 한다. 과거에 있었던 일로 인하여 있게 된 좋은 걸 말할 때 좋은 현상은 과거의 공덕(功德)으로 인하여 존재하게 된 일이다. 네가 현세에 와서 아무런 일도 없었는데 머리도 뛰어나고 몸도 건강하고 하는 일도 매우 분명하다면 과거의 있었던 일

에 의해서 나타나는 일이다. 네가 현세에 와서 아무 잘못도 안 하고 잘하려고 노력하는데도 항상 힘들어하고 불행을 느끼고 행복하지를 못하다면 과거에 있었던 일로 인하여 존재한 일이다.

Q : **여래님께서 말씀하신 업장(業障)이란 단어에 대해서 다시 한번 말씀해 주세요?**
스승 : 이슬을 사슴이 먹으면 녹용이 되고 독사가 먹으면 독이 된다는 격언이 있는데 진리이다. 모든 생명의 근원의 기운이 나빠지면 항상 기운 속에 존재하는 업장이 자기의 나쁜 습성이 된다. 그래서 자신에게 묶여서 끝없이 나쁜 운명 속을 운행하게 된다.

Q : **자연에서 당장 확인할 수 있는 예를 들어 주세요?**
스승 : 자연에서 볼 수 있는 식물이 하나의 열매를 맺는 이치나 인간이 삶을 통해서 자기의 영혼을 얻는 이치는 똑같다. 땅 위에 있는 열매가 맺힌 땅에 나쁜 물질을 넣게 되었을 때 나무는 나쁜 물질을 받아서 열매 속에 전달한다. 땅에 오염물질이 섞이게 되면 물질 가지고 있는 기운이 나무에 스며들어서 열매 속에도 섞이게 되는 것이다. 세상의 원리인 대자연 속에 존재하는 진실을 앎으로 행동을 매우 조심하게 된다. 인간관계에 대해서 있는 것을 믿고 있지 않은 것에 관해서 확인하는 습성을 가짐으로 세상을 살아가는데 있어서 매우 유익한 지혜를 스스로에게서 얻는다.

Q : **업장이 자기 속에 있어서 습성이 시키는 일을 끝없이 계속 요구하게 됩니까?**
스승 : 인과법에서 생명의 근원인 기운이 윤회할 때 영혼이 자신 속에 마음이 행동을 내고 행동이 마음을 짓고 마음이 의식을 만든

다고 했다. 자기 속에 있는 모든 행위가 의식 속에 존재하는데 정밀히 분석하면 기운만 있고 자기의 행위가 그대로 묻어있다. 어떤 약물을 복용해 봐도 나쁠 때는 부작용이 오는데 해소하는 방법은 계속 복용할 수밖에 없다. 업이 계속 요구하니까 나쁜 행동을 하게 되면 습성이 붙어서 계속 자기의 옳은 길을 망친다.

Q : 업장이 자기가 가지고 있는 잘못된 행위 때문에 생기고 성질이 시키는 대로 계속 반복하게 되는 것입니까?

스승 : 자기가 지은 모든 행위가 자기 속에 잘못된 일들이 들어와서 끝없이 잘못된 곳에 가도록 충동하기에 생긴다. 예를 들어서 흰 물감 속에 검은 물감을 한 방울을 떨어뜨렸을 때 색은 변한다. 여기에서는 흰 것과 검은 것이 가지고 있는 성질이 계속 공존하든가 상대적으로 싸우게 된다. 소멸해도 외부로 나가지 않으면 이 속에 존재하게 되는데 여기에 빨간 게 한 방울 떨어졌을 때 물은 점점 혼탁해지고 성질이 달라진다. 근본에 잘못된 원인이 결과를 얻게 되고 잘못된 결과에 따라서 다시 잘못된 원인이 나서 끝없이 반복되는 현상 속에서 자기의 과거가 그 속에서 나타나게 된다.

Q : 몸에 질병이 있는 것은 의식이 나쁘다는 것입니까?

스승 : 전생에서 나왔었던 업이 있는 사람도 있고 환경 때문에 새로 병을 얻은 사람도 있는데 다만 환경에서 나타나는 병은 외상이나 바이러스이고 알 수 있는 것들이다. 그런데 자신이 가지고 있는 기운에 있는 원인으로 생기는 병은 전생의 업으로 인해서 오는 것이 대부분이다.

Q : 의식의 눈을 떠야 세상을 볼 수 있다는 것은 이치를 본다는 것입니까?

스승 : 너에게 좋은 근본이 없다면 아무리 세상을 보고자 해도 마음으로는 세상을 볼 수가 없다. 자기 근본이 좋지 않으면 좋지 않은 마음이 나오고 행동으로 나오고 다시 마음으로 들어간다. 자신에게 뜻이 돌아서 자신에게 다시 돌아오게 되는 법을 조물주가 세상에 뜻을 세울 때 이러한 일을 기억하고 만들어 놓았다. 그러기에 모든 만물은 이치를 통해서 스스로 지키고 있으며 변화하고 있다.

Q : 제가 알고 있는 지식이 의식의 시각을 넘어서는 걸 받아들이고 따르기가 힘든데요?

스승 : 운명을 바꿀 수 있는 이러한 시간에 자주 참석해서 계속 말을 듣고 녹음된 내용을 들으면 마음에 닿는다. 그때 세상의 일이 어떻게 일어나는지를 느끼게 되고 깨달아서 이치를 알게 된다. 어린애가 초등학교에 가서 숫자부터 배워서 시간이 가니까 더하기 빼기를 척척 한다. 원인이 있어서 결과가 새로 생기게 되고 이러한 성질은 다른 성질과 만남으로써 형성되는지 알게 된다. 사람이 무슨 일을 당하면 원인이 존재하고 성질과 근본을 가지고 있으므로 삶을 사는 과정에는 성질 속에 존재하는 기운 때문에 좋다는 걸 훤히 알게 된다.

Q : 자기의 성질을 알고 한 일이 좋았다는 걸 알게 되면 결국 옳은 것에 의지하게 됩니까?

스승 : 좋은 일을 지금 하면 좋은 결과가 나타나고 나쁜 일을 하면 나쁜 결과가 나타난다. 그래서 세상의 일을 성질을 따라 하는 게

아니고 계산에 맞춰서 하게 된다. 장사할 때 어느 사람이 100원 주고 사다 놓은 걸 누가 와서 50원에 팔라고 하면 셈을 조금만 아는 사람은 안 팔려고 하지만 150원에 팔라고 하면 선뜻 판다. 세상일도 의식도 깨고 나면 손해 가는 짓은 안 하려 하고 복을 짓는 일을 하게 된다.

Q : 의식이 깨어서 복을 지었으니까 새로운 것이 들어오면 옛날 것이 자꾸 물러나겠네요?

스승 : 그러면 영혼의 결정체 속에서는 좋은 행위가 가득 차게 되어 선한 업이 쌓이게 된다. 좋은 운명의 영혼을 얻어서 높은 차원의 세계에서 머물게 되고 좋은 새로운 삶이 오면 뛰어난 운명을 받아온다. 아무리 불행한 가정에 태어나더라도 돋보이게 성장해서 좋은 결과를 사람들에게 남기게 되니 자기 속에서는 좋은 결과가 항상 존재한다.

Q : 자기를 억누르고 있는 업이 깨달음으로 없어지는 것인지요?

스승 : 있는 일을 알면 사람은 자기 생각에 의존하지 않고 있는 일을 기준으로 해서 어떤 일을 하게 된다. 깨달으면 항상 있는 일에다가 어떤 행동의 범위를 정하게 되지만 있는 일을 모를 때는 자기 행동에서 생각을 만든다. 자기 속에 있었던 운명적인 일들은 계속 삶을 통해서 의식 속에서 나타나고 활동하게 된다.

Q : 사람을 볼 때 전생에 정상적인 활동을 한 사람인지 비정상적인 활동을 했던 사람인지 알아볼 수 있습니까?

스승 : 개개인의 성질이나 성격이나 성품을 통해서 과거의 세상에 어떤 분야에서 뛰어난 일을 했던 사람이라고 알아보는 것은 행

동과 활동에서만이 알아볼 수 있다. 자연에서도 어떤 콩밭에 콩을 심었는데 콩이 과거에 어떤 나무에서 났는지 이미 콩잎이 나면서 싹이 나버렸기에 과거의 기억을 갖지 않는다. 콩의 뿌리를 찾아보아도 새 뿌리가 나고 새로운 운명이 시작되고 있기 때문이다. 그 콩이 자라서 열매를 맺게 되었을 때 그 열매를 보고 어떤 종류였는지 쉽게 알 수 있듯이 한 생애의 삶을 통해서 전생에 어떠한 길을 걸었는지 알아볼 수가 있다.

Q : 어느 종교가는 함부로 잘못 살았다고 하더라도 훗날 한 번만 뉘우치고 회개하면 그전의 잘못은 모두 탕감된다는 말을 쉽게 하던데요?

스승 : 세상에서 행한 일은 좋은 것은 좋은 것대로 나쁜 것은 나쁜 것대로 엄연히 남게 되는데 세상일을 알지 못하고 하는 말이다. 세상에서 태어나서 깨달음이 필요한 것은 이 세상의 모든 현상은 하나의 뜻으로 생겨나고 사라진다는 사실이다.

Q : 저희가 했던 한 번의 실수도 의식 속에 입력되었으니까 자신의 앞날을 어떻게 개척하면 되겠습니까?

스승 : 땅에 식물이 날마다 순간순간 만나는 바탕과 환경의 작용에 의한 산물이 식물 속에 축적된다. 하나의 열매 속에는 나무 속에 있었던 모든 일이 입력되기에 그 속에 있는 씨앗이 또다시 나타나니 사람도 이같이 볼 수 있다. 농부가 힘든 일을 하기 싫다고 하지 않는다면 수확을 기대할 수 없듯이 깨달음은 자신이 왜 살고 있는지 문제를 아는 것이고 어떻게 살아야 할지 사유하는 것이다.

Q : 저희는 자신을 위해서 운명을 이끌고 가야 합니까?

스승 : 운명이란 자신 속에 있는 일에 의해서 만들어지게 되어 있는 일의 지배하에서 만들어진다. 주어진 운명에 이끌려 가면 항상 고달프니 자기 속에 있는 일을 바꾸어 놓으면 운명 자체도 바뀌게 된다. 너희는 있는 일을 통해서 배우고 깨닫게 되면 자기 운명을 좋은 쪽으로 이끌고 가서 좋은 삶을 사람들에게 보여줄 수 있다. 이렇게 중요한 시간을 사람들은 헛되이 보내고 있는데 결실을 자기 자신이 이루고 얻어야 끝없는 내세에서 좋은 자기의 삶을 얻게 된다.

Q : 삶이 끝없는 자신을 존재하기 위해서 있는 것입니까?

스승 : 만일에 거짓 속에 자기를 버린다면 삶 속에 있어야 할 진실이 없어진다. 인간의 세계에 존재하고 있는 가장 무서운 적은 거짓이지만 거짓은 대할수록 마력을 가지고 있다. 거짓 속에 빠진 자는 스스로 빠져나오기가 힘이 들고 거짓에 물든 자는 벗어나지 못하니 자기가 모르는 소리를 계속 사람들에게 전하려고 한다.

Q : 요즘 길가에 가면 사람을 붙잡고 무엇을 믿으라고 하는 사람들은 자기의 운명 때문에 하는 일입니까?

스승 : 자신도 모르는 거짓말을 만들어서 전하기 위해서 길거리에서는 마이크를 잡고 떠들고 여럿이 와서 붙잡고 온갖 유혹의 손짓을 하고 있다. 거짓은 인간을 망치고 세상을 망치는데 나 혼자서 이러한 일을 막을 수 없다. 오늘날 우리 사회가 짊어진 운명 속에 가장 불행한 것은 거짓으로 인하여 존재하게 되는 일들이다. 이제 너희도 세상일에 관심을 가지고 자기가 한 일로 인하여 운명이 결정되고 삶과 죽음의 세계에 모든 일이 결정된다는 사실

을 알려야 한다.

Q : 우리가 어떤 일을 계속하면 중독 현상이 온다고 하셨는데 업이 크면 빨리 나타납니까?

스승 : 자기 속에 존재하는 일로 인해서 의식에 박히니까 중독 현상이 온다. 담배를 피워도 술을 먹어도 중독 현상이 오고 심지어 도둑질도 중독 현상인데 한번 했던 사람은 안 하고 못 견디는 습관이 있다. 그러한 잘못된 일에 중독이 되어 있기에 세상의 뜻은 자기 속에 있는 것이 다시 나타나게 되고 한번 지은 일은 계속 반복되는 속에서 나타나게 된다. 좋은 일을 한 자는 좋은 일을 계속하려 할 것이고 나쁜 일에 물이 든 자는 나쁜 일을 많이 하려고 한다.

Q : 나쁜 일인 줄 알고 자제하려 해도 자제가 잘 안될 때는 어떻게 해야 할까요?

스승 : 자제하려고 하는데 안 되는 것은 애착 때문이다. 이런 시간을 통해서 현상계의 일들을 배워가면 현상 속에서 깨달음을 얻게 되고 이 일이 자기에게 어떤 결과가 온다는 앞날을 내다본다. 길에서 천만 원 수표가 떨어져 주우니까 무슨 횡재냐 싶어 바꿔 썼더니 누가 찾아와서 부정 습득물을 횡령했다고 하면 법에 걸린다. 있는 일을 가지고 항상 판단해야 나쁜 일이라는 것을 알게 된다. 결과가 어떤 일인지 이해된다면 자기에게 피해를 줄 수 있는 일을 절대 해서는 안 된다.

Q : 다른 사람에게 피해를 주는 일이 아니고 사회 환경이 괜찮다면 상황을 보고 과장된 말을 해도 괜찮겠습니까?

스승 : 인간 세계에서 가장 사람들이 하기 쉬운 말이 거짓말이다. 그런 거짓말이 인간 세계에서 가장 무서운 적이고 거짓으로 인하여 온갖 불행한 일들이 일어난다. 거짓에 속아서 결국 자기 일생을 버린 사람들이 한두 사람이 아니다. 종교도 마찬가지인데 만일에 종교 속에 있는 말들이 거짓이라면 속은 사람들이 이미 의식이 거기에 빠진다. 그 속에 있는 일들이 인간에 의해서 만들어진 거짓말이면 어떻게 되겠느냐? 달콤한 마약과 같은 말들이라면 영혼까지도 파멸시켜버리는 불행한 일을 가지고 오는 것으로 봐야 한다.

Q : 선생님은 오늘날 세상의 운명을 해결할 수 있는 길을 알고 있습니까?

스승 : 만일의 경우 나와 같은 사람이 나라를 경영하게 된다면 하루아침에 이 나라의 질서는 바로 설 것이다. 10년 안에 모든 선진국을 삽시간에 앞서갈 것이며 국력은 세계를 지배할 것이다. 만일에 내가 통치자가 되어 결심만 하면 하루아침에 좋은 세상을 만들 수 있다. 부정부패를 먼저 척결해 버리면 되는데 지금 이 나라에서 사기꾼이나 부정부패한 자를 잡아넣자면 3명 중 2명의 국민이 희생을 보아야 한다.

Q : 국민의 희생을 하나도 보지 않고 부정부패를 해결하여 국가의 운명을 바꾸는 길이 있습니까?

스승 : 과거에 있었던 일은 전부 물세하고 잊어버리는 것이다. 현재부터는 정의를 바로 세워놓고 며칠 동안 TV 방송으로 부정부패는 국가를 망치는 길이니 하지 말라 는 걸 가르쳐야 한다. 그리고 많은 법령이 필요가 없이 하나만 만들면 되는데 부정을 원하

는 자가 있다면 응하고 신고하라는 것이다. 부패자가 뇌물을 원하거든 주고 탐관오리가 대접받고자 하면 대접하고 국가 기관에 신고하게 한다. 그러면 국가는 그의 신분을 철저히 보장해 줌과 동시에 그 신고의 보답으로 열 배의 비용을 물어주는 제도를 만들면 된다. 뇌물 준 사람은 뇌물 주었다고 신고가 계속 들어오게 되고 뇌물 받은 사람은 파면하고 국가가 보상해준 10배는 그의 재산을 압류해서 받아낸다. 그렇지 않으면 퇴직금에서 공제하면 돈 10만 원 주면서 차비 하라고 주면 겁을 내고 뇌물 안 받으려 할 것이다. 저녁 대접하겠다고 하면 대접받지 않으려고 공직사회가 노력하면 국가의 운명이 바뀌게 된다.

Q : **공직사회가 노력해서 기반이 바로 서면 그들은 사회 봉사자가 되는 것이네요?**

스승 : 지금까지 잘못된 어두운 사회에서는 국가 기관의 관리들이 모든 법령을 좌지우지하는 통치자가 되었다. 하지만 만일에 정의가 바로 서고 그들이 모든 부패와 부정의 꼬리에서 손을 끊게 된다면 사회는 바로 서게 된다. 부실 공사가 없어지고 사회는 노동력이 향상되는 산업이 발달하게 된다. 생산성이 높아지고 부가 스스로 축적되고 국력이 커진다. 나는 일 년 안에 모든 부정과 부패의 고리를 끊게 할 수가 있다. 그것은 너무 쉬운 일이지만 이러한 일은 정의를 모르는 사람이 시행하면 안 된다.

Q : **자식이 부모를 죽이는 일이 있었는데 그런 일이 일어나는 것도 정의의 실종 때문입니까?**

스승 : 종종 자식에 의해서 죽임을 당하는 부모들이 있는데 자식이 부모를 죽이고 싶은 사람이 어디에 있겠는가! 어떤 순간적인 충

동으로 잘못된 생각이 엄청난 비극을 만들게 되는 것이다. 이것은 그 사회에 올바른 가르침이 실종됐다는 의미이다. 인간이 모를 때 나쁜 생각도 할 수 있으며 오해로 인해서 행동도 할 수 있는 것이 인간의 사고이다. 우리가 중요하게 생각해야 할 대목들은 정의가 상실되고 사랑을 제대로 가르쳐주지 않는다면 인간이 동물과 다를 게 하나도 없다. 인간은 의식이 있고 계획을 세워서 실행에 옮길 수 있는 것 외에는 사고가 동물화될 수 있다. 사람들은 항상 이 점을 명심하고 잊지 않아야 할 것이다. 이런 사실을 잊어버리게 된다면 이 땅에는 영원히 희망이 사라진다.

Q : 지금 세상에는 인간의 사고 속에 있는 생각을 가르치고 있는 곳은 많은데 진리를 가르치는 곳은 한 곳도 없는 것입니까?

스승 : 세상에서 가장 좋은 교육은 있는 것을 알리고 찾고 발견하는 것인데 실제로 한국의 교육은 옳고 그름을 안 가르친다. 어떤 문명이 발달한 곳에는 과학으로 관찰을 통해서 새로운 것을 발견하고 사람들이 필요한 기구를 만들었다. 그리고 인간이 사는 사회의 운명을 바꾸려고 끝없이 노력해 왔다. 지금의 사회에는 그릇된 자들에 의해서 거짓도 진실처럼 변해서 오히려 가치를 갖고 진실은 외면당하고 있다. 그러니 진리를 가르치는 곳을 찾을 수가 없는 것이다.

Q : 오늘날 정치나 경제나 사회를 일으키는 중요한 일이 무엇입니까?

스승 : 진실을 바로 아는 것인데 내가 이 시간에 특별히 말하는 것은 우리 사회가 그동안 너무나 많은 시간을 진실을 외면해 왔다. 교육에서도 서구나 선진국에 가면 부모가 자식에게 선생이 학생에게 제일 많이 하는 말이 거짓말하지 말라! 나쁜 일 하지 말라! 남

에게 피해를 주지 말라! 초등학교를 졸업하는 12살이 될 때까지 항상 듣는 말이다. 거짓말을 매우 무서워하고 남에게 피해를 주는 것을 싫어한다는 것이다.

Q : 외국에서 자기가 먹은 음식값을 각자가 내는 것을 어떻게 보시는지요?

스승 : 서양 사람들은 식당에 가면 얻어먹으면 피해를 주는 것이니 미리 들어갈 때 특별한 일이 있으면 내가 살 것이라는 양해를 구하고 돈을 낸다. 한국 사람은 밥 먹고 먼저 서로 돈을 내려고 하고 그냥 기분대로 남의 기분이야 생각지 않고 계산해 버린다. 얻어먹은 사람은 좋지만 그렇게 길들여 왔으니까 여기에서 차이가 있다. 오늘은 이야기하다 보니 사회에 대해서 많은 초점을 맞추고 있다. 나는 오래전부터 한국 사회의 미래에 엄청난 위험이 닥칠 것이라고 했다. 내 가까이에 있는 사람은 귀에 못이 박힐 만큼 많이 들었을 것이다.

Q : 선생님은 세상의 무엇을 보고 그런 말씀을 합니까?

스승 : 세상에는 하지 말아야 할 일을 하면 재앙을 부르게 되고 해야 할 일을 하면 복을 짓게 된다. 그런데 해야 할 일을 사람들이 하지 않고 하지 말아야 할 일을 했으니 큰 재앙을 만들었다. 지금 미국이나 영국 그리고 독일과 일본에서는 한국은 저력이 있는 나라이다. 그러니 한국을 도와야 한다고 모든 외국 금융기관에 단기외채를 장기외채로 늘려주라고 압력을 넣고 있다. 사실은 압력을 넣고 있는 게 아니고 슬슬 신문에 나지만 분위기를 잡고 있다.

Q : 그러면 왜 그들이 우리에게 그렇게 호의적일까요?

스승 : 한국에 외채 부도가 나면 한국만 문제가 되는 게 아니라 미국이나 모두의 문제이다. 실제 엄청난 돈들이 한국에 들어왔는데 그 돈이 어디에 써졌으며 얼마를 가져왔는지도 모르는 상태이다. 미국에서 들어온 돈을 계산하면 수백억 달러가 되고 일본에도 공식적으로 241억 달러라고 신문에 났지만 아무도 모른다.

Q : 제가 알기로는 영국의 투자 회사에 빌린 돈을 합치면 4백억 정도가 달러가 될 것이라고 들었는데요?

스승 : 프랑스도 고속 전철 팔아먹는다고 차관 준 게 2백억 달러에서 3백억 달러 정도 될지 모르겠다. 외국에 은행 하나에 5천만 달러의 자본금 정도이고 큰 은행은 10억 달러나 될 것인데 100억 달러 되는 자본금을 가진 은행은 극히 드물다. 예를 들어서 은행 한 곳이 무너져도 500억 달러가 한국에 떼었다면 은행들이 도산하고 세계의 금융시장이 발칵 뒤집힌다. 그래서 그들이 도와야 한다고 말하고 한국에는 분홍빛 기사를 남발한다. 과연 그 사람들이 앞으로 아무리 도우라고 해도 여유가 있는 나라는 선진국 몇 나라뿐이니 진짜 있는 일을 알고 도울 것인지 하는 게 문제이다.

Q : 그래서 여래님은 국가의 운명을 보고 사람들에게 농지가 있어야 한다고 했습니까?

스승 : 한국의 곡물 생산 능력은 소비의 22%뿐이 안 되는데 정부 발표의 정보는 26%라는 것도 1996년 통계에 밝혔다. 97년에 또 집 짓고 도로 만든다고 땅이 얼마나 날아가 버릴지 모르니까 거기다 경작하지 않는 땅이 있다. 인건비 너무 많이 드니까 산속에

서 계단식 논을 부치면 어떤 현상이 나타나느냐 하면 곡식을 심었더니 2만 원짜리가 두 포대 나왔으면 4만 원이다. 4만 원 수확을 얻기 위해서 잘못하다 인건비가 15만 원 들어가게 되어 있다. 그런 높은 지대의 논밭을 봉답(奉畓)이라고 하는데 어느 바보가 돈을 더 들여서 농사짓겠는가! 그런 곳을 빼 버리면 자급자족이 22%인데 4천5백만의 인구에서 계산하면 나머지 사람들은 굶어야 한다. 그래서 사회가 잘못돼 가고 있다 해서 걱정하고 염려하고 형제들에게 전화하고 아무리 좋은 걸 권해도 받아들이지 않으려 한다. 중요한 것은 오늘날 우리 사회가 이제부터 점점 어려운 시대에 들어왔다. 지난 몇 달 동안 1개월 동안 곡물 사료에 고기가 수입이 안 됐고 정지됐다. 심지어는 기름까지도 제대로 수입이 안 되고 있었다. 만일에 부도 안 나고 넘어간다니까 다행이지만 너희는 현실을 알아야 한다.

Q : 우리는 왜 이런 현실에서 살아야 하는 것입니까?
스승 : 살아야 하는 목적은 깨달음을 얻기 위해서이고 깨달음을 얻어야 하는 건 삶을 위해서이다. 내가 어떤 말을 하더라도 개의치 말고 잘 들어서 소화하도록 노력하고 이 시간을 통해서 너희가 가지고 있는 풀 수 없는 문제들을 놓고 같이 풀어보는 것이다. 현실을 통해서 진리를 볼 수가 있으니 책을 통해서 배우는 것보다 현실을 통해서 배우는 것이 몇 배 빠르다는 것을 알아야 한다.

Q : 이제 선생님은 어떻게 활동하실 예정이십니까?
스승 : 내년부터 유럽이나 세계를 상대로 활동할 것이다. 사실 이곳에 있어도 한국에서는 진리라는 좋은 가르침을 배우고자 하는

사람은 드물다. 지금 너희도 알겠지만 지금 한국의 사정이 지금은 너희가 볼 때는 치유가 다 된 것 같이 보일지 모르겠으나 오히려 더 비관적이다. 어떤 문제가 바뀐 게 아니라 문제를 더 크게 만들어 버렸다.

Q : 문제가 바뀌지 않으면 답은 절대로 바뀌지 않겠네요?
스승 : 나는 문제를 보고 세상이 지금 어떻게 돌아가는지 아는데 문제도 안 바뀌었는데 답이 바뀌었다는 일은 절대 안 믿는 사람이다. 허약해서 쓰러져 있는 사람에게 아편을 놔주었더니 일어나서 싱싱하게 힘을 쓰고 있는 것과 같다. 법칙을 떠나서 인간이 살 수 있는 곳은 없으며 신의 세계에서도 원칙을 벗어나서 존재하는 신은 없다.

Q : 업이 정지되어야 있는 일이 제대로 보이기 시작하고 실수를 안 하게 되는 것입니까?
스승 : 너희가 깨달음을 얻겠다거나 문제없는 삶을 원하고 자신을 위험에 빠뜨리지 않고 살아가겠다는 것은 누구나 갖는 희망이다. 그 희망을 위해서 여기에 오는 것이고 이런 일을 가족에게도 알리고 조금이라도 사람들이 스스로 자기에게 도움을 줄 수 있는 사람이 되는 것이다. 아무리 많이 배워도 자기를 다스리지 못하는 사람은 세상에 큰 도움이 되지 않는다. 있는 일을 계속 듣고 있는 일을 머리에서 두고 있는 일을 계속 확인하다 보면 업이 활동을 못 한다.

Q : 업이라는 것이 물체 같으면 볼 수가 있지만 보이지 않으니까 궁금한데 다시 한번 설명해 주십시오.

스승 : 무슨 일을 하다가 한 번 실패를 한 사람은 꼭 같은 일을 되풀이하게 된다. 그러니까 어떤 일을 하게 되면 의식이 있고 마음이 있어서 행동하게 되는데 의식이 어떤 일과 부딪치게 되면 의식 속에 있는 업의 활동이 일어난다. 의식이 일어나면서 마음을 일으키게 되고 마음은 행동을 일으키게 된다. 이때 자기에게 있었던 행동은 다시 안으로 들어오니까 업의 활동은 계속되고 한 번 나갔었던 것은 다시 들어와서 자기 속에 쌓이게 되어서 같은 행동을 계속하게 된다.

Q : 설명을 들어도 어렵고 믿기가 어려운데 저희가 공부하는 게 업을 바꾸는 일입니까?

스승 : 땅에 어떤 식물을 심어서 보게 되면 종자가 다른 걸 심으면 근본에 따라서 어떤 수박은 큰 수박을 만들고 어떤 수박은 조그마한 수박을 만든다. 그런데 이 씨를 받아서 또 심으면 똑같은 수박이 나는 것은 자기 속에 있는 일을 계속 되풀이하게 된다. 수박을 가져다가 씨앗을 축출하면 기운이 눈으로는 안 보이지만 심어서 재배해 보면 그대로 나온다.

Q : 있는 일을 들으면 자기의식이 깨어나서 나중에는 자기가 알아본 일을 계속한다는 겁니까?

스승 : 있는 일을 배우면서 보게 되면 있는 일을 자꾸 받아들이니까 있는 일을 눈뜨게 하고 자기가 한 일은 의식의 근원에 쌓이게 된다. 이렇게 사람은 일생에 문제가 없는 사람은 내세에도 아무런 문제가 없이 살아갈 수 있다. 만일에 정확하게 있는 일에 대한 의욕이 없다던가 깨달음이 없으면 자기 성질에 의해서 행동이 나오고 업의 지시나 성질의 발동으로 움직이게 된다.

Q : 업이 큰 사람은 있는 일을 제대로 보지 못하기 때문에 사업을 해도 망하게 되겠네요?

스승 : 내가 사업을 한번 해 보았는데 자본도 없이 처자식 부양하기 위해서 그냥 공터에서 자리를 벌렸는데 3년 만에 많은 돈을 벌었다. 그런데 옆 가게에는 큰 부자 아들이 있었는데 옛날에 70년대 초에 자가용 있었으면 부자였다. 내가 어려울 때 차를 많이 이용했는데 아들은 많은 유산을 받았지만 탕진해 버리고 지금 어렵게 살고 있다. 자기 아버지는 근본이 좋으니까 큰 부자가 될 수 있었으나 아들은 달랐다. 아버지의 도움으로 서울에서 일류대학을 졸업했지만 술 마시고 노는 것뿐이고 할 일이 없었다. 그러니까 의식은 오히려 나빠져서 현실에서 업의 작용 때문에 오판하게 되어서 자기 재산을 다 날렸다. 그러나 나는 아무도 도와주지 않았는데도 성실성과 올바른 판단으로 아무것도 없는 무(無)에서 많은 재산을 모을 수 있었다.

Q : 근본이 좋지 않은 사람이 업의 활동으로 있게 된 결과는 운명 때문입니까?

스승 : 업이나 마음이나 어떤 말도 눈으로 볼 수는 없지만 같은 말을 듣더라도 말의 의미가 있다. 이치를 아는 사람의 말은 항상 자기의 정신을 맑게 해주겠지만 업이 큰 사람은 모르는 사람의 말을 따라가고 절대 진실을 안 따라온다. 깨달음은 업 자체를 죽이는 일이기에 업이 자기를 죽이는 일은 하지 않으려고 하기 때문이다.

Q : 사람들이 대부분 자기가 지은 업이 있기에 옳은 길을 받아들이고 따르기가 어렵습니까?

스승 : 너희는 나를 만나고 나서 있는 일을 깨우치고 한 사람도 자기를 망친 사람이 없다. 너희는 유학해서 박사학위 몇 개 받은 사람보다도 있는 일을 이해하는 능력지수가 높다. 실제로 세계의 유명 대학에 가서 교수들을 만나 보았으나 사랑이 무엇인지 가르치지는 않았다. 그리고 사랑이 무엇인지에 제대로 이해하고 눈을 뜬 자는 한 사람도 없다는 사실이 증거이다.

Q : 선생님께 듣고 배워서 세상을 보게 되면 깨우칠 것인데 사실을 알아듣지 못하는 사람은 무엇이 문제입니까?

스승 : 우리가 어릴 때 많이 하는 이야기가 있는데 저 사람은 낫 놓고 기역 자도 모른다고 하는 말은 글을 하나도 배우지 않았다는 것이다. 그러니 교육의 목적은 있는 일을 가르치고 사실을 알게 해서 운명을 바꾸게 하고 사랑을 알게 하기 위해서이다. 잘못된 세상에서는 왜곡된 애정이나 도리를 사랑이라고 말하니까 학력 수준이 높다고 해서 많이 아는 건 아니다.

Q : 오늘날 우리 사회는 교육열이 높아졌는데도 세상의 원리를 이해하지 못하는 이유가 무엇입니까?

스승 : 존재하는 것들은 끝없이 반복 현상에 의해서 나고 죽고 사는 일을 계속한다. 우리 속에 있던 일도 계속 자신이 자신을 있게 한 일을 되풀이하려고 노력한다. 깨달은 자가 세상에 와서 남긴 가장 큰 가르침은 어떻게 하면 인간들이 자기의 운명으로부터 탈출하는 것이다. 자기 운명 속에서 탈출하지 못하면 항상 같은 행동과 같은 시각을 가지고 살아야 하니까 발전이 없다. 현대사회에 와서 많은 학교가 세워짐으로 상업이나 물건을 만드는 제조 기술은 많이 발전되고 있지만 실제로 삶의 질을 높이는 가르

침은 없는 상태이다. 한 사람의 장사꾼이 되어 돈을 많이 벌면 자기의 행복을 살 수 있을 것 같지만 항상 부족하다. 나는 부자나 권력을 쥔 사람들이 행복하다는 소리를 듣지 못했다. 그런데 부자가 되어야 하는 것조차도 모르는 사람들이 단순히 애착과 욕망 때문에 자신이 돈을 버는 일을 계속하려 한다.

Q : 많이 배운 사람들이 애착과 욕망으로 살면 잘 살 수 있지 않습니까?

스승 : 내가 항상 하는 말이 애착을 가진 사람들은 죽었을 때 윤회가 되지 않는다고 말한다. 너희는 어떤 일을 하고 들을 때는 확인해야 하고 원칙에 놓고 보아야 한다. 있는 일을 놓고 볼 때 어려우면 나에게 물으면 문제를 놓고 계산하면 답이 나오니 이런 일은 경계하는 게 좋겠다고 가르쳐 줄 수가 있다.

Q : 세상일을 모르면 자기의 삶이 업을 만들겠네요?

스승 : 너희가 항상 이 시간을 통해서 삶을 아는 것이 매우 중요하다. 자신이 업을 가지고 있기에 업의 조정을 받게 되며 묶임으로부터 풀려나기 위해서 세상일에 눈을 떠야 한다. 너희가 업을 누르고 살아야 하는데 업이 너희를 지배하고 살면 안 되니 바꾸기 위해서 공부해야 한다.

Q : 문화가 발달한 일본 사회가 한국 사회보다 거짓이 없으니까 양심과 정의가 존재하는 것입니까?

스승 : 사람들의 습관이 눈으로 볼 수 있는 것은 모든 것을 확인해 보지만 길가에서 담배를 피우고 함부로 버리는 것도 주의만 주면 당장 고칠 수 있다. 일본 사람들의 조그만 습관이 그 사회에

대한 신뢰와 믿음을 주었고 조상들이 거짓을 말하지 않았고 사람들이 정직한 생활을 요구해 왔기 때문에 그들도 지키고 있다.

Q : 사람들은 온갖 고통과 절망적인 많은 일들을 겪으면서도 진정으로 벗어나려 하지 않는다고 보이는데요?

스승 : 내가 이 자리를 통해서 너희에게 항상 말해왔다. 나는 여래이며 세상을 보는 자이므로 인간의 세계가 지금까지 정확하게 알 수 없었던 일을 너희와 함께 확인할 수 있고 알아볼 수 있다고 했다. 그러나 누구도 그런 일에 관심을 가지고 확인하려 하는 사람들은 없었다. 이런 일들은 자기가 가지고 있는 한계 안에서 모든 사람은 살려고 하지 벗어나려고 하지 않기 때문이다.

Q : 한국 사람이 쓴 책이나 저자가 불분명하지만 번역된 책을 보면 히말라야에는 1천 살 먹은 사람이 있다고 했는데 가능한 일일까요?

스승 : 나도 히말라야에 세 번이나 가서 삼백 살 먹은 사람은 있는지 신문기자한테 물었더니 하는 말이 나쁜 사람들이 돈 벌려고 소문을 낸다고 했다. 현지에 가서 아무리 봐도 없었는데 한국 사람들이 어디 있다고 믿는 것도 어리석은 사람들의 운명이다. 어떠한 질문을 할 때 어디서 그러한 일이 존재했는지 사실을 물어보아야 한다. 존재하지 않은 것을 물을 때는 가능한지 불가능한지 물어 본다면 내가 대답하기가 쉽지만 존재하지 않는 일이라면 내가 대답하기 어렵다.

Q : 사람들을 가르쳐서 운명을 바꾸고 바른 삶을 살아가게 할 수 있습니까?

스승 : 그들이 가지고 있는 모든 재앙을 물리치고 자기의 나쁜 업을

소멸시키면 팔자를 바꿀 수 있다. 그러니 짧은 시간 내에 충분하게 이해하려고 하지 말고 언제든지 알고 싶은 내용이 있으면 제목을 하나 정해서 설명해 달라고 해도 된다. 나는 집에서 그 분야에 대해서 생각하지 않고 여기 와서 제목을 정해서 말하면 된다.

Q : **세상을 보고 오셔서 미리 준비하시면 더 효과가 있지 않겠습니까?**
스승 : 세상을 보고 말하는데 무엇을 준비할 것이 있겠느냐! 나는 깨달은 자이니 있는 것을 있는 그대로 보는 자라고 했다. 세상은 따로 볼 게 없고 이 자리에서 보면 된다. 영원한 생명과 최상의 자기를 이루게 하는 문제를 설명할 때 하나라도 틀리게 내가 말하면 책임을 지겠다.

Q : **선생님이 준비하시면 말씀을 더 조리 있게 하시고 논리적으로 하실 것 같은데요?**
스승 : 말을 조금 조리 있게 만들 수 있겠지만 말솜씨가 중요한 것이 아니라 가르침은 내용이 중요한 것이다. 깨달은 자가 사람들의 질문을 받아서 책을 보고 연구해 온다면 깨달은 자가 아니고 지혜 있는 자가 아니다.

Q : **저희가 수행할 때 어떤 과정을 거쳐서 사실을 볼 수 있는지를 말씀해 주십시오.**
스승 : 수행 문제를 설명하기 위해서는 그림을 하나 그려서 설명하겠다. 사람의 몸속에 의식이 있는데 의식이 밝아지면 세상이 잘 보이고 의식이 어두워지면 세상이 어둡게 보이거나 잘 보이지 않는다. 깨달음이라는 것은 의식이 밝아지므로 해서 지혜가 오는 현상이다.

Q : 삶에 대한 것이나 가르침은 어느 정도 이해가 가고 받아들여지는데 변화기에 관한 사실은 볼 수 없기에 혼돈이 많이 오는 상태에서 어떻게 해야 이해되겠습니까?

스승 : 세상은 하나의 원리에 의해서 존재하게 되고 돌고 다시 돌아오는 것을 반복하게 된다. 여기 시계를 보면 12시에 오면 0시가 출발점이고 원점인데 반복 현상으로 계속 돌고 돈다. 시계가 도는 것같이 세상 역시 변화기가 끝나는 지점이고 또다시 시작하는 곳이라고 보면 된다.

Q : 변화기를 통해서 새로운 출발의 기점이 생기는 것입니까?

스승 : 아이가 언제 출생했는지 알려면 어머니의 뱃속에서 태어나던 날 출생했고 병아리는 달걀에서 깨어나는 날이다. 변화기를 기점으로 해서 세상은 새로운 생명 활동을 시작한다. 만일에 변화기가 일어나지 않고 문명이 고도로 발달한다면 세상 자체는 모든 것이 고갈되어 버리고 생명이 살 수 없는 죽음의 달처럼 변해 버리고 만다. 그런데 인류는 변화기라는 하나의 과정을 통해서 생명이 열매를 남기고 또 죽어서 씨앗에서 열매가 만들어지듯이 세상이 반복해서 태어난다는 것이다.

Q : 세상이 다시 태어난다는 게 이해되지 않는데 자연에서 보면 소가 콩을 먹어 버리면 콩의 생명은 끝나지 않습니까?

스승 : 콩의 기운은 소의 몸으로 들어가서 콩의 생명은 소로 이동한 것뿐이다. 하나의 윤회 과정을 설명하면 콩은 하나의 생명 활동을 통해서 콩을 만들고 몸통은 사라진다. 콩은 다시 또 싹을 틔우면서 생명 활동을 시작하므로 끝없는 세월 속에서 자기를 나게 하고 존재하게 하고 있다. 콩을 심었더니 콩알에서 싹을 틔웠

고 싹에서는 열매가 열렸고 열매가 열리자 싹은 없어지고 말았다. 열매는 다시 싹을 틔우고 열매가 열리듯이 모든 생명체는 이러한 원리에 의해서 자신을 끝없이 존재하게 한다.

Q : 선생님께서 생각이 없다고 하신 적이 있는데 지금 설명하는 것이 마음속에서 일어나는 게 생각이 아닙니까?
스승 : 네가 생각이라는 말 자체를 이해하지 못하겠다는 것이냐! 네가 아침에 일어나서 누가 전화가 왔는데 어디로 갈까 하는 것도 생각이고 너의 마음에서 떠오르는 의식에 떠오르는 발상이 생각 아니냐?

Q : 생각이 없으면 아무런 일도 해결 못할 게 아닙니까?
스승 : 생각을 행동으로 옮기지 않을 때는 업으로 이어지지 않는다. 우리가 바른 생각과 바른말 그리고 바른 행동이 자기의 의식을 만드는데 이 과정에서 가장 먼저 하는 순서가 생각이고 말과 행동이다. 무엇을 짓기 위해서는 말과 생각이 행동으로 옮기지 않으면 지어지지 않는다. 생각이 행위로 일어나지 않으면 업이 되지 않겠으나 잘못된 생각은 행동을 일으킬 수 있기에 매우 위험하다.

Q : 아무리 나쁜 생각을 했더라도 행동으로 옮기지 않았을 때는 아직 악업이 될 수가 없는 것입니까?
스승 : 네가 아직 악업을 지은 것은 아니나 자기 마음에 생각의 불이 붙고 의식을 일으키고 하면 문제를 만들 수가 있다. 네가 아무리 좋은 생각을 해도 행동으로 옮기지 않았을 때도 선한 업이 될 수 없다.

Q : **부처님의 가르침이 세상에서 최상인 것이 사람들이 배우고 깨달으면 운명을 바꿀 수 있기 때문입니까?**

스승 : 네가 보고 이해할 수 있는 것이 진리가 아니면 어떻게 깨달을 수 있겠느냐? 세상의 모든 현상계를 만드는 가르침이 진리의 근원이니 부처의 가르침을 받는 자만이 세상에 눈을 뜨고 눈을 뜬 자만이 축복받는 일을 할 수가 있다.

Q : **석가 부처님은 삶을 통해서 극락세계로 가셨겠네요?**

스승 : 대답은 두 번 말할 필요는 없고 꼭 어떤 일이 있을 때 꼭 와야 한다면 의도적으로 올 것이다. 왕자의 자리를 버리고 중생계의 스승이 된 석가모니의 삶에 대해서 가까운 시각으로 봐야 한다. 그는 자기 집에 많은 금은보화가 있었는데도 보화가 아닌 중생을 찾아다녔다. 보화는 가지러 갈 여가가 없으니까 중생이 주는 음식으로 진수성찬이 아닌 소찬을 걸식해 먹으면서 살았지만 삶은 매우 밝고 건강했다. 그는 인류의 대 스승으로 오늘날까지 그 어떤 왕보다도 훌륭한 삶을 인간에게 바치고 있다.

Q : **태국에 갔을 때 승려들은 절대 부처님은 세상에 다시 안 돌아온다고 알고 있었습니다.**

스승 : 그들은 윤회에 대하여 잘못 알고 있다. 만일의 경우 세상에 안 돌아온다면 석가모니 이후에 반야심경의 뜻을 알아볼 수 있는 사람이 아무도 없다. 3천 년 동안 세상에 나타나서 근본의 세계를 말할 수 있는 사람은 태어난 적이 없었다. 나는 책을 읽고 아는 것이 아니고 질문을 하기에 내가 근본 세계를 보고 말했는데 그 세계는 아무것도 존재하지 않는 세계였다. 근본 세계는 의식의 마지막 도착지이고 또한 새로이 나는 곳이며 시작을 준비

하는 관문이고 마지막 도착지이다.

Q : 반야심경에서 부처님이 보신 세계는 처음과 끝이고 알파와 오메가입니까?

스승 : 해탈한 자만이 볼 수 있는 세계였는데 그곳에는 아무것도 없었다. 세상의 법칙과 환경의 지배에 의해서만이 주어진 새로운 바탕을 얻게 된다.

Q : 여래님은 저희가 열심히 사는 것이 최고의 복이라고 하셨는데 일하기 싫어하는 사람은 복이 없는 것이네요?

스승 : 사람들이 열심히 일하는 것은 가난을 면하기 위해서인데 일 안 하던 사람이 일하려고 하면 머리를 굴리고 변명을 찾고 이유를 만들려고 하는데 복이 없는 것이다. 부잣집에서 태어나서 걱정 없이 일하지 않고 사는 사람들은 처자식을 어떻게 먹여 살릴지 생각하지 않는다. 하지만 깨달으면 일하는 즐거움 속에 행복한 미래가 기다리고 있다는 사실을 알기 때문에 열심히 살아간다.

Q : 자기 자신을 깨우쳐야만 운명의 굴레를 벗어날 수가 있고 새로운 운명을 만들 수가 있다는 것이네요?

스승 : 자기를 깨우치지 못하면 항상 운명의 굴레 속에 갇혀있게 된다. 우리 사회는 매우 어려운데도 내세울 만한 것이 하나도 없으니 쓸 만한 인재를 찾아야 한다. 만일에 사회가 무너지고 살기가 어려워지면 내가 능력이 있으나 모태가 나쁜 사람만 오면 세월만 보내게 된다. 모태를 바꾸는 일은 참으로 힘들고 깨닫기 전에는 절대 안 바뀌기에 세상을 통해서 스스로가 부딪히면서 배우

라는 것이다.

Q : **자기가 스스로 운명을 바꾸기 위해서는 현실에 있는 일을 통해서 변화해야 하겠네요?**

스승 : 자기가 시킨다고 해서 성질대로 살다 보면 다음 생에도 똑같은 자기를 만나게 된다. 좋은 자기를 만나기 위해서는 자기 속에서 일어나고 있는 일을 바꿔야 한다. 모든 현실에 있는 일을 통해서 변화하는 것이 창조의 비밀이며 인간도 세상이 활동하는 과정에서 태어났다. 이런 일이 일어날 수 있도록 원력을 세운 것이 조물주이다. 유전공학은 1만 년 전에도 존재했고 3천 년 전에도 존재했는데 기구나 시험도구가 없기에 인간들이 시험할 수 있는 기회가 별로 없었을 뿐이다.

Q : **유전공학은 모태가 바뀌면서 일어나는 현상입니까?**

스승 : 유전공학이란 어떤 생명체에 영향을 미쳐서 모태를 변형시키는 것이다. 예를 들어서 수입 콩이 안 좋은데 한국 콩으로 두부를 만들어야 맛있다는 말이 있다. 미국산 수입 콩은 알도 굵고 기름기가 번지르르하고 생기가 돈다. 미국 사람들이 콩에 벌레가 많이 앉고 토지가 광활하고 병충해를 많이 입으니까 콩의 눈에다가 다른 물질을 희석해 부화시키면 모태에 영향을 주고 모태가 파괴되면 새로운 모태가 형성된다. 벌레가 공격하면 콩 자체가 가지고 있는 독성에 의해서 죽든가 벌레가 싫어하는 영향을 미치게 된다. 그래서 벌레가 콩을 안 먹게 되니까 질병에 잘 걸리지 않는 것은 모태가 바뀌면서 일어나는 현상이다.

Q : **저희의 의식이 바뀐다는 것이 자기가 바뀐다고 봐야 합니까?**

스승 : 사람들은 아무리 좋은 일을 권해도 의식이 좋아지기 전에는 결코 좋은 일을 할 수가 없다. 좋은 의식 속에서는 좋은 일이 나오는데 나쁜 의식 속에서는 나쁜 일이 행해진다. 너희는 이런 일들을 잘 알고 있는 것처럼 생각되지만 실제는 그 속에 있는 많은 문제를 빼고 답을 구하기에 오답을 많이 낸다. 나는 너희가 놓치고 있는 부분들을 발견해 내어서 정답을 얻을 수 있도록 도움이 되는 일을 하는 것이다.

Q : 사실에 대한 증거를 보기 전에는 믿지 말라는데 눈뜬장님이 증거를 보는 것이 가능하겠습니까?

스승 : 증거를 보는 일이 어렵지 않은 것이 너희가 알고 있는 사실을 물어보는 것이다. 확인할 수 있는 것을 보려고 해야 할 것이며 알지 못하는 걸 물으면 확인할 길이 없다. 나는 너희가 많은 문제를 가지고 찾아오기를 원하고 문제를 가지고 오는 사람만 자신을 구할 수 있는 능력이 있는 자라고 본다. 삶을 통해서 자신이 무엇을 얻게 되는지 많은 사람의 운명이 어떻게 해서 나타나는지 관계의 질문을 준비해 왔으면 좋겠다.

Q : 저희는 마음을 통해서 내세가 나타나고 어떻게 연결되는지 모르는데 어떻게 알 수 있겠습니까?

스승 : 너희에게 차츰 지식이 쌓여가면 세상에 대한 알 수 없는 문제를 풀어가게 된다. 1년이나 2년 정도 배우고 알게 되어 다른 곳에 가르치는 걸 보면 어린아이와 같이 느낄 것이기 때문에 시시해서 갈 수가 없게 된다.

Q : 선생님께서 진실이 최고에 이르렀다고 하셨는데 진실이 100%가

되어야 지혜의 눈이 열립니까?

스승 : 내가 최고가 아니라면 어찌 모든 경전의 글을 이해할 수 있겠으며 그들의 실수까지도 지적할 수 있겠느냐? 완전한 깨달음에 이른 자가 지혜의 눈이 나올 정도면 완전하게 순수한 기운은 아니어도 가깝다고 볼 수가 있을 것인데 나도 언제 100%가 될지 모른다. 세상을 생각하지 않고 공기 좋은 곳에 조용히 혼자 앉아 있으면 죽었는지 살았는지 무아의 경지에 머물러 있다. 그러니 죽음도 두렵지 않고 삶의 기쁨도 모르지만 내 속에 감동이 가득 들어차 있다. 내 마음이 자신에게도 걸리지 않고 세상에도 걸리지 않는 극락이 열리게 된다. 만일에 인간의 세계에 진리가 존재하지 않는다면 과연 어떻게 되겠느냐? 진리가 존재하지 않는 법은 무엇을 기준으로 해서 정의를 규정할 것인가? 진리가 없는 법은 존재할 필요가 없으며 종교에서는 진리를 알지 못했기에 인간을 무지하게 만들었다.

Q : **사람들의 무지는 어떤 결과를 가져오는 것입니까?**
스승 : 내가 너희에게 밝힌 내용에는 모든 결과는 자신 속에 있던 활동과 자신 속에 있던 일들이 원인이 되어서 나타난다고 말했다. 사람이 겪게 되는 모든 일들은 자신에게 주어진 인연에 의해 결정된다.

Q : **사람들은 노력을 많이 하면서도 좋은 결과를 얻지 못하는 사람이 있는데 어떻게 해야 성공합니까?**
스승 : 사람의 운명 속에 나타나는 일과 운명을 바꾸는 길은 무엇인지 이런 주제를 가지고 묻고 답하도록 하자! 나는 법을 전하는 사명을 가지고 삶을 살았기에 일체 돈을 버는 일을 하지 않았고

앞으로도 하지 않으려고 결심했다. 그런데 세상의 일이 내 가족이 살아갈 대책이 이제 필요하게 되었기 때문에 몇 년 전에 공중목욕탕의 일을 시작했다. 내가 그 집을 사고 나서 곧 사태가 어렵게 된 것을 알게 되었다. 잘못하면 크게 손해를 볼 수도 있다고 진단했기에 나는 영업을 안정시키기 위해 최선을 다했다.

시대와 환경과 사람들을 잘 알아야 성공할 수 있는데 사람을 다루는 것은 말로서 아니라 양심으로 다스려야 한다. 주인은 종업원보다 더 부지런히 일하고 더 일찍 일어나야 그들이 불평하지 못한다. 주인은 적어도 종업원의 3배 이상 일해야 돈을 벌 수 있고 세상에서 성공하는 길은 지혜와 노력이다.

Q : 운명이 나쁜 사람들은 참된 가르침과 거짓된 가르침을 구별하지 못하는 것입니까?

스승 : 그들이 전생에 지은 공덕이 없기에 다시 태어났어도 깨달음을 원하지 않았다. 더 좋은 자신을 얻겠다는 소망이 없기 때문인데 눈뜬장님은 가르침에 대한 진실을 보지 못하는 것은 진실이 없었기 때문이다. 처음 외국에 나가서 태국 말이나 인도 말이나 티베트 말이 똑같이 들렸는데 이와 같다. 근본도 바탕도 없는 가르침은 배우면 배울수록 마음이 더욱 어두워지니 매우 위험한 것이다.

Q : 운명에 대해서 어떻게 이해해 볼 필요가 있습니까?

스승 : 운명은 과거 자기에게 있었던 일들에 의해서 현재 자기 속에 있는 운명이 만들어지게 되었다. 그런데 사주쟁이나 관상쟁이들의 능력으로는 솔직히 세상의 이치 속에 있는 일들을 알 길이 없다. 그들의 시각으로는 천년을 두고 연구해도 이치 속에 있는 일

들을 알아내는 건 불가능하다. 신의 힘으로 세상 이치 속에 있는 일을 알아내려고 온갖 술(術)이 세상에 존재하면서도 운명에 대해서 밝히지를 못했고 이런 일을 밝힐 수 있는 자도 없었다.

Q : 운명은 간단하게 예를 들면 나무에서 하나의 열매가 열리는 것과 같은 현상입니까?

스승 : 열매는 또 하나의 새로운 생명체를 만들어 갈 때 다시 열매를 만든다. 열매가 만들어질 때의 환경이나 자기 활동의 과정에 있었던 일들에 의해서 좋아지고 나빠지는 일을 계속해서 새로운 생명체는 근본을 얻게 된다.

Q : 사람의 근본은 과거에 있던 생명체의 결정체로부터 얻게 되는 것입니까?

스승 : 우리는 현실을 통해서 얼마든지 사실을 확인을 할 수 있다. 쉽게 말했을 때 돌감에서는 돌감이 났는데 한번 만들어진 근본은 쉽게 변하지 않는다. 오직 환경과 자기 활동 속에 있던 일에 의해서만이 바뀌어서 열매를 얻을 수 있다. 그렇다면 인간의 운명 역시 근본은 과거의 인연 속에서 온다. 활동 속에서 있었던 온갖 일들이 현재의 자기 운명을 만들고 삶을 만들어 가는 결정적 역할을 하는 근본을 주었다. 그러니 우리가 어떻게 살고 어떻게 활동하는지에 따라서 미래의 길이 열리게 되는 것이다.

Q : 인간이 태어나면서 업이 없는 데서 붙었다면 업이 아주 적은 사람은 당대에 고행을 통해서 끊어집니까?

스승 : 업은 태워야 하는데 사랑이 없으면 해탈은 절대 하지 못한다. 천하에서 뛰어난 나도 가족을 사랑했고 성장 과정에서 사회와

조국에 대한 사랑이 나를 해탈시켜주는 원인이 되었다. 끝없는 사랑을 통해서 자기를 아주 순수하고 완전한 사람으로 태어나면 적당한 고행의 과정은 겪고 해탈할 수가 있다. 이론상으로 내 말은 하나도 틀리는 것이 아니지만 너무나 어려운 일이다.

Q : 업은 자기가 한 일에 의해서 만들어지는 것입니까?

스승 : 사람이 옳고 그름을 모르고 산다는 것은 이러한 업이 우리 모두에게 존재하고 있기 때문이다. 자기 속에 있었던 일들이 끝없이 자기 속에서 활동하게 된다. 그래서 자기 속에 다른 것이 들어오는 것을 방해하고 자기와 성질이 비슷한 게 들어오는 것을 환영하게 된다. 악마의 영혼을 가지면 자기를 망치고 남을 망치는 일만 받아들이게 되어서 악마라고 한다.

Q : 일반 중생의 힘으로는 자기 속에 있는 업을 제거할 수 있는 것이 너무나 어려운 겁니까?

스승 : 인간으로 태어나서 자기의 업을 제거하고 업장 소멸하고 열반에 이루고 싶어 하는 큰 소망을 가진 자라면 불가능한 것이 아니다. 오직 마음의 불로만 업장을 소멸할 수 있다고 했다.

Q : 사람의 업장은 육체의 어느 부위에 있는 것입니까?

스승 : 업장은 기체에 붙어있기에 눈으로 볼 수가 없다. 사진을 찍어도 엑스레이에 잡히지 않으니 업장이 어디 있는 것도 모르는데 어떻게 제거할 수가 있겠느냐? 그래서 일반인의 상상으로는 업장은 절대 제거할 수 없다. 현대 불교에서도 업장 이야기를 많이 하지만 업이 어떻게 생성되고 제거할 수 있으며 어디에 있는지 모른다. 내가 해탈해서 보니 의식이 가슴속 깊이에 있는데 의식

속에 잠재해 있는 것을 보았다.

Q : 업이 어떻게 활동하고 커지고 있는지 설명하여 주시겠습니까?
스승 : 하나의 간단한 예를 보겠다. 본의 아니게 선량한 사람이 어느 날 물욕이 생겨서 도둑질을 한번 했다. 그런데 그때 도둑질하고자 하는 충동을 계속 느끼게 되는 것은 세상은 하나의 원칙에 의해서 운용되고 있다는 것이다. 세상을 존재하게 하는 원칙은 계속 있는 것들을 반복시킴으로 있는 것은 계속 반복 활동을 통해서 자기를 존재하고 성장시킨다. 그런데 충동에 못 이겨서 한 번 훔치게 되면 다음부터는 더욱 강력한 큰 충동을 느낀다. 결국 이렇게 해서 몇 번 하다 보면 빠져나오질 못해서 이제 도둑으로 평생 살아야 하고 내세에도 도둑이 된다.

Q : 도둑질은 나쁜 거라고 알게 되면 안 하면 되잖아요?
스승 : 한번 도둑질했을 때 생긴 것도 의식 활동에 영향을 주는데 두 번 세 번 했으니까 업의 힘이 엄청나게 강력해졌을 것이 아니냐? 세력이 커졌으니 의식이 감당을 못해서 계속 같은 행동을 저지르게 된다. 경찰에서 수사할 때의 원칙에는 금고가 털렸다면 전문 금고털이 범인을 먼저 점을 찍어놓고 조사한다. 한 번도 안 해 본 놈은 못하니 해본 놈이 항상 한다는 원리를 적용한 것이다. 사람들이 살아가다 보니 현실에서 많은 문제가 생기고 이런 접근을 하는 것이다. 나쁜 업이 자기에게 있다면 제거하는 길은 태우는 수밖에 없다. 물질로 되어 있다면 집게로 집어내어서 용광로에 넣어 걸러내면 된다. 하지만 기체로 되어 있으니 집게로 집을 수도 없고 용광로에 넣어서 태울 수도 없다. 오직 마음의 불을 붙여서 사랑으로만 태우는 것이 가능하다.

Q : 도둑질하는 사람도 결국 업 때문에 하는 것이네요?

스승 : 사람이 업을 가지고 있는 한 나쁜 습성을 가지고 있어도 자기 스스로 죽이기가 너무 어렵다. 한번 도둑질하기 시작했는데 버릇이 되어서 계속 도둑질을 하게 되는 것인데 살아있는 동안은 계속 도둑질한다. 그래서 몸은 죽어서 독수리의 밥이 되어서 독수리의 몸으로 이동해서 도둑질하는 일을 끊어야 하겠다고 생각도 안하고 행동으로 못 옮긴다.

Q : 모든 만물이 업을 가지고 있으니까 자기와 맞지 않는 것을 받아들이지 않는 것입니까?

스승 : 물과 기름이 옆에 같은 곳에 있어도 어울릴 수가 없다. 한번 나쁜 것을 가르쳐주면 더욱 나빠지는 일을 계속하게 되는데 나쁜 습성이 계속 나타나서 반복한다. 그래서 누구도 깨달음이 없이는 업에서 벗어나는 것이 어렵다는 것이다. 업의 지시만을 따르면 좋은 내세를 얻을 수 없기에 깨달은 자의 곁에 와서 배우고 알게 되어 실천하면 업을 해결하고 새로운 자기를 만들 수 있다.

Q : 도둑질은 나쁜 일인데 도둑에게 말했다가 봉변당할 수 있는데 어떻게 해야 좋을까요?

스승 : 도둑에게 말을 하기보다 스스로 자기가 잘못한 일을 깨우칠 수 있도록 방법을 찾는 것이 좋다. 식물은 동화작용을 통해서 잎을 피우고 꽃을 나게 하고 열매를 맺는다. 하지만 사람은 의식 활동을 통해서 자기의 영혼이 만들어진다. 의식 활동이란 말과 행동인데 거짓말을 하고 도둑질하면 자기의식에는 거짓과 도둑질하는 습관이 생긴다. 내세에 태어나서도 반복하는 게 운명이라고 했다. 현세에서 행복한 길을 모르는 사람은 내세에 태어나

도 불행해지는데 방법이 없다. 이런 일은 행동과 의식의 활동으로 영혼이 만들어지는데 한번 만들어진 영혼은 절대로 변하지 않는다. 하나의 뜻으로 변화되는 것이니 도둑질을 안 하고 싶다고 되는 것이 아니고 깨달아야 한다.

Q : 거짓말을 잘하는 사람에게 거짓말하지 말라고 약속해도 자기도 모르게 거짓말이 나오잖습니까?

스승 : 거짓에 중독되면 의식을 괴롭히게 되고 계속 같은 일을 하고 의식에 묻으면 자동으로 숙달되어 버린다. 그러니 전생에 도둑질하던 사람은 현세에 와서도 도둑이 된다는 것은 자기 속에 있으니까 안 가르쳐 줘도 같은 행위를 만든다. 그래서 옳은 일을 가르쳐야 하고 옳은 것을 배우는 게 좋은 자기를 얻는 길이다.

Q : 거짓에 중독된 일을 누가 결정하는 게 아니겠지요?

스승 : 신들도 생명의 결과물인데 한없이 안쓰러우나 나의 능력으로서 존재하는 법칙 속에 있는 일을 바꿀 수는 없다. 다만 내가 원력을 가지고 있고 모태의 힘이 아주 강하기 때문에 기운을 물리치는 일은 할 수가 있지만 남을 망치는 일은 절대 하지 않는다. 좋은 일을 일어나게 하는 일은 조금은 영향을 끼치게 할 수는 있지만 무지한 사람을 단 순간에 깨우치는 건 사실 불가능하다.

Q : 자기 스스로 깨우쳐서 길을 찾아야 하는 것이네요?

스승 : 씨가 있어야 열매를 생산할 수 있듯이 없는 것을 상대가 받아들이기 전에는 나로서도 어쩔 수가 없었다. 삶 속에는 비밀이 존재하고 있는데 모태 속에 있는 일은 끝없이 새로운 것을 받아들여서 바꾸는 길이 있다.

Q : 업이 시키는 일을 하지 않고 자기 의지로 모든 것을 판단하고 일할 때 업이 작용하지 않습니까?

스승 : 세상의 일을 바로 알고 실천하고 행동함으로써 좋은 업과 나쁜 업이 바뀌게 된다. 나는 오직 길을 가르쳐주는 사람이니 너희가 좋은 자기를 원하면 올바르게 살라는 것이다. 어떤 일을 어디서 하거나 남을 속이지 말고 남의 것을 탐내지 말고 스스로 있는 일을 보도록 노력해야 한다. 그러면 오욕에 안 빠지면 되는데 내가 일일이 따라다니면서 어떻게 감독할 수 있겠느냐?

Q : 업은 모태 속에서 따라오는 것이니까 자기를 깨우쳐서 세상의 일을 보기 전에는 바꾸는 일이 쉬운 게 아니라는 것이죠?

스승 : 업이 자기 속에서 활동을 통해서 끝없이 존재하려 하는 습성을 가지고 있다. 업에서 벗어나고 활동을 정지시키기 위해서는 철저히 확인하는 의식이 자기 속에 일어나야 한다. 그래서 사실과 맞는 일만 하고 의심쩍은 일을 안 하면 되는데 사실 실천하는 게 누구에게나 쉬운 게 아니다. 어떤 때 사람을 도와주고 싶어서 안달이 나서 만날 때가 있는데 문제를 풀어주기 위해서 지적하면 싫어한다. 그것은 자기가 보는 것과 보는 게 틀리니까 매우 안타깝지만 도와줄 수가 없었다.

Q : 사람들에게 진실을 말하고 도와주려고 하면 다시 보지 않으려고 하던데 업이 크기 때문입니까?

스승 : 그런 사람을 구할 수 없다면 포기할 수밖에 없다. 망해야 할 사람은 망해야 세상일을 느낄 수가 있는데 한번 사기를 당한 사람은 또다시 사기를 당하더라는 것이다. 깨달음이 없기에 반복하는데 평생을 가도 사기를 안 당하고 사는 사람은 업이 없기 때

문이다.

Q : 업장이 크게 되는 이유는 진리를 모르기 때문입니까?
스승 : 내 말을 듣고 찾아오는 사람에게 한 번은 속아 주는데 세상 속에 있던 진리를 말하면 그때부터는 끝이다. 진실을 말하면 사람들은 돌아서 버리고 두 번 다시 오려고 하는 사람들이 없었다는 사실이다. 착한 마음을 가지고 있을 때는 같은 일을 당해도 안타깝기만 한데 착한 마음이 없이 남한테서 무안을 당하면 분해서 가슴을 끓게 만든다. 그러면 증오가 생기게 되어 업장이 되는 것이니까 인간에게 진실성의 중요함을 일깨워 주는 것은 너희도 할 수 있는 일이다.

Q : 어떻게 사람들을 일깨워 주어야 하는 것입니까?
스승 : 인간 세계에 대한 사랑이 존재한다면 너희의 삶을 보람 속에 살게 할 것이다. 너희가 있는 일에 대해서 눈을 뜨게 되면 사람들이 하는 잘못된 일들을 볼 수 있다. 깨우쳐 주려고 좋은 마음을 내면 항상 부딪히게 될 것인데 부딪침이 너희의 가슴을 태우게 된다. 작은 깨달음이라도 얻고 세상일을 알고 부딪치는 것은 자기 가슴에 업을 태우게 되겠지만 모르고 부딪치면 상대가 거부한다. 그래서 업을 만들게 되어 증오하게 되고 미워하게 된다. 세상의 일을 알면 상대가 거부해도 남을 속이려고 한 게 아니므로 분하지도 않고 안타까움이 일어나서 가슴에서 업장을 태우게 된다는 것이다.

Q : 자기의 업을 억누르는 과정을 거쳐야만 성공하는 것입니까?
스승 : 있는 일이 좋고 나쁜 일을 만들어 내는 결정체이다. 한 번 있

는 일을 통해서 좋은 일을 자기 속에 존재하게 한다면 끝없이 자기의 앞날을 밝혀주는 등불이 될 것이다. 한번 깨달아서 업을 억누르고 업으로부터 해방될 수 있다면 자유는 끝없이 계속된다. 업이 정지되면 자기 속에 있는 의식의 기운이 매우 강해지니 새 생명으로 태어나면 뛰어난 자로 모든 분야에서 성공한다. 성공과 실패의 원인은 자기 속에 있는 업의 작용으로 존재하는 일이 많으니 좋아진 것은 끝없이 자기 자신 속에서 영향을 나타나게 된다.

Q : 현상계에 존재하는 사물을 통해서 이런 일이 정말인지 확인할 수가 있습니까?

스승 : 농사를 잘 지은 기름지고 큰 열매에서 나온 씨를 심었더니 다시 싹이 나서 열매가 열리는데 좋은 열매가 열렸다. 비실비실한 종자를 심었더니 나중에 열매가 껍데기가 많고 알맹이가 없는 것과 같이 자기 속에서 좋은 것을 가졌을 때는 좋은 결과가 끝없이 계속 열리게 된다. 좋은 일을 한 경험이 없는 사람은 좋은 일은 하지 못하기에 깨달음이 자기를 축복하는 가장 길이라는 것이다.

Q : 저희는 어떤 대가를 치르더라도 자신을 깨우치는 일에 생의 많은 시간을 할애해야 하겠네요?

스승 : 이제 너희가 해야 할 일은 항상 어떻게 하면 가족들에게나 이웃에게 도움이 될 수 있는지를 항상 생각해야 한다. 다른 사람을 위해서 더 열심히 일하고 노력하는 자체가 너희를 위하고 섬기는 길이다.

Q : 업이 우리의 삶에 어떤 영향을 미치게 합니까?

스승 : 사람마다 자기 속에 있었던 일들이 각각 다르므로 천 명이 모이면 천태만상이다. 좋은 가르침이 없을 때 모든 사람은 자기 속에 있는 것만을 반복하게 되어 배우지 않은 일은 누구도 스스로 진실을 알아볼 수가 없다. 이 땅에는 좋은 가르침이 없어서 모든 사람이 업을 버릴 수가 없으므로 잘못된 사람들이 큰소리를 쳐도 누구도 이 일을 분간할 수가 없었다.

Q : 어떤 일을 알고자 할 때 사람이 어떤 사람인지 내력을 어떻게 알 수 있습니까?

스승 : 사람의 말과 행동과 하는 일을 종합해서 보면 이런 일을 하며 살아오면서 어떤 성질이 계속 나타나고 있는지 문제를 당장 알아볼 수가 있다. 내가 계속 업에 대해서 말을 하는 것은 너희 자신이 하는 일들이 자신의 앞날을 결정하는 길이라는 것이다. 아무리 삶이 어렵다고 해도 일시적 순간 때문에 평생을 두고두고 후회할 짓을 하지 말아야 한다.

Q : 선생님이 저희에게 전달하고자 계속하는 말씀이 깨달음입니까?

스승 : 깨달음이 없다면 자기가 어리석은 짓을 해 놓고도 진짜로 어리석은 짓을 했는지를 하나도 모른다. 자기가 한 일도 모르는데 어떻게 남을 도울 수 있고 남에게서 좋은 말을 들을 수 있겠느냐? 너희는 항상 이 점을 소중하게 여겨 달라고 부탁하는 것이다.

Q : 운명은 조금 이해하겠는데 모태와 업은 어떻게 구분합니까?

스승 : 자신을 태어나게 하는 근원을 모태라 하고 업이라 하는 것은

자신을 움직이게 하는 힘을 업이라고 한다. 그럼 모태 속에 있는 일은 무엇이고 업은 무엇이냐 하면 씨앗과 싹이다. 그건 한 뿌리에서 나오는 것이고 씨앗은 싹을 갖고 있는데 이미 그 속에 열매도 있다. 생명으로 부활하면 어떤 싹이 나고 열매가 되는 것이 모태 속에 있는 일에 의해서 결정이 된다. 생명 활동은 모태 속에 있는 일을 계속 되풀이하게 되고 자신이 나게 했던 자신을 다시 만들고 지킨다. 그러면 모태 속에 있는 말이나 업이라는 말은 같은 것임을 알 수 있다.

Q : **모태 속에 있는 일이나 업은 만들어지는 것입니까?**
스승 : 현재의 생활을 통해서 너희에게 일어나게 되는 일들에 의해서 존재하게 되고 자기 속에 있었던 일이 의식 속에 입력된다. 소나무에서 얻은 씨앗을 심으면 소나무가 나고 종자도 똑같다. 소나무의 모태가 한국 소나무일 때는 한국 소나무가 나고 미송일 때는 미송이 나는 것이다. 과거에 있었던 자기 속에 입력이 되었던 일들이 계속 같은 활동 때문에 과정에서 나타나서 자기 속에서 활동을 일으키고 있는 원인이 되었다. 예를 들어 봄에 심었던 꽃이 내일 핀다면 종자에 따라서 똑같이 정해져 있는데 정해져 있는 것을 원칙이라고 말한다.

Q : **좋은 인연이 좋은 자기를 만들어 내는 길이네요?**
스승 : 지금 좋은 일을 하면 좋은 일을 했던 일이 자기 속에 입력돼서 모태 속에 있는 일이 계속 반복된다. 원칙 속에 있는 모든 일은 문제에 의해서 만들어진 것들이 더 나아가면 자기 속에 있는 일을 가지고 태어날 수 있다. 이런 일이 전부 다 드러나게 되는데 자기는 어떤 생활을 하게 되는지 이 자리를 통해서 듣고 깨달

아야 할 점이다.

Q : **좋은 일을 하는 업은 사람에게 좋은 일을 시킵니까?**
스승 : 어떤 시기에 자기가 좋은 일을 해서 왕성한 자기를 만났다면 다시 태어나서 같은 일이 일어나는 게 자기 속에 입력되어 있기 때문이다. 세상은 똑같은 원리에 의해서 존재하고 있는데 이치의 적용을 벗어나는 것이 없어서 계속 원리를 듣고 이해하게 되면 깨달을 수 있다. 이치를 이해하지 못한 상태에서는 있는 일을 알아보지 못하니 깨달음을 성취할 수가 없었다.

Q : **사람이 깨달음을 얻는데 가장 큰 장애가 무엇입니까?**
스승 : 자기의 업을 없애야 비로소 있는 일을 바로 볼 수가 있는데 내가 사람들을 만날 때마다 답답하게 느끼는 게 깨달음에 관심이 없다는 것이다. 미국을 여행하면서 깨달은 자가 있다는 소문을 듣고 찾아간 적이 있다. 옳고 그름을 말할 때 당신은 기준을 어디에 두느냐고 했더니 그는 대답하지 않았다. 업이 많아서 옳고 그름도 보지 못하는 자가 어떻게 자신을 깨달았다고 말할 수 있으며 남을 깨우칠 수가 있겠는가? 그곳에 사람이 많이 모이는 것은 죽은 자가 함께 있기 때문이었다.

Q : **깨달음을 얻기 위해서 업으로부터 자유롭게 해야 한다면 자기 속에 있는 업을 어떻게 풀 수 있습니까?**
스승 : 과거는 이미 지나가 버렸기에 되돌릴 수가 없지만 하나의 방법이 사랑을 통해서 자기 속에 있는 업을 태울 수가 있다고 항상 말한다. 사랑과 고뇌가 없이 깨달음을 얻는다는 것은 거짓말이다. 깨달음을 얻기 위해서는 먼저 깨달은 자를 만나야 하고 어떻

게 깨닫는지 순서를 알아서 실천해야 한다. 먼저 자신이 건강한 육체와 정신이 있지 않다면 깨닫고 싶어 하는 것은 욕망이다. 그것은 당대에 불가능한 일이기에 고뇌와 사랑이 업을 태울 수 있는 유일한 길이라는 것이다.

Q : 선생님은 과거에도 깨달음을 얻으셨다면 이생에서 태어나실 때 업장을 가지고 태어나실 수 있습니까?
스승 : 인간이 되기 위해서는 몸을 받아야 하는데 인간의 신체에도 업이 따라올 수가 있다. 예를 들어서 좋은 씨앗이 땅에 떨어졌는데 땅이 오염되어 있을 때 씨앗 속의 생명에는 오염물질이 존재하게 된다. 내 근본은 업을 짓지 않지만 태어나면서 부모로부터 내 육체에 묻은 기운에 업이 조금 있었다.

Q : 육도윤회를 거치지 않으려면 있는 일을 바로 보게 됐을 때 가능합니까?
스승 : 인과의 법으로 다시 환생하고 싶은 사람은 먼저 약간의 깨달음이 있어야 한다. 자기 속에 있는 업의 영향에서 벗어나기 위해 업이 작아지면 정신적으로 삶이 매우 편해진다. 업이 없으면 번뇌와 망상이 일어나지 않고 생각이 사라지니까 있는 것을 보게 된다. 있는 일을 알아보는 게 깨달음이다.

Q : 깨달음을 얻기 위해서 있는 일을 알아보면 업이 제거되는지요?
스승 : 있는 일에 대한 정확한 이해가 있게 되면 남에게 속지 않고 속이지 않게 되고 업 짓는 일을 안 하게 된다. 너희는 한 사람이라도 깨우쳐서 그들에게 도움이 되겠다는 열망이 생길 때 삶을 통해서 열반도 가능하고 영생도 가능하다. 그렇지 않고 아무리

듣고 배워도 사용하지 않는다면 좋은 지식은 자기 속에 많이 쌓일 수 있어도 자기 문제를 해결할 수가 없다.

Q : 자기의 실수하는 일을 통제하면 나쁜 업을 이기고 바로 잡는 일이 쉬워지는지요?

스승 : 업을 이기고 자기 속에 들어와 입력된 일들은 생명체의 근원에 붙어서 기운을 움직인다. 항상 기운은 업을 만들기도 하고 업을 떼는 일도 하지만 이상적인 생각으로 깨달음이 없이 업을 버리고 좋은 쪽으로 변화한다는 건 힘든 일이다. 업을 지배하는 일은 좋은 일을 하는 선한 업이 크고 악업이 적을 때 세상은 힘의 원리가 있다. 나쁜 업이 크고 좋은 업이 적을 때에는 좋은 일을 하고자 하지만 업의 지배를 받기에 좋은 일을 하기가 꿈같아지고 현실에서 좋은 일을 실천하는 일이 어렵다.

Q : 자신 속에 나쁜 업이 있는지 어떻게 알 수 있습니까?

스승 : 그것은 간단하게 사람이 하는 일을 관찰하면 일속에 의식을 볼 수 있고 행동 속에 의식이 노출되고 있다. 자기의 의식 속에 있는 것을 표출하기도 하고 처음에 시작한 것처럼 유입하기도 한다. 업이 큰 사람은 항상 좋은 일을 하는 것 같지만 결과적으로 보면 나쁜 일을 만든다. 그런 사람은 아무리 말을 해보았자 똑같은 일을 계속 반복하고 좋아지려고 하지 않으니 구제불능이라고 말하는 것이다.

Q : 저는 생활하면서 성격 때문에 침착하기가 어려운데 화를 내는 게 업이 자신에게 작용하기 때문입니까?

스승 : 업의 작용도 있지만 인체의 기관에 어떤 문제가 있는지 관찰

해야 한다. 뇌의 활동이 원활하지 못하고 뇌의 용량이 감당할 수 없는데도 계속 무언가 유입하려 하면 문제가 생긴다. 전기 이론에서 많이 볼 수가 있듯이 기계의 용량은 약한데 많은 전류를 사용하려다 보면 이상이 오고 부하가 걸리거나 기기가 폭발해 버리는 현상이 나타난다. 우리 인체의 구조에도 일어날 수가 있는 현상인데 업이라고 보지 말고 신경질이 많이 날 때는 인체에 어떤 일이 있는지 한번 확인해야 한다. 인체에 있는 일들이 스트레스를 가져오게 하고 정신에 부담을 주어서 신경질을 일어나게 하는 일들이 있기 때문이다.

Q : 깨달음을 얻고자 하면 육체와 맞는 업을 가져야 한다고 이해하는데 선생님은 세상일을 어떻게 보시는데요?

스승 : 내가 깨달았다는 증거는 세상일을 본다는 것이고 확인을 통해서 가능하다. 예로부터 전해 오기를 좋은 가르침은 문지방을 넘지 않고 나쁜 말은 하룻저녁에 천 리를 간다는 말이 있다. 깨달음을 얻는 길 또한 세상에 나온 적이 없기에 너는 내 말을 듣고 어떻게 신뢰하며 받아들일 수 있을 것인지 먼저 그 점에 대해서 알고 싶다. 천재는 하늘이 내리는 것이고 인재는 교육으로 생산되는 것이다. 그런데 내가 어떻게 능력이 있는지는 좀 더 가까워진다면 스스로 충분히 이해할 수 있고 나처럼 깨달음을 얻을 수 있을 것이다.

Q : 길흉화복의 원인은 어디에서 찾아야 합니까?

스승 : 길흉화복의 원인은 있는 일 속에 있고 네가 있는 일을 알고 미리 있을 일을 대비하게 되면 재앙이라는 것은 없다. 네가 있는 일을 모르는 상태에서 있는 일을 함부로 하게 되면 재앙은 생기

게 되어 있다. 그러니 너희는 행복한 삶과 불행이 없는 삶을 얻기 위해서 이곳에 오는 것이다.

Q : 한 번 변질한 기운이 스스로 사라지는 경우가 드물면 의식의 기운 자체가 매우 왕성한 경우에는 자체적으로 정화할 수 있습니까?

스승 : 간단하게 비유하면 하천에 있는 어떤 물질이 하수도를 통해서 내려가는 과정에 웅덩이에 고인 오염된 것들이 많은 양의 물이 지나가게 되면 정화가 된다. 하지만 물이 아주 조금 흘러갈 때 오염된 물질은 점점 세력을 키워가기 시작한다. 다시 말하면 왕성한 기운이 체내에 돌 때 어떤 부위에 걸려 있는 기운은 왕성한 기운과 함께 돌다가 정화되는 수가 있다. 그러나 체내를 왕성한 기운에 의해서 계속 씻어주지 않고 움직여 주지 아니하면 물질은 점점 옆에 있는 약한 기운을 흡수해서 오히려 더 큰 세력을 만들어 낼 수 있다는 것이다.

Q : 깨닫지 않아도 나름대로 왕성한 기운은 가질 수는 있는 겁니까?

스승 : 깨닫지 않아도 사람에 따라서 왕성한 기운이 있는 사람이 있고 쇠한 기운이 있는 사람이 있다. 그런데 젊고 왕성할 때 기운이 펄펄 넘칠 때는 병이 잘 걸리지 않는다. 그러니 있는 일을 살펴보면 되고 젊은 사람 중에서도 질병이 있는 사람은 항상 비실거린다. 왕성한 기운을 얻는 방법은 활동을 통하여 얻어야 하는데 밝은 의식으로 살면 된다.

Q : 선생님은 사람들을 아무도 미워하지 않고 해치지 않고 세상을 사랑하는 삶을 사는데도 대접 못 받는 이유가 무엇 때문인지요?

스승 : 내가 세상에 와서 사람들을 위해서 조금이라도 축복하는 일

이 내 꿈이었다. 그런데 세상을 사랑한 결과 느낀 것은 세상에 와서 대접받지 못하고 항상 위험에 처해 있고 외로워해야 하는지 알고 보니 너무나 당연한 일이었다. 모든 사람이 저마다 업을 가지고 태어나고 자기 속에 있는 길을 가고 있다. 서로의 길이 다르니까 나의 곁에는 아무리 노력해도 특별한 인연이 없는 한 동화될 수 있는 사람을 만나기가 너무 힘들었다. 그래서 내가 바라는 인간에 대한 축복은 쉽사리 이루어지지 않는 것이다.

Q : 좋은 가르침이 왜 세상에서 전해질 수 없었습니까?
스승 : 사람은 의식에 의해서 조종받고 움직이며 활동한다. 그러니까 자기의식에 맞지 않는 일은 받아들이지를 않고 제대로 볼 수도 없으며 전할 수가 없었다. 이것이 세상에서 깨달음의 길을 이어갈 수 없게 하는 문제였다. 네가 깨닫고 싶어도 전생에 선한 업을 쌓아서 깨달음과 인연을 맺을 수 있는 근원을 가지고 태어나지 못한다면 매우 어려운 일이 된다.

Q : 선한 업을 지으면 좋은 세상과 끝없이 만나게 되고 운명 속에 좋은 세상을 갖게 되는 것입니까?
스승 : 악업을 지으면 운명 속에서 어둡고 나쁜 세상을 만나게 되니 너희는 자신이 자신을 만든다는 사실을 알아야 한다. 자신을 만드는 근본이 어떤 신이나 어떤 타인에 의해서 만들어지는 게 아니고 자기의 행위로 만들어진다는 것을 명심해야 한다.

Q : 남의 마음에 한을 짓지 않는 작은 실수는 금방 사해질 수가 있습니까?
스승 : 작은 실수는 조심해야 하고 큰 실수는 자기의식에 붙어서 끝

없이 나고 죽는 일 속을 따라다닌다. 과거에도 부처가 올 때마다 이런 가르침은 있었지만 깨달음이 없는 사람들은 좋은 법을 전하고 진실을 말한 게 아니다. 사람들을 우매하게 만들고 우매한 사람들의 노력을 빼앗아서 자기의 사욕을 채우는 일들이 있었다. 너희는 삶을 통해서 속지 않고 남을 속이지 않으면 큰 축복이 있을 것이다.

Q : 저는 수년 동안 배우고 노력했는데 어찌 운명이 변하지 않습니까?

스승 : 네가 나에게서 배웠다고 하면 세상에 나가서 내 가 시키는 대로 해 보아라! 그럼 너는 어디든지 존경받고 살아가는데 문제가 없는 사람이 되는데 내 말을 이해하지 않고 받아들이질 않았다. 너의 운명은 의식으로 들어가는 게 아니고 머리로 들어가서 진실을 사람들에게 전하는 것이 아니고 이야기를 만들어 전한 것이 문제이다.

Q : 이미 굳어져 있는 나무는 펼 수가 없듯이 잘못 배운 지식으로 문제를 만들었다는 뜻입니까?

스승 : 깨달음은 자기 속에 있는 문제를 찾아서 어떻게 해결을 할 수 있는지 방법을 찾아내는 것이다. 저 난의 뿌리 있는 곳에 상처를 냈거나 열을 가해서 조직에 이상을 일으키게 해 놓고 아무리 물을 주고 좋은 땅에 심어도 당장 튼튼해질 수 없다. 난 속에 존재하게 된 상처는 존재하게 되듯이 자신을 크게 이루기에는 매우 힘이 들 것이다. 하지만 다른 곳에서 마음을 다쳐서 온 사람은 이곳에서 의식의 치유가 되는 일은 가능하다.

Q : 그렇지만 다쳤던 때의 일은 상쇄해 버릴 수 없네요?

스승 : 나무 위에다가 도끼로 찍어서 진을 내게 하고 상처를 내놓고 상처가 난 것을 아무리 땅에다 거름을 준다 해서 도끼 자국이 없어지겠느냐? 어떤 나무를 가꾸다가 아이들이 휘게 만들었다면 나무의 신경이 옆으로 뻗어나간다. 여기에 아무리 좋은 땅에다 거름을 넣어도 휘었던 것이 펴지는 일은 어렵다. 나를 만나서 십 몇 년이 되었어도 먼저 문제를 만들어 가지고 온 사람은 문제를 회복할 수 있는 것도 있고 없는 것도 있다.

Q : 우리가 삶을 열심히 살아야 할 이유가 무엇입니까?

스승 : 벼가 익으면 자기 생애를 다한다는 걸 벼는 모르겠지만 특별한 경우에 일기나 환경의 탓에 의해서 설 여물 때도 있다. 그러나 대부분의 벼는 환경만 받쳐준다면 성장이 마감되는 순간까지 잘 자라야 결정체가 충분히 여물 수 있고 부활할 수 있는 열매로 바뀌게 된다. 너희는 인과의 법을 알아서 법에 맞도록 열심히 자기를 보전하고 보살피게 된다면 결정체인 좋은 자기를 완성할 수 있으니까 삶이 중요한 것이다.

Q : 완성된 결정체는 부활하니까 저희는 매우 중요한 시대를 살고 있다고 봐야 하는 거네요?

스승 : 변화기가 자기를 버릴 것인지 지킬 것인지 하는 문제는 너희의 깨달음과 노력에 달려 있다. 나는 여러 가지 사례를 통해서 어떤 일이 애착과 자기 속에 있는 업을 전부 씻어버릴 수 있는지를 열심히 가르쳐 주었다. 당당한 삶의 모습을 통해서 그 일은 가능하니 너희의 마음에 애착을 짓지 말고 한을 짓지 않고 살면 되는 것이다. 그러니 삶의 중요성을 깨닫고 현세는 물론이고 끝

없는 내세에도 영향을 끼치게 되는 운명적인 기틀을 마련하기 위해서 사는 것이다.

Q : 삶의 기틀을 만들기 위해서는 어떻게 해야 합니까?
스승 : 이 문제를 설명하기 위해서 너희가 사는 목적을 알아야 한다. 삶이 자신을 존재하게 하는 근원이라고 했으니 자기의 행위와 판단과 노력으로 삶의 기틀은 만들어지게 된다.

Q : 이 시대가 어두워지니까 사람들의 의식도 어둡고 환경도 자꾸 나빠지면 장래가 어떻게 되겠습니까?
스승 : 내가 항상 느끼게 되는 것은 사람을 진정으로 구하는 일이 얼마나 어렵고 힘든 일인지 하는 사실이다. 지금부터 20년 전이었는데 매우 어렵게 생활하면서도 나를 만나면 깍듯이 대한 사람이 있었다. 그래서 나는 그때나 지금이나 외롭고 마음을 나눌 곳이 없어서 그에게 살아가는 길을 가르쳐주었다. 그런데 그는 20년 동안에 많은 돈을 벌고 한 고장의 유지가 되었다. 내가 며칠 전에 그를 만났는데 우리가 하는 좋은 일에 도움이 되라고 하면 결사적으로 반대할 것 같아 이렇게 말했다. 삶은 소중한 것인데 너를 위해서 도울 수 있는 말이 진실한 삶이다. 이제는 재물을 모았으니 더 이상 돈에 얽매이지 말고 인심을 얻는데 여생을 보내는 게 어떻겠느냐고 말했더니 화를 냈다.

Q : 사람이 돈을 벌어서 환경이 변하면 사람을 망치게 되는 것도 운명으로 생긴 것입니까?
스승 : 사람은 진실하게 사는 것이 힘들어 보이지만 세상에서 진실을 얻는 것만큼 소중한 일이 없다. 그래서 삶에 대해 말했더니

자기보고 진실하게 살라고 했다고 좋지 않은 인상으로 눈이 왕
방울만큼 튀어나왔다. 남을 속이라고 하면 받아들일 수 있지만
이 시대에 진실하게 살아가는 자는 바보고 멍청이들이 하는 짓
이라고 했다. 그의 말을 듣고 나서 매우 크게 느낀 게 있었다.

Q : 선생님은 세상을 볼 때 먼저 무엇부터 보시는지요?
스승 : 항상 문제를 놓고 바탕이 어떻게 되어 있는지 환경을 보고 다음에 바탕에 있는 것을 본다. 다른 사람들은 문제를 알아보지 못하기에 진실을 보는 게 불가능하지만 나는 현실을 바탕에다가 접목해서 결과가 어떻게 되는지를 알아보고 있다.

Q : 인과의 법칙으로 만들어진 운명은 계속 자신 속에서 반복된 일을 일으키게 되는 것입니까?
스승 : 한번 아편에 중독된 사람은 계속 중독 기운에 의해서 아편을 받아들이고 담배를 피워 본 사람은 계속 담배를 피우게 되고 술을 마셔본 사람은 술을 마시게 된다. 한번 자기 속에 접촉한 것은 쉽게 물러가려고 하지 않고 항상 자기에게 접촉하게 해서 자기에게 있었던 일들이 삶을 지배한다.

Q : 사람이 태어나고 병들고 늙고 죽게 되는 일이 인연으로 일어난다고 보아야 합니까?
스승 : 대학이나 대학원을 나와서 대학교수가 된 사람이 있고 대학을 나와서 중고등학교에 교원이 된 사람이 있다. 이것은 학교와 인연을 맺어서 얻은 지식으로 남을 가르치는 선생이 되게 한 것도 하나의 인연이다. 교도소에 가서 절도범을 따라다니다가 자기도 모르게 금고털이 절도범이 되는 것도 인연이다. 있는 일로

인하여 모든 것은 일어나게 되고 자기의 의식 속에 한 번 들어온 일은 절대로 함부로 사라지지 않는다.

Q : 종교에서 들은 말이 빵을 먹고 싶어 훔치지는 않았어도 먹고 싶다는 생각이 드는 자체가 죄를 지었다고 이야기하는데 사실입니까?

스승 : 장사꾼들이 하는 말이고 만든 말이지 배가 고파서 빵이 먹고 싶었지만 훔치지 않았는데 어떻게 죄가 성립되느냐? 남의 것을 탐내는 자체는 자기 스스로 나약한 의지를 본 것이니 좋은 일은 아니나 남의 걸 훔치고 싶다는 나약한 자신을 본 것뿐이다. 그러나 양심의 힘이 제대로 되어 있는 사람은 아무리 배가 고파도 남의 걸 훔치고 싶은 마음이 생기지 않는다. 나는 어린 시절 20대까지 너무나 큰 굶주림 속에서 살았지만 남의 것을 훔치고 싶은 마음을 한 번도 내어본 적이 없다. 어떤 생각 자체만으로 죄가 되는지 종교에서는 생각도 죄가 된다고 했으니 이 말의 정의를 한번 생각해 보고 죄가 되는지 판단해 보아라!

Q : 제가 진실을 모르고 물었으니까 대답해 주세요?

스승 : 기름을 한 말 사서 들고 가면서 생각해 보아라! 이걸 땅에 부을지 말지 생각했는데 땅에 안 부었을 때 한 방울도 기름이 떨어지지 않은 땅은 피해를 보지 않았다. 기름을 가진 주인도 한 방울도 안 떨어졌으면 손해 본 게 없다. 사람들은 생각에 얽매이게 되면 생각을 따라가게 되어서 행동을 일으킬 수 있기에 위험하겠지만 생각이 일어나더라도 억제했을 때 나타나는 결과는 없다.

Q : 인과의 법칙에서 위험한 생각을 일으키는 자체가 행동으로 옮겨지지 않고 나타나지 않았을 때는 죄의 성립으로 볼 수는 없는 것

입니까?

스승 : 업은 나로 인해서 피해가 생겼을 때 업이라고 하고 좋은 일이 있게 되었을 때는 공덕이다. 내가 한 일이 세상에 좋은 빛을 남기게 되면 빛은 항상 나에게 있게 되고 업을 만들었을 때도 나와 같이 있게 된다. 그래서 이런 법을 깨닫는 게 사람들에게는 매우 중요하니 항상 우리는 상식적인 면에서 세상을 보면 된다.

Q : 사람들이 하는 일이 원인이 없는 좋은 일이 일어나지 않고 원인이 있기 마련입니까?

스승 : 우연히 길가에 가다가 돈 봉투를 주운 것도 복권을 사서 부자가 된 것도 하나의 원인이 된다. 복권을 사고 잃을 확률도 있지만 걸리는 확률도 있으니까 복권을 산 것이다. 길가에서 돈 봉투를 하나 주었으면 불로소득이 생겼더라도 길을 나왔기에 주울 수 있었다. 방안에 가만히 앉아 있는데 길가에 있는 돈을 주울 수 있겠는가?

Q : 만일에 길에서 유리인지 다이아몬드인지 모르고 주었는데 주인을 찾을 수 없다면 어떻게 처신해야 할까요?

스승 : 먼저 보석상에 가져가서 도대체 얼마나 가치가 있는 건지 한 번 봐달라고 하면서 진짜인지 감정해 달라고 하면 된다. 모를 때 유리라고 못 쓰는 것이라고 내버리면 주인이 주워갈 수 있다. 몇 집 갔더니 유리이니 모조품이라고 하면 가질 필요가 없다. 모르는 것은 알아보면 진짜인지 가짜인지 아는 방법이 생기고 말로써 듣는 것은 말의 증거를 추적하면 드러난다. 무엇을 무조건 알아보지도 않고 확인도 안 하고 어떻게 판단하느냐?

Q : 여래님은 지혜로써 항상 보시지만 아직 중생들은 못 보는데 어떤 기준으로 세상을 보고 판단해야 합니까?

스승 : 수학 문제라면 앞에 있는 숫자를 보고 문제를 보고 기준으로 하면 되고 막대기를 갖다가 재면 잣대를 기준으로 해서 재보면 되겠지만 네가 세상 문제를 판단하는데 어떤 기준을 봐야 하느냐? 쉽고도 어려운 문제이지만 사실을 먼저 알아보고 확인해 보고 판단하라! 나처럼 세상 이치를 보고 판단하면 되지만 너는 세상의 이치를 보지 못하니 남의 말만 듣고 판단해야 한다면 속는 수가 많다. 그래서 법을 배우면 누구나 냉정해지고 속지 않게 된다.

Q : 사람들은 서로에게 축복하기 어려운 것도 운명으로 인한 것입니까?

스승 : 너희가 세상에 태어난 것은 자기를 축복하기 위해서이다. 삶은 새로운 삶을 얻는 길이거늘 너희는 소중한 앞날은 모두 버려둔 채 거짓과 길이 없는 길 속에서 헤매고 있다. 이러한 일은 모든 중생계가 짊어진 업보 때문에 일어난 현상으로 길이 없는 어둠 속에 빠지기를 스스로 자청하는 것이다.

Q : 사람이 옳은 일을 보고도 옳은 일을 쉽게 따르고 도울 수 없는 것은 이유가 무엇입니까?

스승 : 모든 사람이 자기 속에 자기를 가지고 있기 때문이다. 자기는 과거의 생에서 만들어진 것이고 과거의 생활 속에 있던 것들의 작용은 현재의 자신 속에서 영향을 미치고 있다. 쉽게 말해서 콩이 팥이 될 수 없고 미꾸라지와 메기가 같은 물에 살아도 같이 놀 수가 없는 것은 이유가 있어서 일어나는 것이다.

Q : 선생님은 이 나라의 문제나 개인의 문제를 풀어 줄 수 없는 것이 인연이 먼 것입니까?

스승 : 나는 오늘의 사회문제를 풀기 위해서 많은 사람을 만나고 문제를 제시했으나 나에 관한 소문은 일체 퍼지고 있지 않다. 내가 의통(意通)을 통해서 구해 준 생명도 상당히 많으나 그들은 아주 급할 때 공중화장실을 이용한 것같이 생각하고 쉽게 잊어버린다. 나는 있는 일을 통해서 너희를 항상 도울 수 있다. 있는 일 속에 천국도 지옥도 있으며 가난뱅이의 운명도 있고 부자가 되는 길도 있다. 나라가 망해야 하는 길도 있고 흥하는 길도 있고 온갖 길이 있다. 나는 너희가 어떤 길을 원하고 있는지 질문을 받아서 문제를 해결하는 도움을 주고 싶지만 내 말을 들으면 혼란이 올지도 모르겠다.

Q : 저는 선생님이 얼마나 지적 수준이 높은지 궁금한데 어떻게 알아볼 수 있는지요?

스승 : 너희가 여러 가지 질문을 했을 때 문제를 틀리지 않고 풀 수 있다면 새로운 해답이 되는 것이다. 지금 한국이 가지고 있는 정치적인 문제나 경제적인 문제가 많고 너에게도 학교 문제도 있을 것이지만 나는 아무 준비도 하지 않고 나왔다. 어떤 준비가 없는 상황에서 너희의 질문을 내가 어떻게 해석하고 대답하는지 믿음을 준다면 어떤 문제라도 풀 수가 있다.

Q : 인간의 모태는 무엇이며 영혼도 세상이 모태입니까?

스승 : 세상이 가지고 있는 변화를 일으키고 있는 활동이나 사람이 육체를 통해서 일으킬 수 있는 활동이 똑같다. 생명이나 만물의 모든 모체가 세상의 활동으로 있게 되는 것이다.

Q : **조물주가 세상을 창조한 후에 의식이 전부 창조물 속으로 들어갔다고 보아야 합니까?**

스승 : 그것은 태초에 일어난 일인데 지금 생명의 세계인 지구에서 볼 때 생명의 모체를 세상으로 봐야 한다. 세상의 활동으로 의식도 만들어지고 세상에 있는 인연에 의해서 모든 게 나고 죽고 한다.

Q : **태초에 진리였던 만물이 세월이 가면 바뀌나요?**

스승 : 태초에는 지구와 같은 환경을 가지고 있는 천체가 없었다. 이런 구조가 갖추어진 상태에서는 생명의 근원이 창조주가 아닌 세상 자체이다. 그러면 세상 자체를 잉태하게 하는 근원 인자가 누구인지 볼 때 창조주가 관련되는데 천체에 큰 뜻을 불어넣은 자는 창조자라고 보게 된다. 그러면 닭이 달걀을 낳고 알이 병아리로 부화하고 병아리가 닭이 된다는 건 누구나 다 아는 사실이니 창조주는 개재할 필요가 없다.

Q : **그러면 알은 어디서 나왔으며 알이 세상에서 온 것은 어떤 뜻이 있습니까?**

스승 : 그것은 닭이 쌀알이나 벌레를 먹었더니 그 속에 있는 기운이 모여서 닭이 가지고 있는 기관을 움직여서 알을 생산한 것이다. 알이 병아리가 되고 닭이 되는 것이니까 오늘의 현실을 있게 한 근원 인자는 창조주이다. 하지만 모든 진화의 원인이나 현대문명이 존재하게 된 것은 자체에 있는 것들의 뜻으로 나타나게 되었으니 세상에 있는 것은 같은 뜻으로 움직이게 된다.

Q : **우리가 상상할 수 없는 컴퓨터의 원리도 뜻으로 움직이게 된 것인**

지요?

스승 : 사실 컴퓨터의 이론과 접하게 되면 간단한 원리인데 이론과 접하지 못했을 때 매우 신기한 물건으로 보고 놀라운 상상력을 불어넣게 된다. 컴퓨터를 만든 사람의 말을 듣고 기계를 분해해 보면 어떤 원리에 의해서 작동하고 역할이 나오는지 알게 된다. 항상 세상일을 어려운 일이 있어도 알고자 하면 아는 길은 얼마든지 있다. 너희가 진리를 그냥 들어서는 몇 년을 들어도 알 수가 없다고 한다. 그런데 자꾸 알려고 노력하고 의문을 풀어가는 동안에 이해가 넓어지고 밝아진다. 그러니까 세상일은 항상 현실에서 부딪쳐서 보고 느끼면 삶 속에서 원리를 알아낼 수 있는 능력이 생기게 된다.

Q : 많은 일 중에서 모태를 좋은 곳으로 인도하는 것을 어떻게 관찰할 수 있습니까?

스승 : 자신에 의해서 자기를 구할 수 있고 미래를 선택할 수 있으니 불변의 진리가 자기 속에 존재한다는 사실을 연구해야 할 것이다. 그리고 좋은 자기를 얻기 위해서는 해야 할 일과 하지 않아야 할 일을 분명히 알고 있어야 한다. 모태에 대한 설명은 부처가 세상에 나타나면 중생을 위해서 가르침을 전했지만 이런 가르침이 제대로 세상에 전달이 되지 않았다.

Q : 세상에 인구가 56억이나 된다는데 사람들의 운명을 일일이 만나서 잘못한다고 간섭할 수 없지 않습니까?

스승 : 삶 속에는 많은 비밀이 존재하니 이제 너희는 나의 도움이 없어도 얼마든지 자신을 구하고 보살피는 일이 가능해졌다. 농부가 농사를 짓듯이 자기를 가꾸고 지킬 때만 자신이 좋아지고 삶

의 큰 보람을 줄 수가 있다. 하지만 사람들이 모르는 상태에서 무조건 알겠다고 노력하는 건 아무 소용이 없을 수 있다. 어떤 일을 하건 내가 크게 관여를 할 수가 없고 스스로가 있는 일을 제대로 이해해야 한다. 그래서 만일 지옥계에 떨어졌더라도 자기가 업이 커서 떨어졌으니 업이 죽도록 기다려서 쇠진될 때 윤회가 된다.

Q : 사람이 죽음을 맞이해서 회고도 하고 나름대로 반성도 하면 자기 업을 조금이나마 소멸할 수 있겠습니까?

스승 : 죽음을 맞이해서 반성했다고 업을 소멸할 순 없으니 제일 중요한 문제는 있는 것은 없어져야 없는 것이다. 내가 물속에다가 뭘 하나 띄워놓고 눈을 감고 물속에는 아무것도 없다고 말해도 없어지지는 않는다. 예를 들어서 살았을 때 1시간에 할 수 있는 일이면 죽어서는 10시간이 걸려야 소멸한다. 죽음 이후에는 불가능에 가까우니 살아서 실천해야 하고 노력이 있어서 자기의 의식 속에 있는 업을 태우기만 한다면 윤회하고 변화된다.

Q : 업이 어떻게 존재하는지 원인을 알고 태워야겠지요?

스승 : 의식은 기체로 되어 있고 기체에는 업이 생명의 모태로 기체 속에 존재한다. 한번 묻어온 업은 절대 스스로 떨어지고 죽으려고 하지 않는다. 계속 애착이 있기에 반복 활동을 통해서 자기를 나타내고 표출하려는 의지가 있다. 선한 업으로 좋은 일을 하면 좋은 일을 하고 싶은 습성을 갖게 되지만 나쁜 일을 하게 되면 나쁜 습성을 갖게 되어서 나쁜 업이 무섭다. 업을 제거하려면 마음의 불을 일으켜야 한다.

Q : 어떻게 마음의 불을 일으켜야 하는 것입니까?

스승 : 너희가 마음에 불을 붙여서 업을 태우고 싶다면 많은 힘이 필요하다. 먼저 있는 일에 눈을 떠서 현실을 보아야 무엇이 옳고 잘못되었는지를 판단할 수 있는데 보지 못한다면 항상 속는다. 현실에 눈을 뜨게 되면 옳은 일 쪽에 서게 되니 자연적으로 자기의 행동이 떳떳하다. 나쁜 짓을 안 하니 양심과 용기가 생기고 끝없는 사랑이 일어난다. 남을 축복하고 잘되게 하면 상대가 자기를 박대하고 외면하고 음해하는 사람이 있다. 그럴 때 가슴에는 안타까움이 쌓이고 부딪혀서 불이 나야 불을 통해서만 업장 소멸이 가능하다.

Q : 그런 방법 외에는 업장을 소멸할 길은 없습니까?

스승 : 지금 말한 정보는 매우 정확하며 수천 년 동안 누구도 말한 적이 없고 내가 세상에 와서 처음으로 말한 계기가 된 것이다. 자식을 위해서 큰 안타까움을 느끼고 사랑으로써 불을 얻을 수도 있다.

Q : 업과 사랑 사이에는 어떤 관련성이 있습니까?

스승 : 업은 과거의 행적에 의해서 자신에게서 존재하게 되는 모태 속에 있는 일을 업이라 했다. 사랑은 행동을 통해서 세상에 축복하는 일을 받아들이고 전하고 실천하는 일이다. 사랑은 업을 지울 수 있는 유일한 열쇠이고 업은 사랑이 없이는 영원히 치유할 수 없는 관계이다.

Q : 이곳이 어떤 곳인지 궁금해 하는 사람들도 있는데 소개할 때 무슨 일을 하는 곳이라고 해야 합니까?

스승 : 이곳은 세상에 있는 일이 어떻게 있게 되는 지를 배우고 실천하는 곳이며 배우기 위해서는 잘못 알고 있는 자기의 편견과 끝없는 싸움이 필요하다고 하면 된다. 이 말은 모든 생명의 모태는 있는 일을 근본으로 이용해서 자신을 존재하게 하는 일을 계속한다고 했다.

Q : **자신에게 있었던 일은 계속 자기 속에서 존재하려는 습성을 가지고 있습니까?**
스승 : 과거에 나쁜 인연이 있었다면 생명 속에서는 나쁜 의지가 있고 좋은 인연을 지었던 사람은 좋은 것을 보이려는 습성이 있다. 그런데 많은 사람 중에서는 과거에 있었던 모태 속에 있는 애착으로 자기와 맞지 않는 것은 거부하고 자기 속에 있는 것이 계속 드러나기를 원한다.

Q : **모든 생명체는 활동하지 않으면 빨리 늙고 노쇠해져 버리는 것입니까?**
스승 : 어떤 물질이나 활동하지 않고 가만히 비를 맞거나 어떤 환경에 놔두면 쇠붙이도 그냥 삭는다. 어떤 물건도 계속 움직이고 마찰시키면 강해져서 몇 십년이 가도 원래처럼 마모가 없다. 그러니까 세상은 활동의 법칙에 따라서 존재하기 때문에 사람이 활동하지 않으면 자아상실이 온다. 그래서 나는 이곳에서 배우는 공부는 자기와의 싸움이라고 말한다. 생명의 모태 속에 있는 나쁜 습성도 생명이기 때문에 스스로 죽으려고 하지 않고 계속 활동을 되풀이하려고 한다.

Q : **나쁜 업을 죽이기 위해서는 좋은 가르침을 받아들이면 되는**

지요?

스승 : 좋은 가르침으로 자신을 현실 세계에 눈뜨게 하면 나쁜 일을 자연적으로 안 하게 된다. 자기 속에 있던 나쁜 습성은 힘을 못 쓰고 사라지게 되는 것인데 오히려 나쁜 생명체일수록 현실에 대한 애착이 더 강하다.

Q : 같은 말도 어떤 사람의 말은 업을 짓고 어떤 사람의 말은 공덕을 짓는다고 했는데, 업 짓는 말을 어떻게 알 수 있습니까?

스승 : 업을 짓는 말은 그 속에 있는 의미나 뜻을 모르는 채 말만 들어서 전하는 것이다. 농사를 지을 줄 모르면서 농사를 잘 지어야 한다고 아는 것처럼 말하는 것이 업 짓는 일이다.

Q : 사람이 잘하라고 하는데도 업이 된다는 것입니까?

스승 : 길을 모르는 사람에게 빨리 가라고 하면 자기가 어디를 가야 할지도 모르면서 방황만 하다가 제 자리에 돌아오게 될 것이다. 그러면 오히려 좋은 결과를 얻어주는 게 아니라 사람의 힘을 빼 버리고 지치게 하는 결과를 가져준다. 모르는 말을 함부로 하는 건 옳지 않으니 항상 이 자리를 통해서 서로가 하고 싶은 말은 모를 때 알려고 노력하는 것이 최고의 방법이다. 알지 못하는 것을 추상적인 생각에 의존해서 아는 것처럼 말하는 것은 매우 불행한 일이라는 것을 말하고자 한다.

Q : 아는 자의 가르침과 모르는 자의 가르침은 어떤 차이가 있는 것입니까?

스승 : 마음은 볼 수 없으나 의미가 있으니 똑같은 말을 듣더라도 종교인이 하는 말과 내 말은 다르다. 아는 사람의 말은 항상 자기

의 정신을 맑게 해주는데 모르는 사람의 말은 자기의 정신을 어둡게 한다. 업이 큰 사람은 모르는 사람의 말을 좋아하고 아는 사람의 말을 따라오지 않는다. 깨달음이라는 것이 업 자체를 죽이는 일을 하는데 업 자체는 애착이 있으므로 사는 것이기 때문에 깨달음이 없이는 업을 죽이지 못한다.

Q : 석가모니께서는 태어나면서 업이 없었습니까?

스승 : 깨달음을 얻기 전에 얇은 업이 조금 있었는데 얇은 업을 제거하기 위해서 6년간 들판과 바위산 아래서 고행했다는 기록이 있다. 자기를 이기려는 끝없는 노력이 결국 가슴에 불을 만들어서 업을 태운 것은 사실이다. 그것은 일반사람에게는 너무 위험한 일이고 어떤 경지에 이르기 전에 의지가 약한 사람은 폐인을 만들어 버린다. 당시에는 많은 수행자가 있었는데 누구도 이겨내지 못하고 전부 힘들면 포기해 버리고 말았다. 이 시간을 통해서 너희에게 전하는 것은 모르면 속고 알면 자기에게 이로움이 있으니 항상 세상일에 대해서 바로 알려는 노력이 필요하다는 것이다.

Q : 현대의 종교가 인간을 깨우치고 구하는 길이라는 기대는 할 수 없는 일입니까?

스승 : 사람들은 대부분 길흉화복의 길이 어디에 있는지 모르는 채 어떤 보이지 않는 대상을 만들어 놓고 빌고 있다. 있는 일을 잘 알아보지 못하고 잘못하게 되면 흉한 일이 있게 되고 화가 닥치게 된다. 그러나 있는 일 속에 길이 있으니 있는 일을 잘 알고 행하면 좋은 일이 생기게 되어서 복이 된다는 것이다.

Q : 자기를 구하려면 먼저 길을 알아야 하는 것이네요?

스승 : 종교에서는 자기를 구하는 길을 밝히지 못했다. 그 길을 죽은 예수가 찾아줄 것이고 죽은 석가모니가 길을 찾아줄 것이며 죽은 종교의 교주나 창시자들이 길을 찾아준다고 한다. 하지만 죽은 자들이 나타나서 길을 말하지 않고 가르치지는 않는다. 예수는 세상일을 알았기에 신의 이야기를 하지 않았고 현실에 있던 말들을 했는데 말세가 되어 말이 변질이 되었다. 진실을 모르고 거짓에 물든 눈뜬장님의 말을 듣게 되면 전부 구름 같은 소리이고 현실에 있는 일은 말하지 않는다.

Q : 종교를 통해서는 자기 구원이 불가능하다면 어떤 방법이 있습니까?

스승 : 있는 일을 너희의 마음속에 받아들이게 된다면 구원을 상세하게 알 수 있다는 점에서 운명의 비밀을 알게 된다. 눈먼 사람이 앞에 나무가 있고 잎이 있더라도 책을 읽고 말만 들어서 나무의 잎이 푸르다는 소리를 듣고 알 수가 있지만 볼 수가 없다. 보지 못하면 어떻게 생겼는지 정확하게 언제 무엇이 어떻게 변화하는지 모르니 눈뜬장님은 의식의 눈을 떠서 보아야 구원의 길을 알게 된다.

Q : 선생님은 사랑과 자비를 어떻게 설명하십니까?

스승 : 사람들은 도둑놈 용서해 주는 게 자비이고 거지에게 돈 몇 푼 주는 게 사랑인지 잘못 알고 있다. 인간의 의식 속에 존재하는 잘못을 깨워서 사실을 보게 하는 것이 사랑이며 자비이다. 옳고 그름을 가르쳐서 어떤 상황에 직면해 있을 때 어떻게 살아야 하는지 길을 가르쳐 주는 것이 사랑이다. 이러한 뜻을 알고 나서

현실에서 나타나고 있는 옳고 그른 것을 사람들에게 전하고 사실 속에 있는 진실을 보게 일깨워 주는 것이다. 스스로 자신을 축복할 수 있는 능력을 찾아주는 게 인간에게 줄 수 있는 가장 큰 사랑이고 자비이다.

Q : 선생님의 말씀이 진실인지 뛰어난 사람인지를 어떻게 확인할 수 있습니까?

스승 : 너희의 생각으로써 무엇을 판단하고 보고자 하는데 생각이 잘못되었다면 진실한 스승은 영원히 만날 수가 없다. 부처가 되는 길은 생각을 넘어서서 사물을 바로 보는 의식의 세계로 가야 하는데 생각이 끼어 있으면 생각에 가려서 사실이 바로 보이지 않는다. 너희가 생각을 넘어서서 사실을 바로 보고 바로 이해하게 될 때 사실 속에 존재하고 있는 옳고 그른 뜻을 알게 된다.

Q : 좋은 스승이 좋은 가르침을 줄 수 있다면 어떻게 찾을 수 있습니까?

스승 : 진실하게 살았던 사람은 좋은 스승을 찾고 무지한 자는 무지한 스승을 찾고 헛소리하는 사람을 찾는다. 그리고 사기꾼은 자기에게 사기를 가르쳐 줄 스승을 찾고 있다. 망한 세상에서 진정으로 진리를 찾는 사람이 극히 드물다는 것을 체험할 수 있을 것이다. 오늘날 우리 사회에는 가르침이 존재하지 않기 때문에 이 나라는 가까운 시간 안에 세상에서 불행한 민족으로 바뀔 것이다. 그러니 너희는 부모에 대한 은혜는 항상 잊지 말고 소중한 자기의 삶을 세상에 남기고 가면 된다.

Q : 깨달은 자가 본 깨달음의 세계는 어떠했습니까?

스승 : 내가 기록을 통해서 본 결과 인도에서 석가모니께서 충분히 설명한 기록이 있었다. 내가 절에서 알게 된 내용 중에 승려들에게 물었더니 반야심경이라는 경전의 내용이 가장 어려웠다고 말했다. 반야심경의 내용이 무엇인지 나중에 들었더니 부처가 깨달음을 얻고 해탈했을 때 본 세계였다. 색즉시공(色卽是空)이며 공즉시색(空卽是色)이라고 말한 내용이다. 일반인이 반야심경의 이치를 알기 위해서는 완전한 깨달음을 얻어서 자기를 완성해야 볼 수 있는 세계였다.

Q : 반야심경에서 공(空)의 세계라고 하는 아무것도 없이 텅 비어 있는 무(無)의 세계를 말씀하시는 것입니까?

스승 : 세상에는 3개의 세계가 있는데 우리가 사는 현상 세계가 생명의 세계이고 영혼의 세계를 지나면 무의 세계이다. 그런데 시계방향처럼 계속 도는 것을 윤회사상이라고 하며 생명의 세계에서는 죽음의 세계로 이동하고 자꾸 성장해서 죽는다. 어른이 아이가 될 수는 없듯이 늙어서 죽게 되면 의식이 남게 되는데 영혼이라고 한다. 의식을 가지고는 아무도 들어갈 수가 없고 공의 세계라고 불리는 무의 세계에 있는 일을 아무도 알 수가 없다. 다만 지난 6천 년 동안에 비밀을 안 사람은 고타마 붓다와 나 한 사람뿐이다.

Q : 공의 세계를 보기 위해서는 어떻게 가야 합니까?

스승 : 공의 세계에는 누구도 갈 수가 없고 생명의 세계에서 거꾸로 가야 한다. 알고 보면 거꾸로 가는 길은 간단한데 인간은 자기를 지배하고 있는 근원은 자신 속에 있던 일들이 만든 업이다. 그래서 업을 태우는 공덕을 짓는 일을 끝없이 하여야 근본 세계에 갈

수 있다.

Q : 우리가 사는 현실에서 어떻게 거꾸로 가는지 이해가 되지 않습니다.

스승 : 우리가 컴퓨터 디스켓을 넣고 복사하는데 컴퓨터 칩에 입력되는 것과 같다. 사람의 행동 과정에 있었던 모든 것이 의식 속에 입력된 것에 의해서 지배를 받게 되고 한번 입력되면 계속 자기의 활동을 한다. 입력된 것은 자신 속에 있던 일을 계속 되풀이하려는 성질을 가지고 있다. 한번 도둑질을 한 사람은 또 도둑질하게 되고 여러 번 도둑질하면 두려움도 없고 쾌락을 느끼는 것이 운명이라고 했다. 그래서 사람은 모두 자기 속에 있던 일의 지배를 받기에 앞으로만 가고 뒤로 가지 못하는데 뒤로 가기 위해서는 완전한 깨달음을 얻어 해탈해야 한다.

Q : 지금의 가르침은 과거의 석가모니 붓다에 의해서 밝혀진 것이 아니고 선생님에 의해서 밝혀진 것입니까?

스승 : 큰 사랑을 가진 자는 세상을 밝히기 위해서 애를 쓰면 자기 속에서 불이 생기게 되고 안타까움이 쌓인다. 불이 되어 타고 모든 업장을 소멸해서 근본의 세계로 돌아가게 되면 윤회로부터 이탈해 버린다. 이해되지 않은 부분에 대해서는 질문해 주기 바란다.

Q : 근본 세계에 가려면 자신 속에 있는 모든 업을 버려야 한다면 일반 사람으로서는 버릴 길이 없습니까?

스승 : 현재 종교에서 가르치는 수행법이라는 건 증오를 만드는 것이니 연습을 계속하게 되면 지옥에도 가지 못하는 비극적인 일

이 생긴다. 자기 영혼을 살해하는 행동을 하기 때문이다. 고타마 붓다가 최고의 깨달음을 얻었는지 알게 된 것은 반야심경이라는 기록을 통해서였다.

Q : **천상의 신들은 근본 세계의 일을 알지 못합니까?**
스승 : 천상에 있는 신들은 절대 세상에 오지 않으며 천상에 있는 자가 세상에 올 때는 인간으로 태어나야 한다. 그리고 의식이 깨어지기 전에는 절대 태어나지 않는다. 작은 의식이라도 있으면 태어날 수는 없고 극락에 있는 자가 태어나는 것은 매우 힘든 일이다. 그러니까 수천 년의 세월이 지나서 세상으로 내려와야 하는데 의식을 가지고 태어나는 일은 없다.

Q : **극락과 천국이라는 곳은 살아서 자기 속에 있는 업장의 인연을 끊었을 때 갈 수 있습니까?**
스승 : 이러한 시간을 통해서 듣고 자꾸 질문하고 배우게 되면 자연히 세상의 일에 눈을 뜨게 되어 이해하게 되어서 비로소 천국에 임할 수가 있다. 영원한 생명 속에 머물게 되는 사람은 세상에 태어나면 근본이 매우 좋다. 대중 속에 있으면 행동이 항상 뛰어나서 항상 남을 다스리는 지혜를 가지고 있다. 근본이 좋은 자는 태어나면 대학자나 장군이나 지도자가 되는 길을 대부분 선택한다. 그리고 최고의 신이 세상에 오게 되면 여래가 되지 않으면 세계 최고의 지도자가 된다.

Q : **업을 정지하는 방법을 확실하게 알려주십시오.**
스승 : 원칙과 문제에 눈을 뜨게 되면 자기가 시키는 행동을 하지 않고 사리 분별에 의한 행동이 나오게 된다. 예를 들어 수학을 아

는 사람이 5+5를 20이라는 소리를 하지 않고 아는 사람은 10이라고 답한다. 너희는 인과에 대해서 중요하게 생각하고 전해 오던 업을 그대로 짓지 않으려면 노력이 필요하다. 원칙과 문제에 대하여 인과의 소중함을 깨닫는다면 말 한마디 들을 때도 받아들이기 전에 먼저 진의를 알려는 노력이 앞서게 될 것이다.

Q : 깨달음을 얻고 노력을 계속한다면 업장 소멸은 가능한 것입니까?

스승 : 깨달음을 얻으면 업장 소멸은 누구에게나 가능하다. 깨달으면 업은 활동을 통해서 자기를 다시 바꾸어 놔야 하는데 활동을 안 하면 모든 업이 죽고 힘을 상실하게 된다. 후세에는 뛰어난 자로 태어나서 근기가 높고 사물을 보고 이해하는 척도가 높아져서 다른 사람에게 도움이 되는 사람으로 성장할 수가 있다.

Q : 자기 업이 일상생활에 행동으로 나타나야 업장 소멸이 가능하겠지요?

스승 : 업이 무엇인지 모르는 사람들은 자기에게 나쁜 습성이 일어난다거나 근기가 약하거나 하면 전생에 지은 업이 크다고 생각하면 된다. 업장을 소멸하고자 한다면 중요한 게 깨달음인데 먼저 진실을 알려고 노력하지 않으면 업은 바뀌지 않는다. 업을 소멸하고 억누르기 위해서는 먼저 진실에 관심이 높아야 한다. 원칙과 문제를 모른다면 아무리 진실을 알고 싶어도 알 수가 없으니 좋은 자기를 찾을 수 있는 기회가 없게 된다.

Q : 원칙과 문제없는 말은 들었어도 진실이 없는 말을 다른 사람에게 전하는 것도 부질없는 일이겠네요?

스승 : 진실이 없는 말을 함부로 하는 것은 남을 망치는 일이고 자기에게 큰 업장을 짓는 일이다. 한 사람이라도 깨우쳐서 좋은 삶을 있게 해주겠다는 열망이 생기고 삶을 통해서 공덕이 자기 속에 쌓일 때 영생도 가능하게 된다.

Q : 남에게 속지 않고 속이지 않게 되면 한이나 업이 짓는 일을 하지 않게 됩니까?

스승 : 깨달음이 있어서 업이 작아지면 정신적으로 삶이 매우 편해진다. 업이 없으면 번뇌와 망상이 일어나지 않고 생각이 사라지니 있는 일을 바로 보고 바로 있는 일 속에 있는 것을 알아보게 된다. 깨달음은 업을 제거해야 있는 일에 대한 정확한 이해가 있게 되고 인간으로 되돌아오는 결실을 얻게 된다. 있는 일을 알리려고 노력하면 의식이 어두운 사람들이 너희에게 떨어져 나가서 의식이 깨끗해진다.

Q : 저희가 알아야 할 가장 큰 숙제가 자기의식 속에 있는 좋은 모태를 어떻게 보존할지 아는 것이겠네요?

스승 : 자기가 죽게 되거든 살았던 일들을 절대 기억하지 말고 모든 걸 털어버리고 모태 속에 있는 일이 자주 발동해도 억제해야 한다. 의식 자체를 잠재워 버리면 모태 속에 있는 것이 천년을 가도 그대로 살아 있는데 그러면 천년 후에 자체의 모태 속에 있는 것이 부활한다.

Q : 저희와 같은 일반 사람도 가능한 일이겠습니까?

스승 : 너희는 지금 한 말을 이치로 받아들이면 자기를 보존하고 지키고 구하는 유일한 길이 된다. 태양은 그냥 존재하는 게 아니라

계속 같은 활동을 반복해서 끝없이 존재해 왔고 또 존재해 갈 수 있듯이 세상에서 인간의 세계가 끝없이 이어나갈 수 있다.

Q : 우리가 자신 속에 있는 일을 알기 위해서는 어떻게 해야 합니까?

스승 : 어떤 사람은 뛰어나고 어떤 사람은 활발한 활동을 하지 못하는 상태에서 살게 되는지에 대한 이해를 먼저 해야 한다. 자기가 왜 다른 사람들처럼 살 수 없는지 알아야 하고 어떻게 해서 자기가 원하는 결실을 얻어낼 수 있는지를 알아보아야 한다. 이 일은 똑같이 있는 일을 통해서 나타나게 되는 현상들이고 앞에서 말한 것도 과거에 있었던 일에 의해서 자신 속에 존재하게 되는 것이었다. 그리고 미래에 있게 되는 일도 자신에게 있게 되는 일에 의해서 미래의 일들이 존재하게 된다. 자기를 움직이고 있는 모든 의식의 활동에 가장 큰 영향을 주고 있는 것은 자기 속에 입력된 과거의 활동에서 존재하게 된 일들이다.

Q : 자기 속에서 자기를 움직이는 힘의 근원을 업이라고 합니까?

스승 : 과거 속에 있던 일로 인해서 현재에 나타나게 영향을 미치게 되는 일이다. 이런 일을 이해하기 위해서는 한번 존재하게 되는 일은 계속해서 자기 속에서 활동하게 된다는 것이다. 세상의 일을 관찰하면 모든 것들이 뜻을 통해서 계속 자신의 활동을 반복하고 있다. 거짓을 말하게 되었을 때 자기의 마음에 묻게 되면 거짓은 계속 거짓말을 하게 하는 성질을 발동하게 된다. 남을 잘못되게 한다든가 거짓을 말한다든가 피해를 줄 때 자기가 잘못한 것을 모르고 무의식중에도 업을 짓고 있다.

Q : 어떤 기회가 오면 거짓말하게 되고 거짓이 쌓여서 또 거짓을 하게 되는 일이 업 짓는 일이네요?

스승 : 세상에는 많은 사람이 살고 있는데 각기 있는 일을 보고도 다르게 느끼는 것은 자기 속에 있는 일들이 다르기 때문이다. 깨닫지 못하면 항상 자기가 짊어진 업 속에 있는 일을 되풀이하고 일생을 허비하게 되고 지어놓은 삶의 결과는 비참한 결실을 만들어 놓게 될 것이다.

Q : 업이 어떤 행위를 할 때 그 속에 있었던 일들이 의식 속에서 잠재하게 되는 것이라는 결론이 됩니까?

스승 : 좋은 일을 계속하게 될 때는 좋은 일을 했던 일들이 의식 속에 존재하지만 나쁜 일을 했을 때는 나쁜 일을 했던 일의 결과들이 의식 속에 존재한다. 그래서 좋은 일과 나쁜 일에 대해서 인간의 세계에서는 해야 할 일과 하지 말아야 하는 일들을 가르치는 것이다. 식물은 동화작용으로 열매를 맺고 사람은 의식 활동으로 영혼을 만든다. 의식 활동에 있게 되는 일들이 자기에게 어떤 영향을 미치게 되는지 하는 일을 관찰해봐야 할 것이다.

Q : 만약에 제가 과거에 한을 짓게 되었어도 의식 농사를 잘 지으면 한을 지울 수가 있습니까?

스승 : 한이 풀어질 수 있는 것은 지은 업보다 큰 공덕을 세상을 위해서 쌓으면 된다. 공덕은 깨달음을 얻어서 세상을 위하여 옳은 일을 하거나 자기가 세상에 남긴 피해보다도 옳고 바른 일을 성취하면 자기 가슴이 타는 걸 목격할 것이다. 갑자기 깨닫는 건 힘들고 계속 법을 들으면 자신이 아무것도 모른다는 사실을 알게 되고 계속 배우게 된다면 있는 일에 눈을 뜬다. 있는 일에 대

해서 눈을 뜨면 옳고 그름을 보고 알게 되고 네 마음을 태우면 용기와 양심이 커갈 것이다. 그러면 너는 세상일을 보고 옳은 일을 할 수 있고 자신을 안타깝게 하는 일들이 너무나 많을 것이다. 그때 세상에 대한 네 시각이 밝아지는 것이니 업장 소멸과 자기완성이 가능하다.

Q : 업이 있는 중생의 모태와 업이 적은 사람의 모태는 어떻게 다른지요?

스승 : 중생은 모태 속에 있는 일들이 사람마다 다를 수가 있는데 자신이 가지고 있는 업의 범주에서 벗어날 수가 없다. 확인하는 방법은 어떤 식물의 씨앗이나 사람이나 동물의 정자가 생명체의 모태가 하는 일은 똑같다. 자기 속에 주어진 일에 의해 반복된 일을 계속한다.

Q : 중생의 모태와 깨달은 분의 모태는 차이가 있습니까?

스승 : 해탈한 자의 모태에는 업이 없으니 거짓을 말하지 않고 있는 일을 알아보고 논리를 사용하지 않는다. 그러나 중생의 모태는 업이 두텁기에 업의 지령을 받게 된다. 상상력이 풍부하고 말을 논리로 만들어서 하게 되니 과장이 심하고 그 속에는 문제가 없고 답만 있다.

Q : 문제가 없고 답만 있다는 말의 뜻은 무엇입니까?

스승 : 우리가 항상 말할 때는 원칙과 문제를 통해서 상대가 알아볼 수 있도록 말해야 한다. 그런데 과학자들도 원칙이 분명하지 않고 가설에 근거해서 하는 말의 신빙성이 확인되지 않은 상태에서는 결론을 말할 수 없다.

Q : 자기가 한 일은 항상 자기에게 있게 되는 것이라면 자신을 구하는 길이 무엇입니까?

스승 : 자신을 구하는 길은 간단하게 자신 속에 있었던 모태를 통해서 따라오게 된 업을 정지시키면 된다. 아무리 큰 파장에서도 영향권 밖으로 벗어나고 죽더라도 영체는 기운이니 다른 차원에서 머물게 된다. 세상의 일을 밝히는 일을 스스로 알아보고 어떤 일이 자기를 구해줄 것인지 희망하는 것과 연결되어 있는지를 스스로 아는 것이다. 그러니 너희는 자신이 원하는 것을 구하고 자기를 얻기 위해서 이러한 일이 삶의 목표가 되어야 한다.

Q : 극락세계나 낙원이 생명이 함께 가는 것인지 육체는 없어지고 영체만 극락세계에 가는지요?

스승 : 극락세계나 천국이라는 것은 하늘나라라고 하는데 4차원 세계라 부른다. 구원받는 것은 자기를 깨우치고 세상을 사랑하는 길을 알아낼 수만 있다면 여기에 오지 않아도 문제없이 영생을 얻어 너의 영체가 자기를 구할 수가 있다.

Q : 극락세계의 4차원에 가는 일이 자기를 깨우치면 가능하다는 것입니까?

스승 : 너희가 세상에 살다가 자기 자신을 구하면 영원한 생명을 얻게 된다. 영생의 세계가 3차원이고 천국의 세계는 4차원이니 가는 것은 극히 드물다. 50억 명 중에 몇 명 가는 게 힘들 정도이니까 그곳에는 매우 고차원적인 영체들이 존재한다. 내가 이번에 돌아가면 나의 공덕이 하늘과 땅에서 최고에 이르게 될지 모르겠지만 천상의 최고 스승의 자리로 갈 것이다.

Q : **생명의 축복은 어디에서 얻을 수가 있으며 삶의 축복은 무엇을 통해서 얻을 수가 있습니까?**

스승 : 생명의 축복은 세상에서 자기 삶의 활동으로 얻을 수 있다. 삶의 축복은 깨달음으로 시작하나 생명을 통해서 삶의 보람은 얻어야 한다. 삶 속에서 중요한 것은 자기가 축복해야 자신을 구하게 된다. 인간은 다른 생명체와 같지 않으며 자기 속에 있는 의지의 발동과 판단에 의지해서 산다. 의지가 자기의 운명을 만들고 의식 속에 존재하는 일들이 운명을 움직이고 있다. 운명은 어떤 특정한 자가 준 게 아니라 자기에 의해서 존재하게 되는 것이다. 생명의 활동은 현재와 미래와 과거를 계속 같은 코스를 맴돌고 있다.

Q : **명운(命運)은 하늘에서 온다는 말이 있는데 진실이 무엇입니까?**

스승 : 그런 자는 세상에 태어나면 매우 인간적이고 판단력이 밝고 태어날 때부터 대단한 근기를 가지고 온다. 사람들을 복종시키는 힘을 가지고 있으니까 일을 시키면 일을 열심히 잘하고 어떤 생활에 잘 적응하기 때문에 문제가 없다. 오직 나쁜 것을 보고 불의를 보면 경계하고 남을 속이지 않는다. 자신을 완성하면 항상 증거를 가지고 있는데 나는 항상 증거를 보고 믿으며 증거가 없는 말이나 남의 이야기를 믿지 않는다.

Q : **나쁜 운명도 좋은 인연을 만나면 좋아지는 것입니까?**

스승 : 자기가 가지고 있는 성질과 습관과 습성으로 지어온 운명으로 인하여 불행한 일과 좋은 일을 만나게 될 수가 있다. 운명이 나쁘고 게으른 사람이더라도 좋은 바탕에 나면 바탕의 덕을 볼

수가 있고 좋은 의식이 열린다고 했다. 농부가 나쁜 바탕에 씨앗을 심게 될 때 상당히 부지런히 해도 기대 이하의 수확을 얻게 된다. 그리고 게으른 농부가 좋은 바탕에 씨앗을 뿌리게 되면 노력을 별로 안 해도 좋은 수확을 얻게 될 수도 있다.

Q : 좋은 바탕은 정신이라고 하셨는데 인연이라고 설명해야 하는지 운명론이라고 해야 하는지요?

스승 : 좋은 바탕을 만난 것은 현세에서의 일로 인하여 지어지는 것은 과거 인연에 의해서 일어나고 현세에 의해서 만나는 건 현세의 인연이다. 내세에 의해서 만나게 되는 것은 내세의 인연이지만 인연의 가장 큰 역할을 하게 되는 것이 과거에 지은 업과 원죄로 이루어진다. 내가 사람들에게 좋은 걸 항상 일깨우고 깨달음이 사회에 퍼진다면 삽시간에 인간에게 진실의 눈을 뜨게 할 수 있다. 나에게 기회를 주고 인간을 깨우치면 이 나라의 경제가 일본을 앞서고 모든 게 해결이 된다.

Q : 운명 자체도 자기에게 주어진 있던 일 속에서 만들어졌다면 벗어나기 위해서는 어떻게 해야 합니까?

스승 : 나는 사람들을 만날 때마다 운명을 최근에 와서는 많이 실감나게 된다. 죽을 사람은 꼭 죽을 일만 찾게 되어서 죽게 되는데 잘되는 사람은 어떤 일을 보고 잘되는 것을 붙잡아서 잘되는 것이다. 좋은 인연이 좋은 걸 나게 하는데 나쁜 인연은 나쁜 것을 나게 한다. 만일 사람이 깨달지를 못해서 현세에서 잘못 살게 되면 현세로만 잘못 사는 게 아니고 내세에도 잘못 살게 된다. 내세에 가서도 깨달음이 없어서 자기의 잘못을 간직하게 된다면 또 내세로 이어져간다.

Q : **운명론자들은 운명은 바꿀 수 없다고 하고 종교에서는 신이 운명을 결정한다고 하는데 진실은 무엇입니까?**

스승 : 운명은 자기에 의해서 자신이 가지고 있는 언행이 지은 인연에 의해서 만들어진다. 내가 항상 사람들에게 말하는 것은 삶은 생명을 지키고 자기를 있게 하는 길이다. 삶은 운명을 만드는 길이고 운명은 자기의 삶으로 인해서 자신에게 생긴 것이다. 그러니 이러한 시간을 통해서 현재의 자기에서 탈피해서 미래의 자기로 옮겨가는 과정에서 어떤 자기로 돌아갈 것인지는 언행 속에 있던 인연으로 인해서 모든 것이 만들어진다.

Q : **사람이 몇 년 동안 속아서 살았던 사실을 알고 굉장히 후회해도 이미 자기의 운명을 지었다면 다음 생에 깨달아도 되풀이하는 것입니까?**

스승 : 어떤 물질을 오랫동안 의식에 계속 넣으면 변화가 오는데 깨달으면 거부하게 되고 집어넣지 않게 된다. 그러면 들어온 변화된 물질은 다른 삶을 통해서 바른 것을 받아들이면 어떠한 인연에 의해서 중화되어서 없어질 수도 있고 밖으로 빠져나갈 수가 있다.

Q : **물질이 중화되어 약해지든지 앞에 있던 나쁜 요소가 완벽하게 없어질 수도 있다는 말씀인지요?**

스승 : 어떤 인연에 따라서 있을 수 있고 만일에 내 의식이 닿는다면 중화시켜서 받아 뽑아내는 건 문제가 없다. 일반 사람의 경우에 자연의 법칙 속에서는 물감에 어떤 물질을 섞었더니 맑아질 수 있고 어떤 성질에 의해서 중화될 수도 있는 것과 같다.

Q : 다시 죽어서 태어날 때 좋은 복을 만날 수 있는 운명으로도 자유롭게 태어날 수 있습니까?

스승 : 만일에 너희가 해탈하게 되면 생사는 자신에게 달린 것이니 태어나고 죽는 것은 스스로 결정하게 될 것이다. 자기를 의식 속에서 버려야 태어나는데 근본 자리는 누구도 머무를 수가 없고 죽고 태어나는 자리다. 근본 세계에서는 자기를 버리면 태어나고 놓으려 하지 않고 그 자리에 앉아 있으면 태어나지 않는다. 그러나 사람들은 근본 자리에서 깨어있을 수가 없으니 도착하면 곧 태어나야 한다.

Q : 운명의 근원은 똑같은 방법에 따라서 이루어지고 있다면 어떤 역할을 하게 되는지요?

스승 : 우리가 관찰할 수 있는 것은 모든 운명은 자기들 속에 있던 일에 의해서 만들어지게 된다. 과거의 부처께서는 이러한 사실을 보시고 세상은 윤회와 인과의 법칙에 따라서 모든 것이 존재하게 하고 있다고 말했다. 인과의 법칙이 무엇인지 이해하는 게 무엇보다도 중요하다. 인과의 법칙은 있는 일로 인해 나타나게 되는 현상을 말한다. 세상에 한 번 나타난 것은 자기 속에 있는 일을 통해서 끝없이 반복하게 된다는 의미를 두고 윤회라고 말한다.

Q : 운명이 지어지는 것이 업에 의해서 만들어집니까?

스승 : 모든 것은 자신이 활동하는 과정에 자기와 연결되는 자기가 받아들이는 것들이 자기 속에 있게 된다. 자기에게 영향을 끼친 것은 항상 자기에게 남아있게 되는데 이렇게 자기의 의식 속에 잠재하게 하는 것이 업이다. 선한 일을 하면 선한 업이 쌓이고

악한 일을 하게 되면 악업이 쌓이게 된다고 항상 너희에게 하는 말이다.

Q : 자신이 가지고 온 운명을 따라가지 않고 스스로 자기의 운명을 만드는 것이 인연 때문입니까?

스승 : 모든 것이 법칙 속에 존재하고 있으니까 깨달으면 법 속에 있는 인연을 통해서 앞날에 있을 운명을 스스로 만들게 된다. 자기 속에 있는 불행한 운명을 스스로 이기고 피하니 운명은 고정된 것이 아니다. 운명은 무지할 때 바꿀 수 없지만 깨달으면 운명은 바뀌게 된다. 운명의 원인은 존재하지만 자기가 가지고 있는 잘못된 원인을 거부하고 새로운 것을 받아들이면 결과는 달라진다.

Q : 사람이 보이지도 않는 업의 힘을 어떻게 대처를 할 수 있습니까?

스승 : 내가 최근에 와서 밝히고 계속해서 말하는 것인데 지금까지 이런 진실이 책에 잘 나타나 있지 않았다. 한번 일하다 실패한 사람들은 똑같은 일을 계속 되풀이한다. 우리가 어떤 일을 하게 되면 의식에서 업의 활동이 일어나는데 의식이 일어나면서 마음을 일으키게 되고 마음은 행동을 일으키게 된다. 이때 자기에게 있었던 행동은 다시 의식으로 들어온다. 그래서 업의 활동은 계속되고 한번 나갈 때 있었던 일들은 다시 들어와서 자신의 의식 속에 쌓이게 된다.

Q : 그래서 사람들은 같은 행동을 계속하게 되고 운명이 만들어지는 것입니까?

스승 : 너희가 믿기 어려우면 땅에 어떤 식물의 종자가 다른 것을 심으면 종자의 근본에 따라서 열매가 다르다. 좋은 씨앗을 심으면 큰 열매가 열리고 작은 씨앗을 심으면 작은 열매가 열린다. 그와 같이 자신 속에 있는 일을 계속 되풀이하는 것이 운명이다.

Q : 업의 활동으로 자기에게 있게 되는 일을 운명이라고 하면 업이 활동하지 못하게 해야 운명이 바뀌네요?

스승 : 운명은 책을 통해서는 절대 안 바뀌게 되어 있지만 진리 속에서는 바뀔 수가 있다. 무지한 사람들은 운명이 바뀐다는 것을 모르지만 수학에서 문제가 바뀌면 답도 바뀐다. 항상 이 세상에서 고정적인 것은 없다는 것이고 어떤 문제를 바꾸면 결과는 바뀌게 되어 있다. 그런데 모든 운명은 자기가 개척해야 하고 스스로 자신이 만들어야 한다. 절대 일시적으로 행운을 기대하고 기대 심리로 살다 보면 사기 맞고 패가망신하기 쉽다. 현대사회에서는 머리 잘 돌아가고 사기 잘 치는 사람 만나서 도장 한번 잘못 찍으면 사기당하고 망하게 된다.

Q : 항상 인연은 자기가 짓고 자기가 만드는 것이니까 절대 남을 원망하지 말아야 하는 것입니까?

스승 : 나는 항상 작은 일도 확인하고 자기가 속는지 안 속는지 보고 모든 일을 결정하라는 것이 내 말의 요점이다. 항상 눈에 보인다고 해도 진실이 아닌 일이 있으니 보이지 않아도 존재하는 일은 진실이다. 뜻은 보이지 않지만 뜻을 결합하면 결과를 만든다. 세상의 뜻을 존중하고 현실 속에 있는 일을 살펴서 생애에 힘든 일이 없기를 간곡히 바란다.

Q : 운명은 누가 주는 것인지를 정의하는 게 지금까지 너무 힘들었는데 반복해서 계속 말씀해 주시니까 이제는 조금 알 것 같습니다.

스승 : 자기 속에 있었던 인연의 결과가 운명을 주게 된 것이고 모든 자는 자기 속에 지어져 있는 운명을 지고 태어난다. 우리는 이 과정에서 많은 사람을 관찰하면 각기 마음이 천태만상이라는 것을 보게 되는데 천 명을 보면 천 명이 제각기 생각하는 것이 다르다. 우리는 보고 느끼는 차이의 시각이 각기 다른 것은 운명을 만든 인연들이 각기 다르기 때문이다.

Q : 그래서 실수를 한번 한 사람은 같은 인연으로 실수를 계속하게 되는 것입니까?

스승 : 미래 운명의 근원에는 우리가 서로 마주 앉아서 대화를 주고받고 느끼고 받아들이는 것도 인연으로 지어지고 있다. 서로 말을 주고받고 마음에 닿은 내용들이 근원을 만들게 되어서 자기 속에 있는 것이 어떤 현상에 부딪히게 되면 의식이 발동하게 된다. 의식의 발동은 자기가 지고 있는 운명에 의해서 오게 된다. 근원에 의해서 느낌의 차이가 오고 받아들이는 차이가 오고 표출하는 차이가 있다.

Q : 운명과 의식에 대한 일을 항상 매우 소중히 생각해야 하겠네요?

스승 : 자기에게 있었던 모든 행위나 말하게 되는 일들이 자기의 운명을 바꿀 수 있는 원인이 된다. 자기에게 한번 지어진 운명은 깨달음이 없으면 계속 성질을 반복해서 나타나게 한다. 나는 며칠 동안 많은 사람을 대하는 동안에 각기 사람이 가지고 있는 운명은 사람이 하는 행동을 통해서 보았다. 그 점에 대해서 유의해서 보면 똑같은 실수가 계속 일어나고 있다.

Q : 나쁜 운명을 가진 사람도 좋은 삶을 갖게 하는 방법이 있습니까?

스승 : 나쁜 운명을 타고났더라도 좋은 인연을 만나서 받아들일 수만 있다면 좋은 일이 일어날 수 있고 인연이 닿으면 좋은 삶을 살 수 있다. 운명은 태어날 때부터 가지고 나오게 되나 항상 인과법에 따라서 있는 일에 의해서 변화를 계속한다. 너희도 계속 듣고 질문하고 6개월쯤이 되면 운명에 대해서 환하게 알게 되면 사주쟁이를 가르칠 수 있다.

Q : 의식이 약해서 강하게 하려면 어떻게 해야 합니까?

스승 : 너의 몸을 건강하게 해서 의식이 안정되면 강하게 된다. 네가 깨달아서 밝은 일을 하게 되면 네 마음이 밝아지니 의식 속에 있던 어두운 기운이 없어지고 생각이 적어질 것이다.

Q : 자기 자신을 움직이는 운명의 실체는 누구입니까?

스승 : 운명의 실체는 과거의 자신을 만든 근본에 의해서 만들어진다고 했는데 자기를 있게 한 모든 근원이 자신을 움직이고 있다. 근원은 인연에 따라서 각기 다르게 만들어지게 되니 어떠한 환경에 의해서 만들어질 수도 있고 자신의 행위로 만들어질 수도 있다. 깨달음이 있으면 잘못된 행위와 야합하지 않기 때문에 잘못된 운명은 절대 만들어지지 않는다. 그런데 깨달음이 없으면 잘못된 환경에 끌려 들어가서 실수를 하게 되고 잘못된 업을 만들게 된다. 그래서 잘못된 판단과 사고들은 순간적이었지만 한 번 잘못된 원인이 계속 끝없이 잘못된 원인을 낳게 해서 자기에게 운명이 되는 것이다.

Q : 자기 속에 있는 근원이 인연에 의해서 있게 됩니까?

스승 : 업이라는 것이 닭이 달걀을 낳고 돌감이 돌감을 만들고 단감이 단감을 만드는 것과 같다. 한번 강도질을 하게 되면 강도질은 자기가 진정으로 깨달음을 얻고 뉘우쳐서 참된 봉사로 가슴에 있는 업을 태워버리기 전에는 계속된다. 손버릇이 나쁜 사람은 아무리 부모가 잘 가르치고 타일러도 계속 나쁜 손버릇을 갖게 하더라는 것이다.

Q : 사람이 순간적으로 한번 나쁜 짓을 하면 계속 나쁜 짓이 반복된다는 결론이네요?

스승 : 자기의 말과 행동이나 습관이 업을 만들고 업은 운명의 근원이 된다. 사람들은 자기가 가지고 있는 그 운명 속에 있는 일들을 계속 되풀이한다. 우리는 어떤 일을 통해서 사람들이 가지고 있는 운명적인 요소들을 많이 보는데 습관이 있는 사람은 계속 같은 일을 한다.

Q : 부자가 되는 사람과 망하는 사람의 차이가 똑같은 일을 하는데 판단이 다르기 때문입니까?

스승 : 사고는 과거에 자신 속에 있게 한 인연들이 만드는 것이지만 깨달아버리면 업에서 벗어날 수가 있다. 그래서 세상에서 태어난 성인 말 중에 아침에 도를 얻으면 저녁에 죽어도 여한이 없다는 것은 아침에 깨달을 수만 있다면 하루를 살아도 여한이 없다는 말이다. 깨달으면 다음 세대에 와서 모든 걸 고칠 수 있기 때문이다.

Q : 자기가 한 일이 항상 자기 속에 잠재하는 것이네요?

스승 : 자기가 지옥에 가는 것도 행위 때문에 지옥을 선택하게 되는

것이고 영생이나 극락왕생하는 것도 자기의 행위 때문이다. 윤회를 하는 것도 지은 업에 의해서 선택되는 것이다.

Q : 어떤 사고를 당해도 살아남는 사람이 있고 죽는 사람은 왜 죽는 것입니까?
스승 : 운명은 인연에 의해서 정해진 것들이니 한 번 지어진 것은 물리지는 못한다. 좋은 인연을 만나지 못한다면 자기의 운명을 바꾸는 일은 불가능에 가깝다. 자기 성질이 나쁜데 고쳐야 하겠다고 결심하지만 고치기가 쉬운 게 아니다. 예를 들어 0.2의 시력을 가진 자가 사물이 세모가 동그라미로 보였다. 그런데 2.0의 시력을 가지고 있는 자가 같은 자리에 앉아서 세모라고 하면 0.2의 눈에는 동그라미로 보이기 때문에 믿으려 하지 않는다. 시력이 좋아야 잘 볼 수 있듯이 깨달아야 사실을 볼 수 있고 운명을 바꿀 수 있는 것이다.

Q : 운명이 어떻게 만들어지는 방법을 알아야 바꿀 수 있는 것이네요?
스승 : 자기와 연결된 일들을 인연법이라고 말하는데 인연 속에 있던 일들이 새로운 생명의 모태가 된다. 그래서 세상의 일을 꿰뚫어 보지 않으면 운명은 누구도 바꿀 수가 없었고 지금까지 내가 출현하기 전까지 운명은 누구도 바꿀 수 없는 것이라 했다. 운명은 자기 속에 있는 일이나 날마다 보고 듣고 접하고 행동하게 되는 일들이 모태가 된다. 자기의식 속에 잠재한 게 모태가 되어서 운명의 미래를 존재하게 하는 근원이 되는 것이니 모태 속에 있는 일의 활동으로 운명이 결정된다.

Q : 나쁜 성질을 가진 사람이 좋은 인연으로 사람을 만났는데도 외면

하는 것이 자기의 운명입니까?

스승 : 좋은 사람들을 만나서 외면하는 것은 운이 없으니까 좋은 사람을 버리고 나쁜 사람 쪽으로 가서 자기 운으로 자기를 망쳐버린다. 자기에 의해서 전생에 있었던 일들에 의해서 어떤 환경 속에서 자기를 망하게 할 인연들을 만나게 되지만 그 인연은 정해진 게 아니다. 그때 누가 와서 돈 빌려 달라고 해도 세상 경험 있으면 돈 없다고 안 빌려줬으면 별일 없다. 그러니 이러한 운명 자체는 정해 주는 게 아니고 자기 자신에 의해서 만들어지는 것이다.

Q : 삶의 결과를 보아야 잘 살았는지 잘못 살았는지 운명을 알 수 있겠네요?

스승 : 너희가 과거에 살아온 결과가 열매인데 열매가 자기가 못났다고 한탄해도 좋아지는 게 아니다. 이때 열매는 좋은 인연을 찾아서 다시 태어나면 되고 작은 열매가 좋은 땅을 만나니까 크고 좋은 열매가 열리게 된다. 자신의 운명을 바꾸기 위해서는 훌륭한 스승을 만나야 한다. 인간의 바탕은 정신이고 정신의 바탕인 지혜를 얻음으로써 변한다.

Q : 자신에게 좋은 지혜를 전해줄 수 있는 스승을 만남으로 못난 자기가 좋은 자기로 변할 수 있습니까?

스승 : 운명은 인연에 따라서 죽을 수도 있고 안 죽을 수도 있다. 그러나 삶이 자기 속에서 발동하고 있는 모든 행위의 근원이 과거로 인하여 지어졌다는 사실을 깨달아야 한다. 지어진 과거의 영향으로 인간의 의식 속에 존재하는 과거에 지어놓은 인연이 각각 다르다.

Q : 사람마다 느끼는 척도가 다르고 같은 물질도 각기 다르게 보는 것도 과거의 인연입니까?

스승 : 너희가 나의 말을 쉽게 이해하려면 3년 동안 열심히 공부해 보면 알게 된다. 여기 와서 오래 들으면 어두움이 깨지기 시작하는데 처음에 올 때 사실 무엇을 자신이 아는지를 모르는 상태에서 왔는데 1년 정도 세상의 이치를 계속 듣게 되면 자기가 무엇을 아는지를 모른다. 자기 속에 있던 환상이 없어져 버리기에 멍청해 보이지만 사물을 보면 그때부터 진실을 느끼게 된다. 그리고 누가 물으면 대답이 분명해져 자기가 읽은 책이나 자기가 들은 소리로 대답을 만들지만 1년쯤 지나서 환상이 사라지면 대답을 만드는 것이 너무나 어렵다.

Q : 아이들이 자라면서 부모의 성질을 그대로 받았다는 말을 많이 듣게 되는데 전생의 바탕으로 태어난다면 신체는 부모에게 유전 받는 것입니까?

스승 : 아들이 아버지가 벌어놓은 돈을 모두 까먹고 어렵게 사는 사람을 보았다. 신체는 유전 받는데 정신은 유전 받는다는 말은 못 들어 봤다. 부모의 모습을 자식이 닮는데 부모의 의식을 자식이 닮는 것은 드물고 닮는다는 말은 부모의 영향을 받는다는 말로 해석하면 된다. 나의 영향을 보아서 부모가 보고 한 말들이 자식의 의식에 박혀서 부모의 성질을 닮아가게 된다. 그러니까 자기 속에 들어오게 되는 일들이 자신을 움직이는 습성을 만드는 것이 업이다.

Q : 이런 습성이 부모의 영향이 크면 부모를 닮아갈 수도 있습니까?
스승 : 내가 여기에서 5라는 숫자를 가지고 태어났다면 5라는 숫자

는 건드리지 않으면 항상 5로 존재하게 된다. 하지만 내가 어떤 인연을 만나서 2라는 숫자를 추가하면 7이 되는데 5는 7로 변하게 되는 것이니까 5를 자신이라고 말하면 2는 자신과 연결된 인연이라고 말할 수 있다. 이런 자신에게 연결된 5라는 숫자가 자신에게 다시 연결되는 2라는 숫자를 보태고 만나게 되면 7로 변하게 된다. 여기에서 마이너스도 있게 되니까 5가 3이 될 수 있는 것이다. 이것은 인연에 따라서 존재하게 되는데 수학의 법칙에서 보는 것처럼 인간의 삶 속에서도 생명이나 모든 세계에 법칙이 존재한다. 그래서 우리는 신을 믿는 것보다는 법칙을 믿는 게 자기를 위해서 매우 현명하다.

Q : 옛날에는 암이 무엇인지 몰랐는데 얼마 전부터 암으로 고통 속에 죽는 경우를 보았는데 불운하다고 보아야 하는지 아니면 운명 때문인지요?

스승 : 암으로 죽는다고 하는데 어떤 부위에 하나의 관이 늘어나니까 끊어질 것처럼 찢어지는 아픔이 온다. 죽음을 맞이하는 게 불운하다고 보아야 하는지 자기 삶에 책임이 있는 것인지 뭐라고 설명을 할 수 있겠느냐? 어떤 약이 만들어지기 전에 없었던 세포들이 계속 나오고 문명이 발달함으로써 과거에 볼 수 없었던 균이 새로 나타난 것이다.

Q : 아버지의 몸속에 어떤 병의 유전인자를 갖고 있었다면 태어날 때 아들의 운명이 달라집니까?

스승 : 운명은 있는 일을 통해서 일어나고 있는 일을 통해서 만들어지고 자기 판단과 결정과 생각은 자기 속에 있는 일에 의해서 일어나게 된다. 만일에 깨닫지를 못하고 세상일을 모르면 있었던

일에 의해서 계속 자기 속에 있는 일을 반복되게 한다. 그러나 깨닫게 되면 자기 속에 있는 일이 새로운 걸 받아들이고 내보내는 일을 한다. 타고난 운명은 과거에 자기에게 있었던 일들에 의해서 정해진다.

Q : 사람이 태어나 말년에 병으로 인해서 불행하게 살았다면 질병도 부모와의 사이에 있었던 일로 생긴 것도 인연법에 연결된 것입니까?

스승 : 인과법을 설명할 때 나는 나로부터 나고 생명체로 부활하기 위해서는 부모의 몸을 빌려서 났다고 했다. 그런데 부모의 몸에 나쁜 병을 가졌을 때 작은 정자 속에 인자가 붙어 갈 수 있다. 부모가 폐병을 앓았는데 나중에 후손 중에 폐병을 앓는 사람이 나타났다면 인과법에서는 있게 되는 일이다. 그것도 생명으로 부활하기 위해서 부모와 만날 때 있었던 인연에 의해서 몸속에 유전인자를 가지고 태어났으니 있던 일에 의해서 만들어진다. 질병으로 인하여 불행하게 살았던 부모와 있었던 일로 인해서 생긴 것도 인연법에 연결된 것이다.

Q : 아버지한테서 받았다 하더라도 만약에 내가 강하면 평생 안 나타날 수도 있지 않습니까?

스승 : 자기의 의지가 아주 강하고 의식이 강한 사람 속에서는 아버지가 가지고 있던 유전인자가 자기 몸속에 있더라도 건강할 때는 질병으로 안 나타날 때가 있다. 자기의 힘으로 제압을 가하면 상대는 제압당한 상태이기 때문에 나타날 수가 없다.

Q : 에이즈도 약한 사람에게 많이 나타나고 균으로만 존재하는 사람

이 많다는데 건강은 부모로부터 물려받는지 자기의 의식이 스스로 건강하게 만드는 것인지요?

스승 : 건강한 육체는 부모로부터 물려받는 수도 있고 환경에 의해서 만들어질 수도 있다. 예를 들면 하나의 쇠로 칼을 만들었더니 칼의 기능이 아주 좋았다면 칼 자체가 쇳덩이에서 물려받고 좋은 쇠로 만들어져 있기에 칼이 좋았다. 하지만 나쁜 쇠로 만들었는데 단련을 잘하면 사용하기에 좋은 칼을 만들어 낼 수가 있다. 하나의 쇠붙이에서 만들어진 것이지만 차이가 있는 것이다. 태어날 때 가지고 오는 것이 원인에 의해서 계속 좋은 일이 나타날 수 있고 하나는 새로운 인연에 의해서 좋은 원인이 존재할 수 있다. 건강은 부모로부터 좋은 건강을 물려받을 수도 있지만 인연을 통해서 자기가 운동하고 결함이 있는 것을 채워준다면 건강한 삶을 살아갈 수가 있다.

Q : 가슴 속에 있는 업이 타면 의식 속에 있는 기운이 밝아지는 이유는 진실한 기운이 쌓이기 때문입니까?

스승 : 진실한 기운은 세상일을 있게 한 모든 현상의 근원이다. 그래서 좋은 자기를 만드는 가장 좋은 길이 영생과 부활이고 평화와 행복이라는 것이다.

Q : 깨달으면 자기가 과거에 지은 죄는 정지한다고 하셨는데 일반 사람들이 전생에 지은 죄는 언젠가 현생에 와서 존재하고 있는지요?

스승 : 오래 활동하지 않으면 소멸하겠지만 완전한 업의 소멸을 가져오기 위해서는 해탈해야 한다. 모든 업이 정지해야 열반에 이르는데 석가모니가 제자들을 두고 전해 오는 말에 의하면 열반했다고 말했다. 그것은 평화를 얻었고 고요함에 들었다는 걸 말

하는 것인데 용어 자체를 너희가 이해하려고 노력해야 한다.

Q : 자기를 존재하게 하는 일은 생명이 존재할 때까지만 있게 되는 것입니까?

스승 : 생명이 끊어지고 생명 활동이 정지되면 활동은 자기를 상실하는 소모하는 역할밖에 하지 않게 된다. 생명 활동에서는 끝없이 얻고 버릴 수 있는 일을 반복해 낼 수 있다. 생명 활동이 정지된 이후에는 의사 표시나 자기의 속에 있는 힘인 에너지원을 방출해 버린다.

Q : 모태를 상실해 버리면 아무리 깨우쳐줘도 소용이 없습니까?

스승 : 결정체는 아무리 활동해도 자체에 있는 힘의 상실을 가져올 뿐이고 자기 속에 외부의 힘을 보충하진 못한다. 전등에 있는 전원을 쓰면 쓴 것만큼 에너지가 상실되듯이 이런 일을 알게 됐을 때 다른 사람을 위해서도 도움이 될 수 있다.

Q : 선생님 말씀이 영생을 얻기 위해서는 자기 가슴을 태워야 한다고 했는데 가슴이 어떻게 탑니까?

스승 : 네가 나의 말을 잘 이해해야 하는데 가슴을 태우는 것이 아니라 가슴 속에 있는 업을 태워야 한다는 것이다. 업장의 소멸이 없으면 영적인 상승은 일어나지 않고 영생이 어렵다고 계속 말하고 있다. 뜨거운 불로 가슴을 태우면 화상이 된다. 사람들이 고행한다고 영하 20도 되는 얼음을 얼려서 맨발로 서서 벌벌 떨고 있어도 가슴속은 타지 않는다. 가슴을 태운다고 한증막에 들어가서 끙끙대고 땀을 비 오듯이 흘려도 가슴 속이 타는 게 아니다. 그것은 힘만 드는 일이고 가슴 속에 있는 업장을 태우는 것

은 공덕행을 짓는 일이다.

Q : 석가모니는 고행을 통해서 업을 태우지 않았습니까?
스승 : 근기가 있어서 이미 전생의 공덕을 통해서 모든 것이 이루어졌을 때 6년 고행으로 자기의 업을 태울 수 있었다. 석가모니의 업은 얇은데 근기는 최상이었기에 하늘도 꺾지 못하는 용기와 세상의 어떤 유혹에도 움직이지 않는 양심을 가졌었다. 그래서 고행으로 업을 태워서 깨달을 수 있었다. 일반 중생은 근기도 약하고 용기도 없는데 억지로 깨달음을 얻겠다고 흉내 냈다면 폐인이 돼서 더 큰 업이 될 수도 있다. 같은 일도 있는 것에 따라서 자기가 짓는데 절대 고행을 통해서 깨닫는 일은 석가모니 한 사람이 성공할 수 있었지만 불가능한 일이다.

Q : 고행을 통해서도 깨닫는 것이 불가능하면 업을 소멸하는 것이 얼마나 어려운 것입니까?
스승 : 너희가 항상 들은 그대로 세상의 일을 알고 남을 사랑하게 될 때 가슴에서는 세상을 통해서 안타까움이 일어나서 답답한 가슴을 태우게 되는 그때 업이 녹는다. 과거의 불교의 가르침에서도 업은 태워야 한다거나 녹여서 없애라는 가르침이 전해오고 있다. 그런데 단순히 업이라고 하지만 실제 자기들이 체험하고 있지 않기 때문에 실감하지 못한다. 항상 자기 속에 있던 일에 의해서 같은 궤도를 돌면서 가르침이 없으면 추락해 가고 있다.

Q : 똑같은 일도 자기에게 공덕이 되게 할 수도 있고 해칠 수도 있는 것이 세상이 정해놓은 완전한 법칙입니까?
스승 : 세상은 법칙에 의존해서 모든 것을 존재하게 해왔는데 모르

면 무조건 속게 되어 있다는 것을 알아야 한다. 농사를 안 지어
본 사람이 작물을 심고 남의 말만 듣고 경험이 없는 사람은 비료
를 줘야 할 것인지 농약을 언제 쳐야 할지 모른다. 시기를 놓칠
때 농약을 잘못 치면 나무를 죽일 수도 있으니 항상 과정에 있는
일과 경험이 필요하다.

Q : 언제 어떤 일을 해야 할지 하지 말아야 할지를 알고 있어야 한다는 것은 경험을 말씀하시는 것입니까?

스승 : 너의 경험으로 법 보시의 중요성은 항상 깨달을 수가 있다는 것이다. 사람이 깨달음을 얻기 위해서는 자기 속에 있는 업을 다 태워버려야 하는데 업은 사랑이 없이는 태우지 못한다는 사실이다. 다른 사람을 축복하기 위해서 끝없이 좋은 일을 말해서 깨닫게 하여 줄 때 사람들이 좋은 것을 받아들인다. 하지만 알아듣지 못하는 것을 보고 안타까워서 가슴이 타고 타서 업이 녹아떨어진다고 했다. 그랬을 때 해탈이 가능한데 행하지 못했을 때는 아직 미완성이며 아는 것만 가지고는 한 생애를 아무것도 이루지 못할 수 있다. 조금이라도 도움이 될 수 있도록 항상 자신이 배운 것을 나누어 갖도록 노력해야 한다.

Q : 성인이 세상에 오면 많은 사람이 찾아온다고 하지 않습니까?

스승 : 성인은 세상에 나도 중생을 얻기가 힘들고 중생은 성인을 만나도 자신을 버리기가 힘드니 따르기가 어렵다. 너희가 절이나 교회에 가면 부처님이나 예수가 설법할 때 수만의 대중이 모였다고 하는데 지어낸 거짓말이다. 사람들이 나의 말을 듣고 갈 때 정말 좋은 가르침을 듣고 간다고 하는 사람을 보았느냐? 눈먼 사람에게 이것이 다이아몬드이고 가장 비싼 금덩어리라고 설명

해도 바로 보고 알아들을 수 있겠느냐? 많은 시간을 통해서 식별법을 가르쳐 주면 촉감이나 무게나 부피에 의해서 식별할 수 있다. 눈이 먼 사람이 앞에 두고 볼 수 없다는 건 너희도 아는 사실이기에 나는 너희를 깨우치기 위해 계속 같은 말을 반복하고 있다.

Q : 사실 선생님이 같은 말씀을 계속 반복해 주시니까 운명에 대해 조금 알겠는데 예전에 중생들에게 나타난 성인들의 모습도 이러한 삶이었습니까?

스승 : 오늘의 인류 속에 존재하는 4대 성인은 노자와 소크라테스 그리고 예수와 석가모니를 말할 수 있다. 세 사람은 부처가 되고자 했으나 세상에 도움을 얻지 못해서 뜻을 이루지 못했고 석가모니만 하늘과 세상의 도움을 얻어 자신을 완성할 수 있었다. 그러나 인간에게 자신을 축복하는 길을 전달하고자 했으나 인간들이 그것을 알지 못하고 법을 소중하게 들으러 오는 사람이 없었다. 그래서 80살이 넘도록 사람을 찾아서 길을 헤매다 길 위에서 죽었다. 그것이 있었던 일이고 또한 진실인데 중생들에게 나타난 성인들의 모습이다. 그러니까 성인들이 세상에 나도 중생을 얻기 힘이 드는 것이 특별한 인연이 없으면 성인의 곁에 올 수가 없다.

Q : 선생님께서는 업이 사라진 후에는 과거도 미래도 볼 수 있는 것입니까?

스승 : 깨달음 후에 과거와 미래를 보는 것이 아니라 과거와 미래에 존재하는 일을 알아본다는 것이다. 길을 모르고 목적지를 찾아간다는 것은 누구에게나 어려운 일인데 깨달음을 얻기 위해서는

먼저 깨달음의 길을 알아야 한다. 그런데 아직 너는 누구로부터 배운 적도 없고 들은 적도 없는 것 같다. 깨달음을 얻게 되면 자기 속에 있는 업이 없어지기에 업이 소멸하면 번뇌와 망상이 생각으로부터 모두 분리되므로 항상 평화스럽게 지낼 수가 있다. 눈먼 사람이 눈을 뜨고 겪는 것과 똑같이 깨달은 자는 현실 속에 있는 것만 보지만 현실 속에 없는 것은 보지 못한다.

Q : 개인의 운명이 시시각각으로 변할 수 있습니까?

스승 : 국가의 운명이 변하니까 개인의 운명이 변한다. 내가 있는 일이라고 하는 것은 내가 저지른 일도 있는 일이지만 나에게 생기게 되는 일도 있는 일이다. 내가 원하지 않는 일도 살아가다가 보면 내가 활동하던 것은 인연에 의해서 자신에게 생기게 되면 그로 인해서 삶이 불행해진다. 중요한 문제는 국가의 운명은 개개인의 정신 속에서 있는 것이고 개인의 운명은 사회의 어떤 제도나 환경에 의해서 변화할 수가 있다. 만일 우리가 있는 일을 이해하지 못하고 있는 일을 제대로 받아들이지 않으면 되는 일은 아무것도 없다. 우리가 잘살기 위해서는 있는 일에 대한 이해가 무엇보다도 급선무이다.

Q : 자기를 버리고 어떤 명상이나 기도나 믿음을 통해서도 깨달음이 가능한 것이 아닙니까?

스승 : 깨달음은 자기의 애착과 욕망을 없애는 게 깨달음이라고 한다. 깨달음을 위해 자기를 버리는 게 아니라 자기가 가지고 있는 잘못을 버리는 것이다. 과거에 자기 속에 있는 잘못된 인연이 지어놓은 결과로 업이 존재하는 것인데 업이 죽어야 깨달음을 얻고 항상 건강한 자신을 볼 수가 있다. 자신이 약해지면 몸에 병

이 오고 정신은 어두운데 어찌 자기를 약하게 만들고 죽이는 게 깨달음을 얻는 길이겠는가!

Q : 불교에는 가르침을 말하는데 결과적으로 보면 선생님의 말씀과 처음에는 비슷한데요?

스승 : 그들이 경전에 나와 있는 글을 몇 번 읽고 하는 말과 지금 내가 사실을 그대로 보고 하는 말이 비슷하다고 하는 것은 과거에 여래가 존재했기 때문이다. 석가모니라는 사람이 태어나서 세상에 있는 윤회와 인과법의 실상을 보고 설한 적이 있으니 나와 비슷한 말을 한 것이다. 너희가 비슷한 말을 들으면 같은 말인 줄 알고 있지만 착각이다. 아직도 사람들은 알지 못하고 있는데 그들이 말하는 결과는 서쪽으로 가고 있다면 내가 하는 말의 뜻을 종합하면 동쪽으로 가는 것과 같이 있는 것이 극과 극이다. 모든 길은 자기 속에 있고 자기가 한 일로 인해서 존재하게 된다. 지금 너희가 배우는 것은 자기를 나쁘게 충동질하고 유혹하고 있는 업을 죽이는 공부이며 수행이다. 너희는 배워서 나의 가르침이 삶의 목적이 되어야 한다.

Q : 종교에서는 사람들에게 욕망을 버리라고 하고 마음을 비우라고 가르치는데 사실은 힘들거든요?

스승 : 마음이 없다가도 생기고 밤에 누워 잘 때는 마음이 어디 있는지를 모른다. 그런데 눈을 뜨고 보니 의식이 배고픈 것을 느끼고 배고프니 마음이 생기고 밥이 어디 있는지 일어나서 식당으로 가는 것이 아니냐?

Q : 살아있을 때는 의식이 있으니까 항상 마음이 일어나게 되어 있지

않습니까?

스승 : 업장 소멸이 되면 마음이 비워지고 일어나지 않는다. 생각이 일어나지 않으니까 마음이 쌓이지도 않는데 욕망이 있으면 마음은 비워지지 않는다.

Q : 생각이 마음을 일으키는데 마음 자체가 업 덩어리입니까?

스승 : 의식에 의해서 발동되어서 생기는 마음이 의식 속에 있는 근원의 일로 인해서 생긴다. 현재 의식은 과거에 존재했던 생명체의 활동으로 만들어진다고 말했다.

Q : 깨달은 사람이 나타나면 세상 사람들이 거부반응을 일으키는 것도 반복되는 법칙입니까?

스승 : 있던 일들을 관찰해 보면 거짓말이 있는 곳에는 수없이 많은 인파가 모이지만 진리가 있는 곳에 사람들이 오지 않는 게 정상이다. 만일 이런 일이 없다면 세상은 이미 천국이 되었을 것이다. 세상이 천국이 되지 못하고 인간이 진리를 가까이하기를 원하지 않기에 행복이나 평화로부터 멀리 떨어져 사는 것이다. 내가 깨달음을 얻고 나서 세상 사람들에게 도움이 되려고 많이 노력했으나 결과가 드러나지 않는 것은 사람들이 진리를 멀리하기 때문이다. 나는 깨달음을 얻고 나서 얻은 것보다 내 곁에 있는 많은 사람을 잃었을 뿐이다.

Q : 이곳에서 세상의 일을 귀담아들어도 자기 속에 받아들이지 않는 사람은 어떻게 됩니까?

스승 : 사람들은 행복을 찾으려 하지 않고 마음의 평화를 이루려 하지 않고 엉뚱한 것을 기대한다. 거짓 속에서 얻어지기를 바라고

있기에 세상은 지옥과 같다. 아무리 많은 재물과 권력을 갖는다 해도 항상 불안한 건 무지(無智) 때문인데 욕망의 원인과 애착도 무지로 인해서 나타나는 현상이다.

Q : 마음이 일어나는 원인도 바뀔 수 있는 것인지요?
스승 : 자동차의 헤드라이트를 켤 때도 전원이 연결돼서 배터리 속에서 전류를 받아서 전깃불을 켠다. 마음이라는 것도 전깃불과 같이 꺼졌다가 켜면 있는 것이고 꺼지면 없는 것이다. 지금 마음 속에 산을 그리다가 어떤 예쁜 여자가 와서 유혹하면 이제 산은 안 보이고 여자 얼굴만 보이니까 마음이야 언제든지 바뀔 수 있다. 그런데 이 나라 사람들은 거짓말에 속으면서도 돈을 내놓고 거짓된 곳에 들어가려고 악을 쓴다. 진실을 말하는 곳에는 자기에게 도움을 줄 수 있는 곳인데도 오지 않는 이유는 알고 나면 자기 운명이 바뀌기 때문이다.

Q : 생활하다 보면 배운 것을 잊게 되고 실천하지 못할 때가 많은 것도 무지 때문입니까?
스승 : 나의 말을 들었을 때 기억하지 못하나 관심을 가지고 들은 말은 마음속에 이미 쌓였다. 그래서 어떠한 일을 당할 때마다 나타나는데 자기 속에 있는 것들은 자기 속에 있게 되고 어디로 가는 것이 아니다. 그래서 진실한 자를 한번 보고 자리를 같이 한번 해도 빛을 얻는 것이고 자기의 운명을 밝힌다는 말이다. 이러한 문제가 생명을 구할 것이고 앞길을 구할 것이며 원하는 세상에서 자신을 완성해 줄 것이다.

Q : 깨달음은 있는 것을 알아보고 어떻게 존재하고 있는지를 아는 것

입니까?

스승 : 너희는 깨달으면 참 좋겠다고 생각하는데 막상 겪어보면 답답한 일이 더 많다. 깨달은 자가 보는 길과 깨닫지 못한 자가 보는 길이 항상 다르기 때문이다. 그것을 깨닫지 못하는 것은 삶의 모태가 업에 의해 지어진다고 항상 말했다. 업의 소멸이 없는 자기가 전생에 지어놓은 업보에서 벗어날 수가 없다. 나는 사람들이 왜 가난하게 사는지를 보았더니 가난하게 사는 이유를 자신이 제공하고 있기 때문이었다. 왜 사람들이 부자로 살고 있는지 봤더니 자기가 부자가 되는 일을 계속하고 있었다. 그래서 부자가 존재하고 가난한 자가 존재하는 것인데 이런 일을 알지 못한다면 항상 자기가 지은 굴레에서 벗어날 수가 없다.

Q : 여래님은 부모의 유전 영향을 전혀 안 받고 자연의 영향도 받지 않습니까?

스승 : 나는 부모의 유전 영향이나 사회의 영향을 받지 않는다. 생명체 중에서 업이 없는 순수한 것은 위로 올라가서 파장이 닿지 않는 곳에서 해를 입지 않는다. 이런 기운이 나중에 내려와서 생명체로 제일 먼저 부활하고 인구가 증가하고 번식하는데 필요하다. 세상의 활동으로 만들어진 기운이 모든 생명체가 번식하는데 필요한 근원이 된다. 한번 어떤 생명체 속에 들어가서 부활하면 끝없이 자기 속에 있는 일을 통해서 새로운 세상이 나타나는 것이다.

Q : 감나무 하나에 수많은 감이 열리고 씨앗을 갖는데 사람도 정(精)을 얻어 생명으로 나면 하나의 존재가 다음 생에 몇 개로 증가할 수 있는지요?

스승 : 과학자들의 협력을 받지 않고 지금 보는 일이 불가능한데 이런 식으로 실험해 볼 수 있다. 밀폐된 곳에서 한 인간이 죽게 되었을 때 하나의 영혼이 그와 정신을 연결해서 영혼의 기운이 풀리도록 한다. 그 속에 정자를 투입하면 확실히 가능한 일이지만 인간이 하나의 인자만을 가진다면 인구는 증가할 수 없다.

Q : 여래는 삶의 결과로 여러 명의 여래를 나게 할 수가 있습니까?
스승 : 내가 전생에 부처라 했는데 좋은 의식은 여러 개가 나지 않는다. 만일의 경우 부처가 여러 명으로 날 수 있었다면 이 시대에 나와 같은 말을 하는 사람이 여럿이 나왔을 것이다. 그런데 과거에 3천 년 동안 석가모니라는 이름을 가진 사람이 태어났고 내가 현재 여래로 태어났을 뿐이다.

Q : 식물은 한 알의 씨앗을 심었더니 가을에 여러 개의 씨앗을 거두어 들이잖아요?
스승 : 한 알의 씨앗이 싹을 틔워서 여러 개의 씨앗을 얻기 위해서는 씨앗의 근원을 땅을 통해서 얻게 되고 바탕에서 지어진 것이다. 인간의 영혼도 윤회의 과정에서 하나에서 여러 개의 인자로 날 수가 있다. 진기에는 마음이 싸고 있는데 의식이 나쁜 것일수록 여러 가지로 흩어졌다가 다시 온갖 바탕에 붙으면서 자신이 만들어진다.

Q : 의식이 약한 영혼은 여러 개의 생명으로 다시 나타난다는 것이죠?
스승 : 씨앗이 생명의 활동을 통해서 생산하는 것은 진기이다. 진기는 기운이기 때문에 자연 속에 있는 한 알의 볍씨를 심어놓고 싹

이 나고 꽃이 피고 꽃에서 열매가 열리는 과정을 계속 추적해야 한다. 그러면 나락이란 열매가 열려서 쌀알이 있고 눈이 있는 것을 볼 수 있다. 씨눈에서는 나중에 싹이 나면 한 알은 어떻게 여러 개를 만들 수 있었는지는 땅에 있는 기운을 받아서 자신과 똑같은 자기로 만들고 있다.

Q : **자연적으로 가만히 놔두면 씨앗은 수백 개일지라도 떨어졌을 때 하나가 날 수도 있고 둘일 수도 있고 번식이 되지 않습니까?**

스승 : 씨앗이 땅에서 기운을 흡수해서 만들어지는데 기운이 망해버리든가 죽더라도 죽은 것이 아니다. 생명 활동을 못할 때는 진기가 다시 순수한 기운으로 돌아가는데 공기나 물속에도 섞여 있고 땅에도 많이 있다. 모든 물체는 어떠한 인연이 닿지 않으면 콩은 콩으로 팥은 팥으로 반복 현상을 계속하고 있으나 특별한 원인을 주면 달라질 수도 있다. 열리던 나무의 열매가 안 열릴 수도 있는 것처럼 인간이 죽어서 인간으로 나지 못할 수도 있다.

Q : **자기 속에 있었던 일은 계속 자기를 가만히 두지 않는다면 영체가 활동을 안 하면 의식이 나빠집니까?**

스승 : 의식 활동을 안 하면 무지하고 퇴보하게 되는 것이니 계속 습성이 생긴다. 도둑놈은 도둑질하라는 말을 하지 않아도 혼자서도 잘하게 되고 할 일이 없으면 그 일을 하도록 만들어서 하는 것이 습성이다. 자기가 하고 싶어서 하는 게 아니고 자기 속에는 항상 자신을 존재하는 모태가 안 시키더라도 계속 모태 속에 있는 일이 자신을 활동하도록 만든다. 활동이 부족한 사람은 문제가 있는 사람이고 자기가 약한 사람은 스스로 자기 몸도 주체하기 힘들다.

Q : 생명의 근원은 무엇이며 어디서 오는 것입니까?

스승 : 세상의 활동은 생명의 근원을 만드는 원인이 된다. 벼 속에서 난 씨앗은 벼를 만들고 감에서 난 결정체는 감을 나게 했듯이 사람이 감을 먹으니 사람의 인연에 의해서 감의 운명이 바뀌었다. 쌀을 지어 밥을 먹으니 다른 것으로 나게 되었으나 인간의 상태에서는 인간으로 날 수 있고 안 날 수도 있다. 인간의 의식체만은 누구에 의해서 선택받는 것이 아니고 자기 자신에게 있었던 일에 의해서 변하기에 태어나지 않을 수도 있다.

Q : 어린아이가 의식을 가지지 않은 상태에서 범에게 물려서 먹이가 되었다면 아이가 범이 됩니까?

스승 : 의식의 기운은 빠져나가고 사람의 몸만 먹은 건 범이 필요한 에너지원으로 바뀐다. 영혼은 소멸이 되면 붙어있던 기운은 다른 데 가서 다른 것으로 태어난다. 추적해 보면 영체 자체가 파괴되지 않는 상태에서 의식만 사라지게 되면 기운 자체가 중력 속에 떠돌다가 사람 속에 붙게 된다.

Q : 사람으로 태어나려면 기운이 얼마나 좋아야 합니까?

스승 : 물속에서 큰 기름 덩어리가 있으면 작은 기름 덩어리가 붙어서 한 덩어리가 되어서 계속 움직인다. 사람으로 태어나려면 영체가 사람의 기운과 비슷해야 한다. 영체는 기운인데 정밀하게 분석해도 카메라에 찍으면 안 나타났다. 사람이 사진을 찍었을 때 분명하게 형체를 봤는데 카메라에는 인화해도 형체가 나타나지 않았다면 기체의 움직임이 있었다는 사실이다.

Q : 농부의 구체적으로 축복하는 행위는 어떤 것입니까?

스승 : 농부가 농사를 지었는데 밭에서 좋은 열매를 얻고 좋은 결과를 지을 수 있다면 축복이 된다. 인간의 육체는 세상에서 부모에게 얻게 되지만 의식은 인연을 간직하고 있는 의식에서 태어나는 것이다. 의식을 비유하면 열매가 익기 전에는 벼라고 하지만 열매가 익고 나면 나락이라고 하는데 나락 나무라고 하지 않는다. 결정체가 완전히 달렸을 때 벼라고 하고 찧었으면 쌀이라고 한다.

Q : 과학자들의 학설이 지구의 대기를 감싸고 있는 부분 중에 열 층이라는 게 있는데 발생하는 열로 인하여 더 이상 올라가지 못한다는데 영혼이 어떻게 올라갑니까?

스승 : 영혼이 세상의 파장에 닿지 않으니 변화기를 지나서 부활할 수가 있다. 이런 일은 이 시대에서 최초로 일어나는 것이 아니고 과거에도 수천 년에서 6천 년에서 만 년을 사이에 두고 많이 일어났었던 현상이다. 그렇기에 인간은 아직도 살아있고 똑같은 과거에 있었던 일들이다. 세상은 인과의 법칙으로 모든 것이 존재하고 모든 것이 사라지게 되어 있다. 살아남는 유일한 방법은 인과의 법을 빨리 스스로 깨달아야 자신의 모태를 지키고 구하게 된다.

Q : 세상은 문명을 꽃피우고 점차 지구환경이 나빠지고 있는데 세상이 계속 존재할 수 있습니까?

스승 : 지금부터 6천 년에서 7천 년 전에도 세상에는 현재와 같은 문명이 존재했다. 사람들이 보지 못했을 뿐이지 존재했는데 문명이 발달하면 인간의 정신이 약화한다. 인간들은 온갖 물질을 이용해서 토양이나 식물을 촉진하면서 그 속에 있는 기운을 약하

게 만든다. 그래서 갑자기 많은 수확을 얻게 되지만 그러한 속성 재배법은 존재하는 기운을 많이 번식시킴으로써 기운을 약화한다. 이것을 뒤집어서 계산하면 변화기가 오는 건 정해져 있는 운명과 같은데 너희는 곧 보게 될 것이다.

Q : **변화기가 어떻게 일어나는지 자연현상에서 볼 수 있습니까?**
스승 : 이제 여름이 되었는데 쌀독에 쌀을 넣어 놓고 온도가 30도가 오르내리는 무더운 기운이 주변에 존재하고 있다. 쌀통에서는 갓 찧었을 때는 괜찮은데 쌀이 환경으로부터 변화가 생겨서 생명이 약해지면 그 속에서 벌레가 나오는 것을 목격했을 것이다.

Q : **쌀에서도 기운이 옆에 있는 기운과 합쳐져서 움직이는 생명체로 변한 것입니까?**
스승 : 쌀의 씨눈에서 벌레가 나오는 확률은 보리에서도 볼 수가 있고 여러 곳에서 확인할 수가 있다. 모든 씨앗에는 사람의 눈으로 볼 수 없는 원인 자체에는 기운이 존재한다. 씨앗은 기운을 보호하는 막에 불과한 것이다. 실제 땅과 접목되었을 때 입자인 씨눈에서 싹이 트기 시작하고 다른 기운을 얻게 되자 다시 생명 활동이 일어난다. 이것이 윤회의 법칙 속에 존재하는 진실인데 완전한 사실 세계에 대해서 눈을 뜨지 못한 상태에서는 보지 못하니 이해하기가 매우 어렵다.

Q : **현상계에 존재하고 있는 모든 생명체는 현상의 기운에 불과합니까?**
스승 : 기운은 현상을 나게 하고 현상은 기운을 모아서 자신과 똑같은 근본인 씨앗을 생산해 낸다. 너희는 과거에 지은 결과로부터 나게 되었으나 오늘의 삶을 통해서 자신의 의식을 만들고 있다.

삶의 활동을 통해서 얻어지는 기운을 생성해서 자신의 의식을 만들고 있다는 사실이 생명 속에 존재하는 비밀이다.

Q : 선생님은 깨달음을 얻고서 자신이 달라졌습니까?
스승 : 나는 전생에 최고의 깨달음에 머물렀던 사람이었다. 예를 들어 개량된 수박씨에서는 개량된 수박이 나서 열리듯이 두 개의 나무가 있는데 콩에서는 콩이 나고 팥에서는 팥이 난다. 작은 열매는 내용이 좀 나쁘고 큰 열매의 좋은 내용은 나중에 자랐을 때 그 속에 있는 뜻을 받아서 크고 좋은 열매가 열린다.

Q : 전생에 큰 열매를 가졌기 때문에 세상에 올 때 씨앗이 좋았다면 어떻게 살아야 보존합니까?
스승 : 식물은 자기의 뿌리가 닿은 바탕이 땅에 있지만 인간의 바탕은 자기의 의식에 있다. 의식에 의해서 잘 살고 못 살고 좋은 행과 나쁜 행이 나오기 때문에 깨달음으로 인하여 자신에게 있던 행위를 짓고 항상 좋은 자기가 나올 수 있다.

Q : 인간의 바탕은 정신 속에 있다는 것입니까?
스승 : 식물은 토양이 가지고 있는 성질과 환경과 맞았을 때 충분한 활동을 할 수가 있지만 인간은 만물의 영장 아니냐? 인간의 바탕은 깨달으면 밝고 좋은 정신을 만들고 누구나 행복하게 살 수 있다. 아무리 건강한 정신을 가져도 일할 때는 힘들고 살아있는 생명은 항상 자기 속에 오는 외로움은 느낀다. 이 속에서 알아야 하는 건 건강한 정신을 가질수록 현실에 더 예민하다.

Q : 사람들이 말하기를 이곳은 이름도 없는 곳이고 사람도 몇 명이 오

지 않는 곳이라는데 무엇을 배우는지요?

스승 : 이곳에서 가르치고 하는 활동이야말로 인류를 통해서 어디서도 볼 수 없는 가장 아름다운 일을 한다는 사실이다. 사람들에게 많은 도움을 주지 못했지만 내가 보여준 모습은 인간의 세계를 통해서 끝없이 아름다운 이야기로 남을 수 있다. 나의 삶은 미래의 세상을 이어 나가는데 매우 중요한 역할을 하고 있으며 이미 우리는 그 유산을 남겼다.

Q : **극락세계를 설명하실 때 그곳에 많은 부처가 계셨다고 했는데 인간의 삶을 통해서 부처가 된 분들입니까?**

스승 : 인간 세계에서는 삶을 통해서만이 자기를 깨우쳐서 부처가 되는 일이 가능하다. 조물주는 모든 걸 계산해서 의식이 닿는 범위 안에 있었던 질서를 그 속에 넣어 놓았다.

Q : **세상의 법칙 안에서 모든 것이 움직이고 있습니까?**

스승 : 에너지 속에 의식이 생기게 되었는데 조물주는 세상을 창조하는 일익을 담당한 건 사실이다. 태양을 보면서 어떠한 원리로 끝없이 수억만 년을 타고 있는지 궁금했다. 그런데 알고 보니 열에 의해서 분출되는 가스에 의해서 다시 나타나게 되는 반복 현상을 계산하지 못했기에 알아내지 못했었다. 태초에 뜻이 있었고 법칙은 인연 속에 있던 일에 의해서 반복 현상을 설명한다.

Q : **저희 중에 아직 행복을 얻지 못하고 마음의 평화를 누리지 못하고 사는 사람이 해야 할 일은 무엇입니까?**

스승 : 이 시대의 사람들은 길이 없는 어둠으로 가고 있고 죽음 속으로 가고 있는데 사람들이 반대하는 일이 인류를 구하는 길이 되

었다. 이제 외국으로 전법 여행을 떠나지만 실제로 내가 누구하고 만나서 한 달 동안에 충분히 있는 일을 설명할 것이다. 하지만 세상의 일에 대한 심각성을 조금이라도 깨우치고 돌아온다는 보장도 없는데 사람들이 반대하지 않는 일을 하면 얼마나 좋겠느냐?

Q : 선생님은 그런 보장도 없는 일을 왜 하는 것입니까?
스승 : 인류를 구하기 위해서는 꼭 필요한 일이고 옳은 일이기 때문이다. 끝없는 거부와 반발 속에서 언젠가는 조금은 진실에 대해서 귀를 기울여 줄 사람이 있을 것이라는 믿음이 세상을 존재하게 하는 길이 될 것이다.

Q : 선생님의 제자들은 눈에 보이지도 않는 결과를 위해서 일해야 합니까?
스승 : 너희가 세상의 뜻을 조금이라도 알 때 자신을 위해서 일할 수도 있고 이웃과 세상을 위해서도 축복할 수가 있다. 이것은 매우 어려운 문제들인 것이 너희는 너무나 기초가 안 되어 있기에 사실 내가 무슨 말을 하더라도 알아듣지를 못한다.

Q : 세상을 위해서 축복하는 사람이 부처입니까?
스승 : 인도에서 처음 부처라는 말이 스승이라는 말로 불리었는데 깨달은 자를 말한다. 여래는 자신을 절대 부처라고 하지 않고 인간에게 축복을 전하는 사람이라고 말한다. 오직 일생을 열심히 중생을 위해서 길잡이가 되어 주었고 길을 가르쳐 주는 사람이다.

Q : 석가모니는 살아있을 때 부처가 아니었습니까?

스승 : 부처가 사람들을 깨우치면서 오랜 활동을 하다가 남긴 말이 있다. 중생은 눈뜬장님과 같으니까 보면서도 있는 일이 왜 있는지를 잊어버리고 산다. 그래서 살면서 같은 실수를 계속 되풀이하는 사람의 비유를 설명한 것이다. 눈뜬장님은 막대기를 가지고 쑤셔봐서 들어가면 허공인지 함정인지 알고서 피해서 가는데 어떻게 눈을 뜨고 사물을 보는 자가 눈뜬장님과 같을 수 있겠느냐?

Q : **사람들이 무지하기에 눈뜬장님이라고 한 것입니까?**
스승 : 이상을 실천하기 위해서는 현실에서 일을 잘하는지를 보고 사람을 평가해야 한다. 최고의 가르침은 항상 현실을 두고 보아야 배움을 얻을 수 있다. 왜 우리가 좋은 이상을 가지고 있으면서도 만들어 보지 못하고 표류하다가 자기의 삶이 끝나야 하는가!

Q : **올해는 더욱 선생님의 말씀을 듣고 기쁜 마음으로 열심히 살아야겠습니다.**
스승 : 너희에게도 뜻 깊은 한 해가 되기를 바라고 우리가 하는 일에도 보람 있는 일들이 많을 것으로 본다. 너희는 삶을 통해서 내세와 만나게 되니 생활 속에서 일어나고 있는 일들을 소중히 생각하고 스스로 업 짓는 일을 주시해야 한다. 업이란 나쁜 결과를 있게 하면 악업이 되고 좋은 결과를 있게 한 것은 선한 업이 된다.

Q : **힘들고 괴로운 일이 있더라도 항상 자신이 가진 좋은 삶을 포기해서는 안 되겠습니다.**
스승 : 자기가 지킬 수 없더라도 항상 꿈을 가지고 자기가 원하는 것을 잊지 말도록 노력해야 한다. 언젠가는 자기 속에 원하는 것을 꼭 성취할 수 있도록 하고 너희에게 더욱 그렇게 되기를 바란다.

■ 최준권 약력

현재 실상연구원 원장인 저자는 1954년 겨울 경남 진주의 작은 마을에서 태어났다.

정규교육을 받지 않고 중학교를 졸업한 후 어려서부터 공장 노동자로 일했다. 삶의 의미를 찾지 못해 방황하다 종교와 철학에 대한 열망이 컸기에 독학으로 수많은 서적을 읽으며 지식을 쌓았다. 1985년 출가하여 강원에서 불교의 심층 심리학을 공부하며 지식을 넓혔다. 강원 졸업 후 부산 불교교양대학에서 일반인들에게 불교를 알리는 일을 했으나 지식으로서의 한계를 느끼고 모든 지식과 책을 버렸다. 마침내 깨달음을 이룬 스승을 만나 가르침을 받고 과거 부처께서 했던 방식대로 탁발수행을 시작하였다. 그리고 묵언수행과 단식수행 등을 여러 가지 방법을 통해서 진정한 깨달음을 구하였다.

책으로 얻은 지식을 지혜인 것처럼 잘못 알았던 편견과 자존심을 던져 버렸다. 탁발수행을 하며 부처의 삶을 사유하던 어느 날 작은 깨달음을 이루어 지혜를 보았다. 그후 20년 동안 만행의 길을 걸으며 미국에서 세상을 스승으로 삼고 배운 깨달음을 사람들과 공유하기 위해 세상으로 돌아왔다.

2020년 하와이에서 유튜브 활동을 하다가 2021년 가을 모든 여정을 끝내고 귀국하였다. 2023년 3월 자전적 회고록인 「깨달음의 길을 찾아서-타타타」와 장편소설 「우둠바라꽃」을 출판하였다. 보살의 삶을 위해 스승의 가르침의 말씀을 정리해서 출판하고 있다.

엮은 책으로는 「지구의 리셋」 「타타가타」 「진리란 무엇인가」 「깨달음」 「윤회와 인과법」이 출판되었고, 「석가모니의 가르침」 「자연의 가르침」 「운명이란 무엇인가」 「영혼의 실체」가 곧 나올 예정이다.

진리의 교과서 5

운명이란 무엇인가

초판 1쇄 인쇄 · 2025년 1월 15일
초판 1쇄 발행 · 2025년 1월 20일

엮은이 최준권(실상연구원장)

펴낸곳· 지성의샘
등록번호 · 2011. 6. 8. 제301-2011-098호
서울시 중구 을지로 14길 16-11(2층)
편집부 · (02) 2285-0711
영업부 · (02) 2285-2734
팩 스 · (02) 338-2722
이메일 · gonggamsa@hanmail.net

ⓒ 2025. 최준권, Printed in Korea

값 16,000원
ISBN 979-11-6391-081-7

* 파본 및 잘못된 책은 서점에서 교환해 드립니다.